UN SEIGNEUR AU XIIIᵉ SIÈCLE

JEAN DE JOINVILLE

Joinville. (Statue de Bra.)

JEAN DE JOINVILLE

PAR

LE R. P. LOUIS BOUTIÉ

DE LA COMPAGNIE DE JÉSUS

TOURS

ALFRED MAME ET FILS, ÉDITEURS

M DCCC XCVII

A côté de la grave et austère figure de saint Louis, dont nous admirons la haute sainteté, nous aimons à voir la figure souriante de Joinville, dont les vertus plus voisines des nôtres et les qualités si aimables attirent toutes nos sympathies. En nous racontant la vie du saint roi, il nous a raconté une partie de la sienne ; il s'est peint tout entier dans ses récits, qui, comme un miroir limpide, nous reflètent toutes les beautés de son âme. Que ne nous a-t-il laissé aussi des Mémoires sur les temps qui ont suivi la mort de saint Louis, sur les longues années qu'il a passées au château de Joinville, sous les règnes de Philippe III et de Philippe IV ! Bien incomplets sont les documents que nous avons sur cette partie de sa vie. Nous voudrions cependant essayer de la reconstituer, en mettant en œuvre tout ce que nous pouvons trouver de renseignements dans les chartes et dans d'autres sources, et en nous aidant des données historiques générales sur les mœurs et les institutions de ce temps. Nous n'avions jusqu'ici que de courtes notices sur Joinville. Tout dernièrement M. François Delaborde a publié une savante *Histoire des seigneurs de Joinville, suivie du catalogue de leurs actes,* où il consacre une centaine de pages à l'historien de saint Louis.

Mais ces pages ne répondent qu'en partie au but que nous nous étions proposé, de faire connaître en détail, en la personne de Joinville, la vie d'un seigneur au xiiie siècle. Quand il s'agit des personnes que nous aimons, les moindres détails offrent de l'intérêt. Joinville ne compte-t-il pas autant d'amis que de lecteurs? Nous avons pensé qu'ils seraient heureux de vivre le plus possible en sa compagnie, d'assister à son éducation, de le suivre à la croisade, à la cour de saint Louis, en écoutant ses charmants récits, de voir comment il administrait sa seigneurie de Joinville, et qu'ils pourraient trouver quelque plaisir et quelque profit à étudier de près, dans cette vie placée dans son cadre, une société si différente de la nôtre, et à laquelle nous avons tant de choses à envier.

JEAN DE JOINVILLE

I

ÉDUCATION — JEUNESSE DE JOINVILLE

Jean, sire de Joinville, naquit au château de Joinville, diocèse de Châlons-sur-Marne [1]. Une épitaphe qu'il fit placer en 1311 sur le tombeau de Geoffroy, son grand-père, et qui a été retrouvée en 1629, nous fait connaître ses ancêtres les plus proches : « Diex sires tous poissans, je vous pri que vous faciez bone mercy à Jofroy, signour de Joinville, qui ci-gist, cui vous donastes tant de grâces en ce monde, qui vous fonda et fist plusours esglises de son temps. Il fut chevalier li meudres (meilleur) de son tans, et ceste choze aparu es grans fais qu'il fit deçà

____

[1] Les historiens ne s'accordent pas sur la date de sa naissance. M. Fr. Delaborde la place au commencement de l'année 1225.

mer et delà ; et pour ce la seneschaussée de Champaigne fut donnée à lui et à ses hoirs qui depuis l'ont tenue. De lui issi Jofroys, qui fu sires de Joinville (Geoffroy IV, aïeul de Jean), qui gist en Acre, liquex fu peires à Guillaume, qui fu evesque de Langres, puis arcevesque de Rains, et freires-germain, Simon, liquex refu dou nombre des bons chevaliers pour les grands pris d'armes qu'il ont deçà mer et delà. Icis Simon fu peires de Jehan, signour de Joinville et seneschal de Champaigne, qui encore vit, liquex fist faire cest escrit l'an mil ccc et xi, auquel Diex doint ce qu'il sait que besoin li est à l'âme et au cors[1]. »

Les seigneurs de Joinville, ancêtres de Jean, comptèrent donc parmi les meilleurs chevaliers de leur temps. Ils s'illustrèrent aux croisades, attirèrent sur eux les bénédictions du Ciel par leur piété et leur zèle à fonder des églises ; et comme récompense de tant de mérites, ils obtinrent et rendirent héréditaire dans leur famille la dignité de sénéchal de Champagne, qui leur donnait le premier rang à la brillante cour de leur suzerain[2].

Le titre de sénéchal, qu'il a tant honoré, est resté dans l'histoire inséparablement uni au nom de Jean de Joinville.

Tous les ancêtres de Joinville ne méritèrent cependant pas l'éloge de bienfaiteurs de l'Église. Nous en trouvons au XIᵉ siècle qui furent ses spoliateurs, et qui, au lieu de lui laisser une partie de leurs biens « pour le rachat de

---

[1] Texte restitué par de Wailly (*Jean de Joinville*, Édit. 1874, p. 546.)

[2] Après avoir été contestée pendant quelque temps aux seigneurs de Joinville par le comte de Champagne, l'hérédité du sénéchalat leur fut définitivement reconnue en 1226.

leurs péchés et le salut de leur âme », selon l'usage des beaux temps du moyen âge, furent excommuniés pour l'avoir dépouillée de ceux qu'elle possédait.

Une charte de l'abbaye de Montiérender nous apprend qu'en 1027 une assemblée d'archevêques, d'abbés, de moines, de clercs, de comtes, réunie à Reims par le roi Robert, à l'occasion du sacre de son fils Henri, sur les instances de Dudon, abbé de Montiérender, prononça l'anathème contre Étienne de Joinville, qui avait enlevé de force sept églises à cette abbaye (les villages de Ragecourt, Vaux, Fays, Trémilly, etc.).

Geoffroy Ier et Geoffroy II de Joinville ne restituèrent à l'abbaye qu'une partie des terres usurpées.

Mais Geoffroy III et ses successeurs réparèrent ces injustices et se montrèrent très libéraux envers les établissements religieux.

L'inscription de Clairvaux, que nous avons citée au commencement de cette histoire, énumère les fondations de Geoffroy III. « Abbaye d'Écurey, de l'ordre de Cîteaux, abbaye de Jovilliers, de l'ordre de Prémontré, la maison de Mathons, de l'ordre de Grandmont, le prieuré du Val d'Osne, dépendant de Molesme, la collégiale de Saint-Laurent, dans l'enceinte du château de Joinville. Dont tous ceux qui sont issus de lui doivent avoir espérance en Dieu, que Dieu l'a mis en sa compagnie, pour ce que les saints témoignent que qui fait la maison Dieu en terre édifie la sienne propre en ciel. »

Geoffroy IV et Geoffroy V marchèrent sur ses traces. Nous trouvons dans une charte de l'abbaye de Saint-Urbain qu'en 1190 « Geofroy et sa mère Heluis, avec l'assentiment de Martin, abbé de l'église de Saint-Urbain et de tout le chapitre, ont donné au prieuré de Saint-Jacques la maison-Dieu de Joinville, avec ses possessions et appendices, à la condition que les moines de l'église de Saint-Jacques diront pour eux, de leur vivant, une messe de Saint-Esprit deux fois la semaine, qu'après leur mort ces moines diront une messe des défunts deux fois la semaine à perpétuité, et célébreront chaque année leur anniversaire, ainsi que celui de leurs parents ».

Pour compenser les dommages qu'il avait causés à l'église Saint-Étienne de Châlons, Geoffroy V y fonda son anniversaire et celui de sa mère Heluis, et abandonna au chapitre la terre de Soudé. Dans les années qui suivirent, les abbayes de la Crète, de Clairvaux et d'Écurey, le prieuré du Val d'Osne, reçurent des marques de sa munificence[1].

Nous voyons Simon de Joinville, père de Jean, donner en 1204 vingt sous sur le passage et la vente de Joinville à la collégiale de Saint-Laurent. pour célébrer chaque année son anniversaire et celui de son frère Geoffroy, mort à la croisade.

Les seigneurs de Joinville s'étaient engagés à considérer cette église de Saint-Laurent comme leur chapelle et ne pouvaient pas avoir d'autre oratoire dans leur château. Simon, ayant obtenu l'autorisation de se faire dire la messe au château, à cause de la fracture de sa jambe, dut donner aux chanoines des lettres de non-préjudice.

Une charte du cartulaire de Saint-Laurent nous montre avec quel soin et quelle rigueur les chanoines faisaient

---

[1] Delaborde, p. 38.

respecter leur privilège. Nous y voyons que « le doyen et
le chapitre de Saint-Laurent ayant souffert à Jean de
Joinville à faire un oratoire en la tourelle de son château,
ses hoirs (héritiers) ni lui n'auront pouvoir de faire chanter messe au dit oratoire en nulle manière, ni par nul
besoin, et les devant dit doyen et chapitre feront chanter
la messe au dit oratoire au jour des quatre fêtes chaque
année, et à fête de saint Michel, tout comme il leur
plaira, et le prêtre qui chantera la messe sera des prêtres
de l'église Saint-Laurent, et aura, chacun des jours qu'il
y chantera, toutes les offrandes qui viendront à sa main,
et trois pains de neuf deniers de l'hôtel de Joinville, et
une quarte de vin aussi, qui seront au devant dit doyen
et au chapitre ».

Nous avons de plus des lettres de 1266 et 1273 par lesquelles Jean de Joinville déclare que « le congé que pour
sa maladie le doyen et chapitre de Saint-Laurent lui ont
donné de faire chanter messe devant lui en son chastel, il
ne veut pas que ce puisse torner à grevance de ladite
église Saint-Laurent, et que lui ni ses successeurs pussent
faire chanter messe sans le congé et la volonté du doyen
et du chapitre[1] ».

D'après l'épitaphe que nous avons citée en commençant,
Simon de Joinville, père de Jean, fut du nombre des bons
chevaliers qui se signalèrent par leurs exploits *delà la
mer*. Outre la dignité de sénéchal, ces prouesses valurent
à la famille de Joinville l'honneur de partir ses armes de
celles des rois d'Angleterre. « Richard Cœur-de-Lion leur
escartela et donna partie de ses armes royales d'Angle-

---

[1] Champollion-Figeac, *Documents inédits*, t. I, Doc. sur Joinville.

terre, qui est moitié d'un lion saillant[1], lequel il voulut
être posé à l'écusson de ceux de Joinville, au-dessus de
trois broyes de champ d'azur, ainsi que l'on voit de présent ès anciennes armoiries de Joinville[2]. »

Les grandes alliances des Joinville témoignent du rang
important qu'ils occupaient parmi les seigneurs de leur
temps : maisons de Brienne, de Courtenay, de Dampierre,
de Bourgogne, etc. En 1206, Simon épousa Ermengarde
de Montecler, héritière du seigneur de Valcourt. Il en eut
un fils, Geoffroy, seigneur de Montecler, et deux filles,
Isabeau et Béatrix. Remarié en 1219 à Béatrix de Bourgogne, fille d'Étienne III, comte de Bourgogne, il eut de
ce second mariage Jean, sire de Joinville, et deux filles,
Simonette et Marie.

Sur la manière dont il éleva ses enfants les documents
particuliers font défaut. Mais nous pouvons nous en faire
une idée d'après les données générales sur l'éducation
que les enfants des seigneurs recevaient à cette époque.

Cette éducation était bien faite pour former des chevaliers chrétiens : la religion y tenait la première place.
Prêtres, chapelains, aumôniers, étaient intimement mêlés
à la vie de famille, y entretenaient l'esprit de foi et y faisaient fleurir l'enseignement religieux.

Les *comptes* de l'hôtel de la comtesse Mahaut, contemporaine de Joinville, nous font connaître les noms des
chapelains et aumôniers qui se sont succédé chez elle
depuis le commencement du xive siècle. Nous n'avons
pas de pareils renseignements pour la maison de Join-

---

[1] En 1198, Richard substitua les léopards au lion des Plantagenets.
[2] *Histoire manuscrite de la principauté de Joinville,* par Tisseux (1632).

ville, mais nous savons qu'il y avait un chapitre à l'église
Saint-Laurent qui était attenante au château et en dépen-
dait, et la vie et les œuvres de notre historien témoignent
du soin avec lequel il avait été instruit dans la religion.
Tout jeune encore, à l'âge de vingt-cinq ans, il composa
son *Credo,* où il expose avec beaucoup de précision les
articles de la foi chrétienne.

A côté des maîtres de la doctrine chrétienne, il y avait
pour les enfants des seigneurs des maîtres « suffisants en
science et par espécial en science de grammaire pour leur
enseigner ce qui est moult expédient aux enfants des
grands seigneurs ».

Les barons du moyen âge étaient aussi éloignés de
l'ignorance sauvage qu'on leur a longtemps reprochée que
du *surmenage* qui étiole une partie de notre génération
contemporaine. Si les exercices du corps dominaient dans
leur éducation, l'esprit n'était pas négligé. Dans les romans
de chevalerie, nous trouvons souvent un précepteur chargé
d'instruire le jeune noble dans le château paternel.

L'enseignement qu'on leur donnait était assez élémen-
taire. La haute culture intellectuelle était réservée aux
clercs et aux étudiants des Universités. Si dans certains
récits de bataille l'on voit des chevaliers s'entretenir sous
la tente d'art militaire, de littérature, de droit, si parmi
les seigneurs on trouve des jurisconsultes comme Philippe
de Beaumanoir et Pierre de Fontaines, c'étaient des exceptions. La bibliothèque des châteaux ne renfermait guère
que des romans et des livres de piété richement illustrés[1]
ou quelques livres de chroniques.

---

[1] Les comptes de l'hôtel de Mahaut, comtesse d'Artois, petite-nièce de

L'idéal du chevalier demandait autre chose que la science. Pour apprendre à réaliser cet idéal, le jeune féodal avait les exemples et les leçons de son père, ou bien de quelque vieux chevalier placé auprès de lui pour lui enseigner la *chevalerie*.

Dans les grandes cours féodales, le fils du seigneur n'était pas seul à faire ainsi l'apprentissage de « l'honneur, de la bravoure et de la courtoisie ». Il le faisait en compagnie de jeunes nobles qui avaient quitté le château paternel pour aller passer leurs *enfances* à la cour d'un seigneur plus puissant, où ils servaient sous le nom de *page*, d'*écuyer*, de *damoiseau* (petit seigneur), de *valet* (petit vassal). Les fonctions de domesticité qu'ils remplissaient n'avaient alors rien que d'honorable et les préparaient à bien s'acquitter plus tard des devoirs de la chevalerie. « Il convient, dit l'*Ordène de chevalerie*, qu'il soit subject devant que seigneur, car autrement ne connaîtrait-il pas la noblesse de sa seigneurie quand il serait chevalier. »

On appelait *nourris* les jeunes nobles ainsi élevés à la cour d'un seigneur étranger, et les seigneurs en *nourrissaient* d'autant plus qu'ils avaient plus de renommée.

Jean de Joinville avait pour suzerain un des plus puissants et des plus brillants barons de France, Thibaut IV, comte de Champagne et roi de Navarre, dont son père était le sénéchal, et il est probable que c'est à sa cour

---

saint Louis, nous font connaître les dépenses fort considérables qu'elle fit en achats de livres, parmi lesquels ne figurent guère que des romans ou des Heures et livres de piété. Douze romans y sont évalués 100 livres (une vingtaine de mille francs); une Bible en trois volumes, 60 livres. (J.-M. Richard, *Mahaut*, chap. VIII.)

qu'il fit l'apprentissage de la chevalerie. Il nous raconte lui-même qu'à l'âge de dix-sept ans il assistait à la cour plénière de Saumur (1241), où il remplissait auprès de son suzerain les fonctions d'écuyer tranchant. Sa jeune imagination fut si vivement frappée de l'éclat de cette fête, « la mieux ordonnée, dit-il, qu'il eût jamais vue, » et de la magnificence de la cour de France qu'il voyait pour la première fois, que plus de soixante ans après, quand il composa ses *Mémoires,* il put faire revivre ce spectacle dans un charmant récit. Il nous montre le comte d'Artois, frère du roi, servant à manger devant le roi, et le bon comte Jean de Soissons tranchant du couteau, tandis que lui-même *tranchait* devant monseigneur le roi de Navarre, qui mangeait devant la table du roi, en cotte et en manteau de satin, bien paré d'une courroie, d'une agrafe et d'un chapeau d'or.

« Pour garder la table du roi, il y avait monseigneur Imbert de Beaujeu, monseigneur Enguerrand de Coucy et monseigneur Archambault de Bourbon. Derrière ces trois barons, il y avait bien trente de leurs chevaliers, en cottes de drap et soie, pour les garder, et derrière ces chevaliers il y avait une grande quantité de sergents, vêtus aux armes du comte de Poitiers, appliquées sur taffetas. Le roi avait une cotte de satin bleu et un surcot, et un manteau de satin vermeil fourré d'hermine, et sur la tête un chapeau de coton qui lui seyait mal parce qu'il était alors jeune homme.

« Le roi donna cette fête dans les halles de Saumur, qui sont faites à la guise des cloîtres des moines blancs. Mais je crois qu'à beaucoup près il n'en est aucun de si grand. A la paroi du cloître où mangeait le roi, environné de chevaliers et de sergents qui tenaient grand espace, mangeaient encore à une table vingt évêques ou archevêques, et encore, après les évêques et les archevêques, mangeait à côté de cette table la reine Blanche, sa mère, au bout du cloître, du côté où le roi ne mangeait pas.

« Et pour servir la reine, il y avait le comte de Boulogne, qui depuis fut roi de Portugal, et le bon comte Hugues de Saint-Paul, et un Allemand de l'âge de dix-huit ans, que l'on disait fils de sainte Élisabeth de Thuringe, à cause de quoi l'on disait que la reine Blanche le baisait au front par dévotion, parce qu'elle pensait que sa mère l'y avait maintes fois baisé. »

C'est par ce trait exquis que Joinville termine ce souvenir de sa première jeunesse, malheureusement le seul qu'il ait écrit sur cette période de sa vie. Sur ses *enfances* nous n'avons pas d'autre document. Mais sa vie de parfait chevalier témoigne assez combien il sut mettre à profit le temps de son éducation soit à Joinville, soit à Troyes et à Provins, à la cour de Thibaut de Champagne.

Un mot d'un sermonnaire du XIII° siècle résume l'esprit de l'éducation à cette époque : *Dure nutriendi quoad corpus.* De bonne heure « on endurcissait l'enfance à la sueur, au vent, au froid, au soleil; on lui ôtait toute mollesse et délicatesse au vestir, au coucher, au manger et au boire ». Du jeune féodal on cherchait à faire non « un beau garçon et dameret, mais un garçon vert et vigoureux ». C'est bien là l'idéal que nous trouvons dans les poèmes du moyen âge : « Fier regardement, bras gros et nerveus, poins bien quarrés, grosses épaulés, cheveus blons plus que or. » Voilà les traits sous lesquels ils se plaisent à le représenter.

Force physique, vigueur du corps, étaient nécessaires aux chevaliers dans la guerre de cette époque, et rien n'était négligé de tout ce qui pouvait servir à la développer : escrime, chasse, équitation, exercices de toute sorte, vie en plein air, voilà ce qui faisait les délices de la jeunesse féodale.

> Miex aiment behorder (joûter) que vespres ne complies
> Et de corre un cheval par une prairie
> Ils mettent leur cure moult plus qu'à la clergie [1].

Dès l'âge de sept ans, l'enfant commençait à chasser. Armé d'un petit arc à sa taille, il partait en compagnie des autres chasseurs, et s'initiait à la pratique de cet art qui devait tenir une si grande place dans sa vie. Que de longues journées passées à poursuivre le cerf et le sanglier dans les grandes forêts qui avoisinaient le château ! Le jeune seigneur se passionne pour cet exercice, qui est pour lui un apprentissage de la guerre.

La vénerie, avec ses exercices bruyants et violents, les sons des cors, les aboiements des meutes, avec ses péripéties et ses dangers, a sa préférence sur la fauconnerie, quoique celle-ci soit aussi en honneur.

Au château paternel, chiens, faucons et chevaux se partageaient ses soins et son affection.

Pour ces seigneurs batailleurs et voyageurs, on s'explique l'importance que devaient avoir les chevaux. Ils en avaient de grands et de forts pour la guerre (destriers), de rapides pour la course, d'élégants à l'allure douce pour les dames (palefrois et haquenées), de plus communs pour les fardeaux (roncins, sommiers).

[1] Godefroi de Bouillon.

Le soin des chevaux était une des principales occupations de l'écuyer faisant son apprentissage chevaleresque. Vers l'âge de douze ans, les jeunes nobles commençaient à remplir ces fonctions d'écuyers, qui pendant quelques années leur faisaient une vie assez dure, et qui nous paraîtrait même humiliante, si nous la jugions d'après nos mœurs actuelles. Pour leur faire trouver leur condition moins rigoureuse, ils avaient l'insouciance de leur âge et l'espoir d'entrer bientôt dans les rangs de ces chevaliers, vis-à-vis desquels on les maintenait dans une infériorité si marquée.

« Li escuier se painent de servir, » est-il dit dans le poème de Garin. Levé de bonne heure, l'écuyer doit d'abord courir à l'écurie, où il aura « à frotter, estriller, torchier et abrever » les chevaux de ses maîtres d'abord et puis les siens. A lui aussi le soin de dresser les jeunes chevaux. Quand un étranger arrive au château, il doit aller au-devant de lui, le débarrasser de ses armes, le conduire à sa chambre, s'occuper de son cheval, etc. Avant le repas, c'est lui qui « donne à laver » aux convives, qui à table se tient attentif et empressé derrière eux, verse le vin, tranche les viandes.

Dans les batailles, il se tient derrière le chevalier, portant son écu et ses armes, suivant tous les mouvements et toutes les péripéties de la lutte, parant quelquefois le coup, aidant son maître à se relever s'il est désarçonné[1].

Telle était en résumé l'éducation que recevaient les jeunes seigneurs et telle dut être sans doute celle de Joinville. A cette éducation si virile, si éloignée de toutes les

---

[1] Léon Gautier, *la Chevaleric.*

mollesses et recherches du bien-être qui affaiblissent les
âmes et les corps, les barons du moyen âge devaient
cette vigueur, cette force musculaire, ces riches couleurs,
cette haute stature qui étonnent leurs chétifs descendants.

Parlant du château de Coucy, Viollet-le-Duc nous dit :
« Il semble que les habitants de cette demeure féodale
devaient appartenir à une race de géants; car tout ce qui
tient à l'usage habituel est d'une échelle supérieure à celle
admise aujourd'hui. Les marches des escaliers, les bancs
sont faits pour des hommes au-dessus de l'ordinaire. »

Il devait en être de même au château de Joinville.
D'après un abrégé de l'histoire des anciens sires de Joinville[1], notre historien avait près de six pieds de haut,
comme le prouvent les ossements trouvés dans son tombeau en 1626, et son petit-fils Henri, qui avait sept pieds
de haut, abattait la tête d'un bœuf d'un coup de sabre.
Un trait raconté par Joinville nous donne une idée de
sa force physique. « Dans la grande faiblesse où était
son corps, saint Louis, ne pouvant supporter d'aller en
char ni de chevaucher, souffrit que je le portasse dans
mes bras depuis l'hôtel du comte d'Auxerre jusques aux
Cordeliers. »

Son tempérament était d'une trempe si vigoureuse,
qu'à l'âge de plus de quatre-vingt-dix ans il conduisait
en personne un corps d'armée contre les Flamands.

Avec ces avantages physiques, joints à la bravoure héréditaire de sa famille, à la culture intellectuelle qu'il avait
puisée à la cour lettrée du comte de Champagne, et aux
vertus chrétiennes qui lui méritèrent l'amitié de saint

[2] Champollion-Figeac, Collection des *Documents inédits sur l'histoire de
France*, t. I, nº 1.

Louis, Joinville fut un des chevaliers les plus accomplis de son temps.

Quand et où fut-il armé chevalier? Aucun document ne nous l'apprend. Nous savons seulement qu'il avait perdu son père en 1237, à l'âge de treize ans, et que dès l'âge de sept ans, en 1231, il avait été fiancé à Alaïs, fille du comte de Grandpré.

En 1239, lorsque la mort de son frère Geoffroy, fils de la première femme de son père, eut fait passer sur sa tête la sénéchaussée de Champagne et augmenté sa fortune, il eut de plus hautes prétentions, et voulut renoncer à ces fiançailles pour s'allier à la puissante famille de Bar. Mais Thibaut, comte de Champagne, qui, par un acte de juin 1231, avait approuvé le mariage avec Alaïs de Grandpré, s'opposa à cette nouvelle alliance, craignant sans doute qu'elle ne donnât trop de puissance à son vassal de Joinville. Les coutumes féodales donnaient aux suzerains le droit d'empêcher des mariages qui pourraient nuire à leurs intérêts; et ce cas était fréquent dans l'organisation si compliquée de la propriété féodale. Par un acte du 1er mai 1239, Jean de Joinville jura, par la foi qu'il devait au comte de Champagne, « qu'il ne s'allierait pas au comte de Bar par mariage ni par autre chose, et nommément qu'il ne prendrait pas à femme la fille du comte de Bar. »

Par un acte daté du même jour, sa mère, Béatrix, dame de Vaucouleurs, se déclara « pleige vers son signor le roi (de Navarre) de ces convenances faire tenir à bonne foi [1] ».

---

[1] Documents cités dans le tome XX de l'Académie des inscriptions, à la suite du *Mémoire* de Lévesque de la Ravalière.

Joinville revint donc à ses premiers engagements, et
en juillet 1239, âgé de quinze ans, il épousa Alaïs de
Grandpré, qui ne lui apporta que trois cent livrées de terre
(étendue de terre donnant une livre de revenu), valeur
de Paris, d'après l'acte de 1231.

Sur les années qui s'écoulèrent entre son mariage et
son départ pour la croisade, nous n'avons presque aucun
renseignement. Il nous raconte seulement lui-même comment il aida son oncle Josserand de Brancion à repousser
une invasion d'Allemands qui « brisaient le moustier[1] ».

« Ce seigneur de Brancion, dit-il, avait été, quand il
mourut, à trente-six batailles et combats. Je le vis dans
une expédition du comte de Châlons, dont il était cousin :
et il vint à moi et à mon frère, et nous dit le jour d'un
vendredi saint : « Mes neveux, venez m'aider, et vous et
« vos gens, car les Allemands brisent l'église. » Nous
allâmes avec lui et leur courûmes sus, l'épée à la main,
et à grand'peine et à grande lutte les chassâmes de
l'église.

« Quand ce fut fait, le prudhomme s'agenouilla devant
l'autel et cria merci à Notre-Seigneur à haute voix, et dit :
« Sire, je te prie qu'il te prenne pitié de moi, et que tu
« m'ôtes de ces guerres entre chrétiens, là où j'ai vécu
« longtemps, et que tu m'octroies de pouvoir mourir
« à ton service, pour que je puisse revoir ton royaume de
« paradis. » Et je crois que Dieu le lui octroya. Il mourut en effet à la croisade d'une blessure reçue au service
de Dieu. »

---

[1] Le monastère de Mathons, fondé par Geoffroy III de Joinville.

II

JOINVILLE A LA CROISADE

Si, à la suite des malheurs, des revers, des déceptions, des résultats peu appréciables des premières croisades, il n'y avait plus au xiiie siècle le même enthousiasme pour ces saintes expéditions qu'aux siècles précédents, il restait encore assez de foi et d'esprit chevaleresque pour que l'appel du pape et du roi, convoquant à une nouvelle entreprise, fût entendu.

Au concile de Lyon, en 1245, le pape Innocent IV avait ordonné de prêcher une nouvelle croisade pour secourir la terre sainte. Odon de Châteauroux, cardinal de Tuscu lum, et légat du pape, fut choisi pour la prêcher en France. Il assista au grand parlement assemblé par saint Louis à Paris, dans l'octave de saint Denis. A la voix du légat et du roi, presque tous les évêques, abbés, barons qui étaient présents prirent la croix. Joinville était du nombre.

D'après D. Nisard[1] : « A la foi qui entraînait les seigneurs en Orient, se mêlait un vague espoir de changer

[1] *Histoire de la littérature française*, t. I.

l'écu de chevalier contre les armes impériales. Joinville n'avait pas échappé à cette ambition. »

Rien ne justifie cette dernière accusation. Joinville ne montra jamais d'ambition, ni du vivant de saint Louis, ni après sa mort.

Les quarante dernières années de sa vie, il les passa dans ses terres, loin de la cour de Paris, où ses talents et ses mérites auraient pu lui faire trouver considération et faveurs. Il savait se contenter des avantages et des titres que la Providence avait attachés à sa naissance; et en partant pour l'Orient il obéissait à des mobiles plus nobles que celui d'une vaine ambition. Son esprit de foi lui faisait désirer, à l'exemple de son oncle, le seigneur de Brancion, que « Dieu lui octroyât de mourir à son service, pour avoir son royaume de paradis ». Le but du chevalier chrétien n'était-il pas, d'après nos vieux poèmes, « de conquerre un lit en paradis? »

A ces motifs de foi s'ajoutait pour lui l'exemple de ses ancêtres, depuis Geoffroy III, à qui ses prouesses dans la seconde croisade valurent la charge de sénéchal de Champagne, Geoffroy IV, qui périt au siège d'Acre, Geoffroy V, qui mérita de voir ses armes *parties* par Richard Cœur-de-Lion des armes d'Angleterre; jusqu'à son père, Simon, qui contribua à la prise de Damiette sous Jean de Brienne.

Il ne fallait pas moins que les nobles et surnaturelles inspirations de la foi et de la chevalerie chrétienne pour l'arracher aux charmes du foyer domestique au moment de la naissance de son second enfant, et lui faire quitter les joies paisibles de la famille et sa belle patrie, pour aller, sous un climat dévorant, affronter toutes les fatigues et tous les dangers.

La manière dont il se prépara à la croisade montre assez dans quels sentiments il entreprenait cette sainte expédition. Avant de partir, les croisés avaient coutume d'aller comme des pèlerins recevoir l'escarcelle et le bourdon en quelque lieu de dévotion, de visiter les sanctuaires renommés, de mettre ordre à leur conscience comme pour le dernier voyage.

Joinville nous raconte qu'à Pâques de l'année 1248, « il manda ses hommes et ses fieffés à Joinville : et la veille de la dite Pâque, où tous ces gens qu'il avait mandés étaient venus, naquit Jean, son fils, sire d'Ancerville, de sa première femme. Et ils furent en fêtes et en danses toute cette semaine, où son frère, le sire de Vaucouleurs, et les autres riches hommes qui étaient là, donnèrent à manger l'un après l'autre, le lundi, le mardi, le mercredi et le jeudi. »

Et le vendredi il leur dit : « Seigneurs, je m'en vais outre-mer, et ne sais si je reviendrai. Or avancez : si je vous ai fait tort de rien, je vous le réparerai l'un après l'autre, ainsi que je l'ai accoutumé, à tous ceux qui voudront rien demander de moi-même ou de mes gens. » Et pour qu'ils n'eussent point d'influence, il se leva du conseil, et maintint sans débat tout ce qu'ils décidèrent.

« Parce qu'il ne voulait emporter, dit-il, nuls deniers à tort, il alla à Metz en Lorraine laisser en gage grande foison de sa terre. »

A tant d'autres sacrifices, Joinville ajoute celui de sa fortune. Il ne s'agissait pas seulement pour lui de réparer les torts qui auraient pu être faits par lui-même ou *par ses gens,* ce qu'il fit avec autant de libéralité que de scrupuleuse délicatesse; il devait réunir la somme d'argent nécessaire pour son entretien et celui de ses gens pendant une longue expédition. Or il nous dit qu'il partait pour la terre sainte, « lui dixième de chevaliers, et lui troisième de bannerets. »

Chaque chevalier ayant une quinzaine d'hommes de service, écuyers ou valets, c'étaient les frais de voyage et d'entretien d'une petite troupe de cent cinquante hommes qui étaient à sa charge, sans compter les nombreux chevaux qui devaient porter le *harnois* (attirail de guerre). Ses ressources étaient loin de suffire à de si grandes dépenses, « et il n'y aurait pas résisté pendant un temps si long, nous dit-il, si Dieu, qui jamais ne lui faillit, ne l'eût aidé. »

Nous verrons bientôt comment Dieu lui vint en aide.

Pour appeler sur lui la protection divine, avant de partir pour cette grande entreprise, Joinville « envoya quérir l'abbé de Cheminon, qu'on tenait pour le plus prud'homme de l'ordre des moines blancs (Cîteaux), et reçut de lui l'écharpe et le bourdon de pèlerin ». Il nous raconte de ce *prud'homme* un trait charmant qu'il tenait de lui : « Pendant qu'il dormait, ayant découvert sa poitrine à cause de la grande chaleur, un prud'homme, qui était couché dans le même dortoir, vit la Mère de Dieu qui alla au lit de l'abbé, et lui ramena la robe sur la poitrine, de peur que le vent ne lui fît mal. »

De la main de ce saint homme, il reçut l'écharpe et le bourdon; et *sans chausses* et *en chemise* il alla en pèlerinage en divers lieux de dévotion du voisinage : à Blécourt et à Saint-Urbain, où l'on vénérait de précieuses reliques. Et comme son château était toujours en vue des chemins qu'il parcourait, « il ne voulut jamais retourner ses yeux vers Joinville, de peur que le cœur ne lui attendrît du beau château qu'il laissait et de ses deux enfants. »

Il se dirigea vers Lyon par Donjeux et par Auxonne. A Donjeux, « l'abbé Adam de Saint-Urbain (que Dieu absolve!) donna grande foison de beaux joyaux à lui et à ses neuf chevaliers. » A Auxonne, le *harnais* fut mis en bateau pour descendre la Saône, « et à côté des bateaux, sur la rive, on menait en main les grands destriers. »

En descendant de Lyon vers la Méditerranée par le Rhône, route suivie peu de temps auparavant par saint Louis, Joinville vit au confluent de l'Isère le château démantelé de la Roche de Glun, « que le roi avait fait abattre parce que son seigneur était accusé de dérober les pèlerins et les marchands. »

D'Arles, Joinville se dirigea vers Marseille, où il trouva son cousin, le sire d'Aspremont, « qui avait lui aussi arrangé ses besognes pour aller outre-mer, lui dixième de chevaliers, » et il s'entendit avec lui pour louer un vaisseau à frais communs.

Il nous décrit si bien l'entrée dans les vaisseaux, et le départ de la flotte, qu'il semble que nous y assistons : « L'on fit ouvrir la porte du vaisseau, et l'on mit dedans tous nos chevaux que nous devions mener outre-mer, et puis l'on referma la porte et on la boucha bien, comme quand on noie un tonneau, parce que quand le vaisseau est en haute mer, toute la porte est dans l'eau.

« Quand les chevaux furent dedans, notre maître nautonnier cria à ses nautonniers, qui étaient à la proue du vaisseau : « Votre besogne est-elle prête? » Et ils répondirent : « Oui, sire; que les clercs et les prêtres s'avancent. » Aussitôt qu'ils furent venus, il leur cria : « Chantez de

Saint Louis recevant la bénédiction de l'évêque de Paris avant son départ pour la croisade.

par Dieu! » Et ils s'écrièrent tout d'une voix : *Veni creator Spiritus*. Et le maître cria à ses nautonniers : « Faites voile, de par Dieu. » Et ainsi firent-ils.

« Et en peu de temps le vent frappa les voiles, et nous eut enlevé la vue de la terre, tellement que nous ne vîmes que le ciel et l'eau. Et chaque jour le vent nous éloigna du pays où nous étions nés. »

Joinville ne nous cache pas ses impressions en cette circonstance solennelle. A côté du mot du cœur pour le pays de sa naissance dont il s'éloigne à regret, il y a le mot de la foi à la vue des périls de la navigation. « Celui-là est bien follement hardi, dit-il, qui s'ose mettre en tel péril avec le bien d'autrui, ou en péché mortel; car l'on s'endort le soir là où on ne sait si l'on se trouvera au fond de la mer au matin. »

Il nous raconte naïvement comment il fut délivré du premier danger qu'il courut avant d'arriver à Chypre. « Depuis trois jours les vaisseaux étaient retenus par le calme en vue d'une montagne dans une île, près de la côte de Barbarie, exposés à être attaqués par les pirates, lorsqu'un prêtre prud'homme de son pays, le doyen de Maurupt, dit qu'il n'eut jamais d'épreuve en sa paroisse, ni par défaut d'eau, ni par trop de pluie, ni par autre épreuve, sans que, aussitôt qu'il avait fait trois processions trois samedis, Dieu et sa Mère le délivrassent. C'était samedi; nous fîmes la première procession autour des deux mâts du vaisseau : moi-même je m'y fis porter à bras, parce que j'étais grièvement malade. Jamais depuis nous ne vîmes la montagne, et nous vînmes en Chypre le troisième samedi. »

Arrivé en Chypre, Joinville s'émerveille de la *foison*

d'approvisionnements que le roi y avait faite : tonneaux de vin entassés les uns sur les autres dans les champs, et *ressemblant à des granges;* monceaux de froment et d'orge, ressemblant à des montagnes. « Car la pluie avait fait germer les blés par-dessus, si bien, qu'il n'y paraissait que l'herbe verte. »

Le séjour des croisés s'y prolongea beaucoup plus que le roi n'aurait voulu.

« Le roi, dit Joinville, fût très volontiers allé en avant, sans s'arrêter, jusqu'en Égypte, ainsi que je le lui ai ouï dire en Syrie : n'eussent été les barons qui lui conseillèrent d'attendre ses gens qui n'étaient pas encore venus. »

Roi féodal, saint Louis n'avait pas sur ses barons l'autorité nécessaire à un chef d'armée pour bien diriger une expédition. Ce retard en Chypre eut les conséquences les plus fâcheuses : sans parler des maladies qui firent périr deux cent cinquante chevaliers des plus considérables, l'armée arriva trop tard en Égypte pour commencer les hostilités avant le débordement du Nil.

Joinville n'avait pas encore quitté Chypre, qu'il voyait ses ressources presque épuisées. En partant pour la terre sainte il nous dit lui-même « qu'il ne tenait pas mille livres de rente en terres (une centaine de mille francs d'aujourd'hui); car madame sa mère vivait encore, » et de l'argent qu'il avait pu emporter, « il ne lui restait que deux cent quarante livres pour son entretien et celui des chevaliers ».

Mais Dieu, « qui jamais ne lui faillit, » lui vint en aide. C'est pendant le séjour en Chypre qu'entre saint Louis et lui commencèrent à se nouer les liens d'une amitié qui devaient aller se resserrant de plus en plus.

Les premières avances vinrent du roi. « Ayant mandé ses barons à Paris, avant le départ pour la croisade, et leur ayant fait faire le serment qu'ils garderaient foi et loyauté à ses enfants, si quelque chose lui arrivait dans le voyage, il me le demanda, dit Joinville; mais je ne voulus point faire le serment, car je n'étais point son homme. » Il était en effet l'*homme* du comte de Champagne et non du roi. Mais en Chypre saint Louis eut bien vite reconnu et apprécié les rares qualités du sénéchal de Champagne; il se sentait attiré vers lui, et connaissant son embarras en face de ses chevaliers, qui menaçaient de l'abandonner s'il ne se *pourvoyait de deniers,* il l'envoya querir, et le retint à ses gages, en mettant huit cent livres dans ses coffres. « Et alors, dit Joinville, j'eus plus de deniers qu'il ne m'en fallait. »

C'était une rente perpétuelle, à titre de fief, par laquelle Joinville devenait l'*homme* de saint Louis. Et ces royales prévenances firent de lui non seulement un vassal fidèle, mais encore un ami tendre et dévoué, un compagnon assidu que le saint roi honora jusqu'à sa mort de ses confidences intimes et de la plus entière confiance.

Avant de quitter Chypre, Joinville eut occasion de montrer sa générosité et sa courtoisie chevaleresque. L'impératrice de Constantinople, Marie, fille de Jean de Brienne, vint demander du secours à saint Louis en faveur de Baudouin son mari. Elle écrivit à Érard de Brienne et à Joinville, qui étaient ses parents, de venir la chercher à Paros. Ils la trouvèrent dans le plus complet dénuement. Une tempête ayant rompu les ancres de son vaisseau, il ne lui restait de tout son bagage que la chape qu'elle portait sur elle et un surcot de table. Joinville l'emmena à Limisso, où le roi, la reine et les barons la reçurent très honorablement. « Le lendemain il envoya à sa cousine du drap pour faire un vêtement, et la fourrure de vair avec, et une tiretaine, et du taffetas pour doubler le vêtement. Ce que voyant, Philippe de Nanteuil alla au roi, et lui dit que Joinville avait fait grand honte à lui et aux autres barons de ce vêtement qu'il avait envoyé à l'impératrice, quand eux ne s'en étaient pas avisés auparavant. »

Non content de cela, le sénéchal dit au roi que si, la campagne finie, il voulait envoyer trois cents chevaliers à Constantinople, il serait du nombre. A la fin de la campagne, il s'offrit à tenir sa promesse. Mais saint Louis lui répondit « qu'il n'avait pas de quoi; qu'il n'avait pas si bon trésor qu'il n'eût vidé jusqu'à la lie ».

Et Joinville rentra en France avec le roi.

Après sept mois de séjour dans l'île, la flotte des croisés mit enfin à la voile (mai 1249). « Ce fut, dit Joinville, très belle chose à voir; car il semblait que toute la mer, autant que l'œil pouvait voir, fût couverte de voiles de vaisseaux, qui furent nombrés à mille huit cents, tant grands que petits. »

Quel beau spectacle, en effet, devait présenter une flotte où chaque vaisseau ressemblait à une forteresse flottante, avec ses châteaux, ses tours de bois crénelées, ses mâts surmontés de bannières ornées d'écus aux vives couleurs, ses voiles blanches, où brillaient des croix d'or, des armoiries, sa proue sculptée en guise de dragon, les mille étendards et panonceaux de toute forme et de toute couleur qui le pavoisaient !

Mais s'ils étaient plus beaux que les nôtres, ces vaisseaux étaient moins en état de résister aux tempêtes. Au départ, « un vent rude et fort, qui venait d'Égypte, se leva en telle manière que de deux mille huit cents chevaliers il n'en demeura que sept cents que le vent n'eût pas séparés de la compagnie du roi. Et quand on arriva devant Damiette, un grand nombre ne l'avaient pas encore rejoint. Dans un conseil de guerre, on décida de débarquer sans les attendre, de peur qu'un fort vent ne prît les croisés et les menât en d'autres terres; car on était dans une rade sans abri. »

On se prépara pour le lendemain à aborder l'ennemi, qu'on voyait massé sur la rive. « Chacun se disposait, dit Pierre Sarrasin, comme pour mourir, s'il plaisait à Notre-Seigneur. »

Joinville avait sur son vaisseau « deux très vaillants chevaliers qui étaient en très grande haine l'un contre l'autre, et auxquels nul ne pouvait faire faire la paix, parce qu'ils s'étaient pris par les cheveux en Morée. Il les fit se pardonner leur rancune et s'embrasser l'un l'autre, parce qu'il leur jura sur reliques qu'on n'irait pas à terre avec leur mauvais vouloir. »

Les forces du soudan étaient rangées sur le rivage. « Fort belles gens à voir, dit Joinville, car le soudan portait des armoiries d'or où frappait le soleil. Le bruit qu'ils faisaient avec leurs timbales et leurs cors sarrasinois était épouvantable à écouter. »

Pour aborder, il fallut descendre des grands vaisseaux et monter sur des bateaux plats qui seuls pouvaient approcher du rivage, à cause des bas-fonds.

En tête marchait le vaisseau qui portait l'oriflamme, et d'où le légat Eudes de Châteauroux, tenant une croix élevée au-dessus de sa tête, donnait la bénédiction à l'armée. Mais l'ordre de marche ne fut pas longtemps conservé. C'était à qui arriverait le premier. Joinville devança la chaloupe du roi, « d'où on lui criait, dit-il, qu'il abordât là où se trouvait la bannière de saint Denis. Mais il ne les en crut pas; au contraire, il fit aborder devant un gros corps de Turcs, là où il y avait bien six mille hommes à cheval. »

Impatients d'aborder l'ennemi, les seigneurs et le roi avec eux « saillaient en la mer, l'écu au cou, le glaive en main, avec de l'eau jusqu'aux aisselles ».

Joinville nous dit que quand il aborda, « il n'eut ni écuyer, ni chevalier, ni valet qu'il eût amené avec lui de son pays. Et pourtant Dieu ne laissa pas de l'en pourvoir. » A sa gauche aborda le comte de Jaffa, qui venait Palestine, et qui était de son *lignage*. « Ce fut lui qui aborda le plus noblement; car sa galère aborda toute peinte d'écussons à ses armes. Il avait bien trois cents rameurs dans sa galère, et pour chaque rameur il y avait une targe (écu) à ses armes, et à chaque targe il y avait un pennon à ses armes en or appliqué.

« Pendant qu'ils venaient, il semblait que la galère volât, par les rameurs qui la poussaient à force d'avirons; et il semblait que la foudre tombât des cieux au bruit que menaient les pennons, les timbales, les tambours et les cors sarrasinois qui étaient en sa galère. Et lui et ses chevaliers sautèrent de la galère très bien armés et en très bel attirail, et se vinrent ranger près de Joinville. »

Les cavaliers sarrasins leur coururent sus. Mais quand les croisés les virent venir, « ils fichèrent les pointes de leurs écus dans le sable, et le fût (bois) de leurs lances

dans le sable et les pointes vers eux. Du moment qu'ils
les virent comme tout près de leur entrer au milieu du
ventre, ils tournèrent devant derrière et s'enfuirent. »

Débarquement des croisés
à Damiette.

Derrière cette avant-garde qui faisait si fière contenance,
et repoussa toutes les tentatives des Sarrasins, à l'abri de
ce rempart de lances et de boucliers, le débarquement de
l'armée chrétienne s'opéra tranquillement.

Joinville y reconnaît la main « du Dieu tout-puissant

qui leur fit grand'grâce quand il les préserva de mort et de péril au débarquement », et il raconte qu'au célèbre pèlerinage de Notre-Dame de Tortose, en Syrie, où Notre-Dame faisait de bien grands miracles, au moment où l'on priait la Mère de Dieu pour un forcené qui avait le diable au corps, l'ennemi, qui était en dedans de lui, leur répondit : « Notre-Dame n'est pas ici, mais elle est en Égypte, pour aider le roi de France et les chrétiens, qui aujourd'hui abordent à terre, à pied contre les païens à cheval. Et, ajoute-t-il, elle nous eût aidés plus si nous ne l'eussions offensée, elle et son Fils. »

Il reconnaît aussi « que le Seigneur leur fit grande grâce pour Damiette, qu'il leur livra; laquelle ils n'auraient pas dû prendre sans l'affamer », comme avait fait Jean de Brienne, qui fut retenu dix-huit mois devant cette place, la plus forte de l'Égypte.

Aussi, en apprenant l'abandon de cette place par les Sarrasins, le roi fit-il chanter un *Te Deum* pour rendre grâces à Dieu; et ce fut en procession qu'il voulut y entrer avec le légat, le patriarche de Jérusalem, plusieurs archevêques et évêques, en présence du roi de Chypre, de beaucoup de barons et de chevaliers. Il était trois heures de l'après-midi, et le roi n'avait pas encore mangé. Il se rendit à la mosquée, qui avait été consacrée à Dieu en l'honneur de la sainte Vierge, pour y faire sa prière et reconnaître qu'il tenait de Dieu sa victoire[1].

Fallait-il se mettre à la poursuite de l'armée musulmane, qui de Damiette se repliait sur le Caire, ou bien, pour ne pas s'exposer aux mêmes désastres que Jean de

---

[1] Tillemont, *Vie de saint Louis,* t. III.

Brienne, attendre que les eaux du Nil fussent rentrées dans leur lit? Le roi et son conseil s'arrêtèrent à ce dernier parti, qui avait l'avantage de retarder le commencement de l'expédition jusqu'à la fin des grandes chaleurs et du débordement du Nil, et à l'arrivée du comte de Poitiers, mais avait aussi l'inconvénient de laisser l'armée exposée de longs mois aux conséquences de l'oisiveté des camps.

La reine, les princesses, les pèlerins, se logèrent dans la ville; le roi et l'armée sous les tentes dans le camp, près de Damiette.

Les provisions y affluèrent. Au sein de l'abondance et de l'oisiveté, les croisés « oublièrent Dieu, qui les avait sauvés ». Les barons dépensèrent leurs ressources « en grands mangiers et outrageuses viandes », dit Joinville.

Des désordres plus graves encore attristèrent le cœur de saint Louis. Mais, n'ayant pas l'autorité nécessaire pour réprimer ceux des barons qui n'étaient que ses vassaux, il dut se contenter d'en gémir, et de sévir contre ceux de sa maison qui, « autour de son pavillon, tenaient leurs lieux de débauche ».

Cependant les croisés avaient à souffrir de l'excessive chaleur et du « planté (quantité) de mouches et de puces grandes et grosses qui étaient en l'ost[1]. » Ils eurent aussi à repousser les attaques des Sarrasins.

« Les Sarrasins entraient la nuit dans le camp, et tuaient les gens là où ils les trouvaient dormant. » Il fallut multiplier les sentinelles autour du camp pour le garder contre ces Arabes Bédouins qui se glissaient en

[1] Pierre Sarrasin.

rampant dans l'enceinte, et surprenaient les croisés, dont chaque tête leur était payée un besant.

Joinville « requit au roi que lui et ses gens allassent jusques hors du camp, pour que les Sarrasins ne se jetassent pas sur les tentes ».

Mais quand le rude Jean de Beaumont ouït sa requête, il cria très fort après lui, et lui commanda, « de par le roi, de ne pas partir de sa tente jusques à tant que le roi le lui commanderait. »

A la vue des brillants escadrons musulmans qui tourbillonnaient dans la plaine et venaient les braver, nos chevaliers avaient peine à contenir leur ardeur et à obéir au roi, qui défendait de sortir isolément. Gaulthier d'Autrèche, de la maison de Châtillon, paya de sa vie sa désobéissance. Il fut tué par les Sarrasins. Quand on le dit au roi, il répondit « qu'il n'en voudrait pas avoir mille pareils ».

A l'arrivée du comte de Poitiers, le roi manda tous ses barons « pour savoir quelle voie il prendrait, ou vers Alexandrie ou vers Babylone (le Caire) ». Quelques-uns étaient d'avis d'aller à Alexandrie. Mais le comte d'Artois voulait « qu'on n'allât pas ailleurs qu'à Babylone, parce que c'était le chef-lieu de tout le royaume d'Égypte, et que qui voulait tuer le serpent lui devait écraser le chef ».

Son avis prévalut, et « à l'entrée des avents » l'armée se mit en mouvement dans la direction du Caire. La reine, ses belles-sœurs, les comtesses d'Anjou, d'Artois et de Poitiers, et les autres dames restèrent à Damiette.

« Au son des *olifants* et des *tubors,* l'oriflamme en tête, l'armée, très forte en cavalerie et en infanterie, marchait avec joie et courage, dans l'espérance d'une conquête certaine[1]. »

Une partie s'était embarquée sur le Nil, et remontait le courant sur « tant de barques, galères, grandes nefs et petites chargées de viandes, d'armes, d'engins, de harnais et de toutes manières de choses, que c'était une grande merveille à voir[2]. »

L'armée marchait sur la rive droite, se tenant à la hauteur de la flottille. On mit dix-huit jours pour arriver à Mansourah, qui n'est qu'à dix-huit lieues de Damiette. Cette lenteur s'explique par la quantité d'*impedimenta* que traînaient les armées féodales, et aussi par la nature du pays qu'il fallait traverser : les sables du Delta coupés de canaux.

Un écrivain militaire de nos jours, entreprenant de raconter l'expédition d'Égypte, ne manquerait pas de nous décrire le pays, avec les accidents géographiques qui peuvent influer sur les opérations stratégiques, et jeter quelque jour sur les événements et sur les résultats de la campagne.

De Joinville il ne faut pas attendre un récit ainsi composé d'après les règles de l'art militaire. C'est un brillant chevalier qui nous raconte admirablement les épisodes et les faits auxquels il a prit part, mais sans vue d'ensemble sur la campagne, et même sur une simple bataille. C'est un peintre à l'imagination vive, qui nous met sous les yeux, dans un vivant tableau, l'image nette et fidèle de ce qu'il a vu.

[1] Tillemont.
[2] Pierre Sarrasin.

Dans un pays où tout est nouveau pour lui, si son esprit curieux et sagace observe souvent avec justesse, parfois aussi il accepte les merveilles inventées par la crédulité naïve de son temps. Sur le Nil, par exemple, à côté d'observations pleines de justesse, que de charmantes imaginations ! Il nous le représente « venant par un seul canal jusques en Égypte, et alors jetant de lui sept branches qui se répandent parmi l'Égypte. Et quand a passé la Saint-Remi, les sept rivières se répandent par le pays et couvrent les plaines ; et quand elles se retirent, les laboureurs vont labourer chacun dans sa terre avec uné charrue sans roues. Et l'on ne sait pas d'où cette crue vient, sinon de la volonté de Dieu ; et si elle ne se faisait, aucun bien ne viendrait dans le pays, à cause de la grande chaleur du soleil, qui brûlerait tout, parce qu'il ne pleut jamais dans le pays.

« Avant que le fleuve entre en Égypte, les gens qui sont accoutumés à le faire, jettent leurs filets déployés dans le fleuve au soir ; et quand on vient au matin, ils trouvent dans leurs filets ces denrées que l'on apporte en ce pays : le gingembre, la rhubarbe, le bois d'aloès et la cannelle. Et l'on dit que ces choses viennent du paradis terrestre ; car le vent abat les arbres qui sont en paradis, ainsi que le vent abat dans ce pays le bois sec : et ce qui tombe de bois sec dans le fleuve, les marchands nous le vendent en ce pays. »

Joinville ne nous dit presque rien des armées du sultan, que les croisés avaient à combattre. Composées surtout de cavaliers armés à la légère, montés sur des chevaux rapides, elles contrastaient singulièrement avec les armées occidentales, lourdement équipées, montées sur de lourds chevaux. Elles se recrutaient parmi les aventuriers de toute race : Turcs, Berbères, Arabes, etc. Les Bédouins sont peints par Joinville en quelques traits dont on peut encore de nos jours constater la fidélité. Il nous les représente « vêtus de surplis, ainsi que les prêtres; leurs têtes entortillées de toiles qui leur vont par-dessous le menton, à cause de quoi ils sont de laides gens et hideux à regarder; car les cheveux de la tête et de la barbe sont tout noirs; ne demeurant ni en villages, ni en cités, ni en châteaux, mais couchant toujours aux champs, vivant du lait de leurs bêtes, croyant que nul ne peut mourir qu'à son jour; et pour cela, ne voulant pas mettre d'armure, ne portant en bataille rien que l'épée et la lance. »

Nos guerriers, qui n'étaient nullement fatalistes, cherchaient, au contraire, à fermer tout accès à la mort, et leur *garnement* était bien fait pour les mettre à l'abri des coups mortels : haubert de mailles descendant jusqu'au genou, surmonté d'un capuchon de mailles qui couvre le menton et les oreilles; chausses de mailles enveloppant les jambes, heaume protégeant la tête, bouclier, etc.

Le cheval est couvert d'une housse d'étoffe fortement doublée, pour le préserver des traits d'arc ou d'arbalète, ou même des coups d'épée.

Les vignettes du xiii siècle nous montrent des archers et des arbalétriers mêlés aux hommes d'armes, dans les armées musulmanes comme dans les armées chrétiennes. Déployés en ligne sur le front de l'armée, ils engageaient l'action, et cherchaient à mettre le désordre dans les escadrons ennemis. Ensuite les deux avant-gardes en venaient aux mains. Paulin Paris[1] décrit ainsi une bataille de cette époque : « Les plus forts et les mieux armés sortent des rangs et en viennent aux mains avec un petit nombre d'adversaires également bardés de fer. Puis des troupes de valets, écuyers, surviennent pour les débarrasser ou saisir les guerriers désarçonnés. En conséquence des bons ou des mauvais succès de ces engagements particuliers, les masses avancent ou reculent jusqu'au moment où l'on cède absolument le champ de bataille. »

Dans ces milliers de duels dont se composent les batailles de cette époque, le chevalier, aux prises avec un ennemi qu'il a devant lui, n'a qu'à donner de vigoureux coups d'épée. Les qualités personnelles : courage, force, adresse, sont ici décisives, tandis que dans le soldat moderne toutes ces qualités, sans être inutiles, peuvent ne pas influer beaucoup sur le sort des combats.

Les mille inventions
D'une pernicieuse et maudite science

ont complètement transformé l'art de faire la guerre. Les savantes combinaisons de la stratégie et de la tactique, l'emploi des machines, dont la puissance destructive ne connaît plus de limites, décident de tout. L'homme le plus brave et le plus vigoureux peut être tué par un homme de rien, par un ennemi invisible, à plusieurs kilomètres de distance.

Maudit soit le premier qui fut archer :
Il fut couard, il n'osait approcher,

dit un chevalier (Girard de Viane).

<hr>

[1] *Histoire littéraire*, t. XXII.

Montaigne dit que « les Gaulois, nos *cousins*, duits (enseignés) à combattre main à main, haïssaient ces armes traîtresses et volantes... On peut mieux s'assurer d'une espée que nous tenons au poing que du boulet qui s'eschappe de notre pistole, en laquelle il y a plusieurs pièces, desquelles la moindre qui vient à faillir vous fera faillir votre fortune ».

La science de l'ingénieur avait pourtant aussi sa place dans les armées du moyen âge. Il fallait des machines pour assiéger et défendre les villes et les châteaux, pour protéger le passage des rivières.

Joinville nous raconte qu'arrivée en face de la Mansourah, l'armée chrétienne était séparée de l'armée ennemie par un bras du Nil qu'il appelle le Rexi : « Le roi prit le parti de faire faire une chaussée parmi la rivière pour passer vers les Sarrasins. Pour protéger ceux qui travaillaient à la chaussée, le roi fit faire deux beffrois que l'on appelle *chats-châteaux,* car il y avait deux châteaux devant les chats, et deux maisons derrière les châteaux, pour garantir ceux qui feraient le guet, à cause des coups des engins des Sarrasins, lesquels avaient seize engins tout dressés. Le roi fit faire dix-huit engins dont Jocelin de Cornaut était maître-ingénieur. Nos engins tiraient contre les leurs, et les leurs contre les nôtres ; mais jamais je n'ouïs dire que les nôtres fissent beaucoup. »

Quoique cette artillerie du moyen âge fût loin d'être aussi redoutable que la nôtre, ces batteries d'engins, qui pouvaient lancer des pierres de cent livres et des barils pleins de matières inflammables, produisaient des effets désastreux. Joinville nous dit que « toutes les fois que nostre saint roys voyait que les Sarrasins nous jetaient le feu gréjois, il tendait les mains vers Nostre Signour, et disait en plourant : « Biaus sire Diex, gardez-moy ma « gent. »

Et il nous dépeint ce feu grégeois « semblable à un dragon volant par l'air, aussi gros comme un tonneau de verjus, et la queue de feu qui partait de lui aussi grande comme un grand glaive, et faisant tel noise (bruit) qu'il semblait que ce fût la foudre du ciel ».

Avec leurs engins et leurs feux grégeois, les Sarrasins détruisirent les chats-châteaux des croisés, qui se trouvèrent dans l'impossibilité de faire la chaussée. Heureusement un Bédouin consentit à leur enseigner un gué moyennant cinq cents besants.

Robert d'Artois passa le premier, et, contrairement aux ordres du roi, se précipita témérairement, avec quelques centaines de chevaliers, à la poursuite des Sarrasins, jusque dans la ville de Mansourah. Ils y périrent presque tous, et l'armée musulmane courut sur l'armée des croisés avant qu'elle eût eu le temps de se mettre en ordre de bataille. Ce fut une mêlée confuse, dont le récit de Joinville nous reproduit le désordre et les principaux épisodes. Avec une charmante simplicité, il nous raconte les combats qu'il livra, les dangers qu'il courut. Dans un engagement contre les Turcs, frappé de leurs lances, « son cheval s'agenouilla sous le faix qu'il sentit, et il s'en alla en avant, parmi les oreilles du cheval. Et il se redressa au plus tôt qu'il put, l'écu au cou et l'épée à la main; et bientôt une grande troupe de Turcs vint le heurter, et ils le renversèrent à terre, et passèrent par-dessus lui, et firent voler son écu de son cou. Et alors il lui souvint de Monseigneur saint Jacques, qu'il invoqua : « Beau

« sire saint Jacques, aidez-moi et me secourez dans ce
« besoin. » Et le comte d'Anjou ne tarda pas à venir à
son secours.

« Et comme il était à pied avec ses chevaliers et blessé,
le roi vint avec son corps de bataille, à grands cris et à
grand bruit de trompettes et de timbales; et il s'arrêta
sur un chemin en chaussée. « Jamais, dit Joinville, je ne
« vis de si beau chevalier; car il paraissait au-dessus de
« toutes ses gens, les dépassant des épaules, un heaume
« doré sur la tête, une épée d'Allemagne à la main. »

Monté sur un sien roussin flamand, que lui bailla un
de ses écuyers, Joinville alla vers le roi tout à côté.

Le roi ordonna à ses sergents qu'ils allassent querir
ses bons chevaliers, pour leur demander conseil sur la
marche à suivre. « Et ils furent d'avis qu'il fallait se porter à main droite, sur le fleuve, pour avoir l'aide du
duc de Bourgogne, et pour que ses sergents eussent à
boire, car la chaleur était déjà fort levée. »

« Le connétable monseigneur Imbert de Beaujeu vint
dire au roi que le comte d'Artois, son frère, se défendait
dans une maison à Mansourah, et qu'il l'allât secourir. Et
le roi lui dit : « Connétable, allez devant, et je vous
« suivrai. » Et Joinville dit au connétable qu'il serait son
chevalier, et il l'en remercia beaucoup. Et ils se mirent
en chemin pour aller à Mansourah.

Alors un sergent vint au connétable, tout effrayé, et
lui dit que le roi était arrêté, et que les Turcs s'étaient
mis entre lui et le connétable. Et tandis qu'ils revenaient
en aval sur la rive du fleuve, ils virent que le roi était
venu près du fleuve, et que les Turcs ramenaient les
autres corps de bataille du roi, frappant à grands coups

de masse et d'épée, et ils rejetèrent sur le fleuve tous les autres corps avec le corps du roi; les chevaux étaient lassés et ne purent passer le fleuve à la nage, et on voyait le fleuve couvert de lances et d'écus, et de chevaux et de gens qui se noyaient et périssaient.

Arrivé à un ponceau qui était sur le ruisseau, Joinville s'arrêta pour le garder, afin d'empêcher les croisés d'être assaillis des deux côtés.

Pendant qu'il demeurait là sur son roussin, vinrent les Turcs qui lançaient sur les défenseurs du ponceau des mottes de terre et le feu grégeois. Joinville, ayant trouvé une veste rembourrée d'étoupes à un Sarrasin, s'en fit un écu qui lui rendit grand service, car il ne fut blessé par les traits des Sarrasins qu'en cinq endroits, et son roussin en quinze endroits.

Et il advint aussi qu'un sien bourgeois de Joinville lui apporta une bannière à ses armes avec un fer de lance, et toutes les fois que des ennemis pressaient les sergents, il leur courait sus et ils s'enfuyaient.

Et c'est là que Joinville entendit de la bouche du comte de Soissons cette parole où se peignait si bien la chevalerie française : « Sénéchal, laissons huer cette chiennaille; car, par la coiffe-Dieu! (c'était son juron) nous en parlerons encore, vous et moi, de cette journée dans la chambre des dames. »

Ceux qui revinrent de la croisade pouvaient en effet parler *dans les chambres des dames* de cette journée qui fut si brillante pour la chevalerie française. Le roi donna à tous d'admirables exemples de courage et de fermeté. « Nous étions tous perdus dès cette journée, dit Joinville, si le roi en personne ne se fût trouvé là. » Pierre Sarrasin, son chambellan, nous dit aussi : « Il y eut assez de nos gens qui furent à cette bataille, qui affirmèrent certainement que si le roi ne s'était maintenu si hardiment et si vigoureusement, ils eussent été tous morts et tous pris. »

Six Turcs avaient saisi son cheval et l'emmenaient prisonnier, et lui tout seul s'en délivra à grands coups qu'il leur donna de son épée. Et quand ses gens virent la défense que faisait le roi, ils prirent courage.

Les croisés restèrent maîtres du champ de bataille.

Au soleil couchant, le connétable dit à Joinville : « Sénéchal, allez-vous-en vers le roi et ne le quittez plus jusques à tant qu'il sera descendu dans son pavillon. — Et pendant que nous nous en venions, ajoute Joinville, je fis ôter au roi son heaume et lui baillai mon chapeau de fer pour qu'il eût de l'air. »

« Et alors vint frère Henri de Ronnay, prévôt de l'Hôpital. Et le roi lui demanda s'il savait quelques nouvelles du comte d'Artois, son frère ; et il lui dit qu'il en savait bien des nouvelles, car il était certain que son frère était en paradis. « Hé ! Sire, dit le prévôt, « ayez-en bon réconfort ; car si grand honneur n'advint « jamais à roi de France comme il vous est advenu. Car « pour combattre vos ennemis vous avez passé une rivière « à la nage, et les avez déconfits et chassés du champ de « bataille, et pris leurs engins et leurs tentes, là où vous « coucherez encore cette nuit. » Et le roi répondit que Dieu fût adoré de tout ce qu'il lui donnait, et alors les larmes lui tombaient des yeux bien grosses. »

Restés maîtres du champ de bataille, les croisés semblaient être les vainqueurs de la journée. Mais ils avaient fait des pertes énormes, et les musulmans, ayant conservé leurs forces, étaient prêts à recommencer le combat. Ils n'attendirent même pas au lendemain.

Joinville avait fait dresser sa tente au lieu d'où on avait chassé les ennemis, « et il était couché dans son lit, où il eût eu bien besoin de reposer pour les blessures qu'il avait reçues le jour d'avant, quand l'on cria dans le camp : « Aux armes ! aux armes ! » Il fit lever son chambellan, qui couchait devant lui, et lui dit d'aller voir ce que c'était. Et il revint tout effrayé et lui dit : « Sire, or « sus ! or sus ! Voici les Sarrasins qui sont venus à pied « et à cheval, et ont déconfit les sergents du roi qui gar- « daient les engins. »

Il se leva, jeta une veste rembourrée sur son dos et un chapeau de fer sur sa tête, et cria à ses sergents : « Par saint Nicolas, ils ne demeureront pas ici ! » Ses chevaliers vinrent, tout blessés qu'ils étaient, et les Sarrasins furent repoussés jusque devant un gros corps de Turcs à cheval. Il demanda au roi du secours, car ni lui ni ses chevaliers ne pouvaient vêtir leurs hauberts à cause des plaies qu'ils avaient eues.

« Un sien prêtre, qui avait nom monseigneur Jean de Voisey, partit du camp tout seul et se dirigea vers les Sarrasins, ayant sa veste rembourrée, son chapeau de fer sur la tête, sa lance sous l'aisselle.

« Du corps de Turcs à cheval étaient descendus à pied huit de leurs chefs très bien armés. Le prêtre leur courut sus, et ils prirent tous la fuite. »

Dorénavant ce prêtre fut bien connu dans le camp, et on se le montrait l'un à l'autre, et on disait : « Voici le prêtre de monseigneur de Joinville, qui a déconfit les huit Sarrasins. »

Dans la grande bataille livrée le premier vendredi de carême, le roi et ses chevaliers renouvelèrent les prodiges de valeur de la première (livrée le jour de carême prenant). Ayant appris le danger où se trouvait son frère le comte d'Anjou, « le roi piqua des éperons parmi les troupes de son frère, l'épée au poing, et se lança contre les Turcs, si avant qu'ils lui jetèrent sur la croupière de son cheval du feu grégeois. Et, par cette pointe que fit le roi, il secourut son frère, et ils chassèrent les Turcs de leur camp. Malgré l'état d'infériorité où les chevaliers étaient mis par la nécessité de combattre à pied, faute de chevaux, et sans armes défensives, à cause de leurs blessures qui les empêchaient de s'en revêtir, les croisés restèrent encore maîtres du champ de bataille, et le roi put dire à ses barons : « Nous devons grandes grâces à Notre-« Seigneur de ce qu'il nous a fait deux fois en cette « semaine un tel honneur, que mardi nous les chassâmes « de leur camp, là où nous sommes logés, et que le ven-« dredi suivant, qui vient de passer, nous nous sommes « défendus contre eux, nous à pied et eux à cheval. » Et il leur dit beaucoup d'autres belles paroles pour les réconforter. »

Mais bientôt les croisés se trouvèrent en face d'autres épreuves bien plus redoutables que celles des batailles. « Après les deux batailles devant dites, commencèrent à venir les grandes misères dans l'armée, car au bout de neuf jours les corps de nos gens qu'ils avaient tués vinrent au-dessus de l'eau, et l'on dit que c'était parce que les fiels en étaient pourris. Il y en avait si grande foison que tout le fleuve était plein de morts depuis une rive jusqu'à l'autre... Nous ne mangions nuls poissons dans le camp pendant tout le carême (on observait alors jusque dans les camps les lois de l'abstinence), excepté des bourbettes, et les bourbettes mangeaient les gens morts. Et à cause de ce malheur, et à cause de la malignité du pays, où il ne tombe jamais une goutte d'eau, nous vint la maladie de l'armée, qui était telle, que la chair de nos jambes séchait toute, et la peau de nos jambes devenait tachetée de noir et de couleur de terre, ainsi qu'une vieille botte, et à nous qui avions telle maladie, il venait de la chair pourrie aux gencives, et nul ne réchappait de cette maladie, mais il lui en fallait mourir. »

Joinville en *réchappa* cependant. « A cause de blessures qu'il eut le jour de carême prenant, la maladie de l'armée le prit dans la bouche et une jambe, et une fièvre double tierce, et un rhume de cerveau si grand, que le rhume lui coulait de la tête par les narines; et pour lesdites maladies, il se mit au lit malade à la mi-carême, d'où il advint que son prêtre (celui qui avait déconfit huit Turcs) lui chantait la messe devant son lit, en son pavillon, et il avait la même maladie que lui. Or il advint qu'à la consécration il se pâma. Quand Joinville vit qu'il voulait choir, il sauta de son lit sans chausses (n'ayant que sa cotte), et le prit à bras, et lui dit qu'il fît tout à loisir et tout bellement sa consécration, qu'il ne le laisserait pas tant qu'il l'aurait toute faite. Il revint à lui et fit sa consécration, et acheva de chanter la messe bien entièrement, et jamais depuis il ne la chanta. »

La famine ne tarda pas à s'ajouter aux maladies. Pour ne pas « mourir là, lui et ses gens », le roi se décida à ramener à Damiette les débris de son armée.

Joinville s'embarqua le mardi après-dîner, avec deux

de ses chevaliers qui lui restaient et ses serviteurs. Le roi, qui avait la maladie de l'armée et la dysenterie très fort, se serait bien sauvé dans les galères s'il eût voulu,

Robert d'Artois à Mansourah.

mais il dit que, s'il plaisait à Dieu, il ne laisserait pas son peuple. Il se mit avec monseigneur Geoffroy de Sargines dans le corps de monseigneur Gaucher de Châtillon, qui faisait l'arrière-garde.

Et il marchait avec cette arrière-garde, incapable de combattre à cause de sa faiblesse, monté sur un petit roussin. « Et monseigneur de Sargines le défendait contre les Sarrasins, ainsi que le bon valet défend la coupe de son seigneur des mouches; car toutes les fois que les Sarrasins l'approchaient, il prenait sa pique et la mettait sous son aisselle, et recommençait à leur courir sus, et les chassait d'auprès du roi. Et il mena ainsi le roi jusques au village, et on le descendit dans une maison, et on le coucha au giron d'un bourgeois de Paris, presque comme mort. »

Pendant ce temps, le vaisseau qui emportait Joinville vers Damiette était arrêté par des vents contraires, et les Sarrasins, qui étaient à cheval sur la rive, tiraient des traits; et ses gens l'avaient revêtu d'un haubert de tournoi, de peur que les traits qui tombaient sur le vaisseau ne le blessassent.

Ses mariniers voulaient le mener à terre, et il se fit lever par les bras, tout faible qu'il était, tira l'épée contre eux, et leur dit qu' « il les occirait s'ils le menaient à terre ».

Bientôt on vit venir quatre galères du soudan, où il y avait bien mille hommes. Joinville et ses gens aimèrent mieux se rendre aux galères du soudan qu'à ceux qui étaient à terre, qui les auraient éparpillés et vendus aux Bédouins.

Alors un sien cellerier, qui était né à Doulevent, dit : « Sire, je ne me rallie pas à cet avis. » Joinville lui demanda auquel il se ralliait, et il lui répondit : « Je suis d'avis que nous nous laissions tous tuer, ainsi nous irons tous en paradis. » « Mais nous ne le crûmes pas, » ajoute Joinville.

S'il n'allait pas au-devant du martyre, Joinville l'affronta courageusement quand il se trouva en face de la mort. Sur la galère musulmane où on l'avait fait monter, il fut jeté à terre, et on lui sauta sur le corps pour lui couper la gorge, et il sentit le couteau à la gorge. « Dans cette épreuve, dit-il, Dieu me sauva à l'aide d'un Sarrasin qui me faisait passer pour un cousin du roi. »

De là il fut conduit au château où étaient les chevaliers sarrasins. « Ils lui ôtèrent le haubert, et, par pitié pour lui, ils jetèrent sur lui une sienne couverture d'écarlate doublée de menu vair, que madame sa mère lui avait donnée. L'un d'eux lui apporta une courroie blanche, et il se ceignit par-dessus sa couverture. Un autre lui apporta un chaperon qu'il mit sur sa tête. Et alors, à cause de la peur qu'il avait, il commença à trembler bien fort, et à cause de la maladie aussi. Et alors il demanda à boire, et l'on lui apporta de l'eau dans un pot, et sitôt qu'il la mit dans sa bouche pour l'avaler, elle lui jaillit dehors par les narines. Quand il vit cela, il envoya querir ses gens et leur dit qu'il était mort, qu'il avait un apostume à la gorge. Ils se prirent à pleurer. Un chevalier sarrasin les réconforta en leur disant qu'il donnerait à Joinville quelque chose à boire avec quoi il serait guéri dans deux jours, et ainsi fit-il. »

Joinville eut la douleur de voir massacrer sous ses yeux « son clerc et d'autres malades que l'on descendait des galères où ils étaient prisonniers.

Le grand amiral des galères le fit monter sur son palefroi et le conduisit à Mansourah, là où le roi et ses gens étaient prisonniers. Et il le mena dans le pavillon où étaient les barons et plus de dix mille personnes avec eux. « Quand j'entrai là, dit Joinville, les barons montrèrent tous si grande joie, qu'on ne pouvait entendre goutte, et ils en louaient Notre-Seigneur, et disaient qu'ils pensaient m'avoir perdu. »

Mais ce n'était pas encore la délivrance. Dans son *Credo*, à l'article de la Résurrection, Joinville nous fait un admirable récit de ce qui précéda cette délivrance. « Nous ouïmes un grand cri poussé par des gens. Nous demandâmes ce que c'était, et on nous dit que c'étaient nos gens qu'on mettait en un grand parc tout clos de murs de terre. Ceux qui ne voulaient pas renier, on les tuait ; ceux qui reniaient, on les laissait. Quand les membres du conseil du soudan, dont on avait refusé les propositions, s'en furent allés, une grand foison de jeunes gens sarrasins entrèrent dans le clos là où on nous tenait prisonniers, les épées tirées, dont je pensai vraiment qu'ils venaient pour nous occire ; mais non, au contraire, Dieu nous envoya notre confort parmi eux.

« Car ils amenèrent un petit homme aussi vieux, semblait-il, qu'homme pût être, et ces jeunes gens le tenaient, semblait-il, pour fou, et ils dirent au comte de Bretagne, pour qu'ils le fissent ouïr, que c'était un des plus prud'hommes de leur loi. Et alors le vieux petit homme s'appuya sur sa béquille, avec sa barbe et ses cheveux chenus, et dit au comte qu'il avait appris que les chrétiens croyaient en un Dieu qui avait été pris pour eux, battu pour eux, mis à mort pour eux, et un troisième jour était ressuscité. Et tout cela le comte le lui accorda, et alors le vieil homme reprit la parole et dit : « Donc « vous ne vous devez pas plaindre si vous avez été pris « pour lui, battus pour lui, blessés pour lui ; car il l'avait

« été aussi pour vous, et vous n'avez pas encore souffert
« la mort pour lui ainsi qu'il avait fait pour vous. » Et il
nous dit après : « Si votre Dieu a eu le pouvoir de se res-
« susciter, il a donc bien le pouvoir de vous délivrer
« quand il lui plaira. »

« Et vraiment je crois encore que Dieu nous l'envoya,
car il se passa bien peu de temps après qu'il s'en fut allé
quand les conseillers du soudan revinrent, qui nous
dirent que nous envoyassions quatre des nôtres parler au
roi, lequel nous avait (par la grâce que Dieu lui avait
donnée) négocié tout seul notre délivrance. Et sachez
que c'était vrai ; car le roi l'avait aussi sagement négociée,
par la grâce de Dieu, que s'il eût eu tout le conseil de la
chrétienté avec lui. »

Le roi rendait « Damiette pour la délivrance de son
corps, et payait cinq cent mille livres (une quarantaine de
millions d'aujourd'hui) pour la délivrance de sa gent ».
Le soudan trouva la « France large de n'avoir pas bar-
guigné (marchandé) sur une si grande somme de deniers ».
Mais pour l'âme si grande et si chrétienne de saint Louis,
qu'était tout l'or du monde au prix des milliers de chrétiens qui gémissaient dans les fers des infidèles, et dont
il obtenait la délivrance !

Malheureusement l'assassinat du soudan avant l'exécution du traité vint tout remettre en question.

Joinville et les autres seigneurs, montés sur des galères,
se rendaient à Damiette, lorsqu' « il vint bien trente Sarrasins à sa galère, les épées toutes nues à la main, et au
cou les haches danoises. Il demanda à monseigneur Bau-
doin d'Ibelin, qui savait le sarrasinois, ce que ces gens
disaient, et il répondit qu'ils disaient qu'ils leur voulaient

trancher la tête. Il y avait tout plein de gens qui se confessaient à un frère de la Trinité. »

« Mais à mon endroit, dit Joinville, il ne me souvint pas de péché que j'eusse fait ; mais je réfléchis que plus je me voudrais défendre et esquiver et pis cela me vaudrait. Et alors je me signai et m'agenouillai aux pieds de l'un d'eux qui tenait une hache danoise à charpentier, et je dis : « Ainsi mourut sainte Agnès. » Messire Gui d'Ibelin, connétable de Chypre, s'agenouilla près de moi et se confessa à moi, et je lui dis : « Je vous absous avec « tel pouvoir que Dieu m'a donné. » Mais quand je me levai de là, il ne me souvint pas de chose qu'il m'eût dite ni racontée. »

Joinville et les seigneurs furent mis en prison dans la sentine de la galère, « où ils furent dans une telle souffrance, le soir très tard, qu'ils gisaient tout à l'étroit, au point que les pieds de Joinville étaient contre le bon comte de Bretagne, et ceux du comte contre son visage. »

Le lendemain les messagers des émirs vinrent leur dire d'aller parler aux émirs pour renouveler les conventions faites avec le soudan. Ceux qui purent y aller y allèrent. Le comte de Bretagne, le connétable et Joinville, qui étaient grièvement malades, demeurèrent.

Les conventions du roi et des émirs ayant été arrêtées et jurées, il fut convenu que les croisés seraient délivrés le lendemain de l'Ascension, et les émirs devaient occuper Damiette. Les quatre galères qui portaient Joinville et les autres chevaliers vinrent ancrer au milieu du fleuve, devant le pont de Damiette. Les bannières du soudan, arborées sur les tours de la ville, devaient donner le signal de leur délivrance. Mais, au lieu de la délivrance, c'était la mort qu'on leur préparait dans le conseil des émirs. « Un émir, dit Joinville, pensa qu'on nous devait tous occire, et vint sur le fleuve, et commença à crier en sarrasinois à ceux qui menaient les galères. Et à l'instant ils levèrent l'ancre et nous ramenèrent bien une grande lieue en arrière vers Babylone. Alors nous pensâmes être tous perdus, et il y eut maintes larmes versées. » Cependant le salut était proche. « Ainsi que le voulut Dieu, qui n'oublie pas les siens, il fut convenu, vers le coucher du soleil, que nous serions délivrés. On nous mit à terre et nous nous en allâmes vers le roi. »

Le lendemain samedi et le dimanche jusqu'à la nuit furent employés à faire le payement. Le dimanche soir on vint dire au roi qu'il manquait bien encore trente mille livres. Joinville lui dit qu'il ferait bien d'envoyer querir le commandeur et le maréchal du Temple, et de les requérir de lui prêter trente mille livres pour délivrer son frère. Le roi les envoya querir. Quand Joinville le leur dit de la part du roi : « Sire de Joinville, dit le commandeur, ce conseil que vous donnez au roi n'est ni bon ni raisonnable, car vous savez que nous recevons les dépôts en telle manière que, par nos serments, nous ne les pouvons délivrer, excepté à ceux qui nous les baillent. »

Mais le roi, sachant que les Templiers, alors dépositaires généraux des finances des rois comme des particuliers, avaient dans leurs coffres, à Acre, des sommes bien plus considérables lui appartenant, donna ordre de leur prendre de force ce qu'ils refusaient. Par son ordre, Joinville s'en alla à la maîtresse galère du Temple, « et sitôt qu'il fut descendu là où le trésor était, il demanda au

trésorier de lui bailler les clefs d'une huche qui était
devant lui; et le trésorier, qui le vit maigre et décharné
de la maladie, et avec l'habit qu'il avait en prison, lui dit
qu'il ne lui en baillerait pas. Et Joinville, apercevant une
coignée qui était là, à terre, la prit, et dit qu'il en ferait
la clef du roi. Quand le maréchal vit cela, il lui prit le
poing et lui dit : « Sire, nous voyons bien que c'est vio-
« lence que vous nous faites, et nous vous ferons bailler
« les clefs. » Alors il commanda au trésorier de les lui
bailler. »

En revenant vers la galère du roi, Joinville lui cria :
« Sire, sire, regardez comme je suis garni. » Et le saint
homme le vit bien volontiers et avec grande joie.

Le roi et les seigneurs étaient libres; mais le *menu
peuple* ne l'était pas encore, et il restait deux cent mille
livres à payer. Ne voulant pas rentrer en France avant
d'avoir vu tous les chrétiens rendus à la liberté et payé
entièrement la rançon, saint Louis se rendit à Saint-Jean-
d'Acre, où les Templiers gardaient son trésor.

« Quand le roi vint en sa nef, dit Joinville, il ne trouva
pas que ses gens lui eussent rien préparé, ni lit, ni vêtements; mais il dut coucher, jusques à tant que nous
fûmes en Acre, sur les matelas que le soudan lui avait
baillés. Pendant six jours, tandis que nous fûmes en mer,
moi, qui étais malade, je m'asseyais toujours à côté du
roi. Et alors il me conta comment il avait été pris, et
comment il avait négocié sa rançon et la nôtre, avec
l'aide de Dieu. Et il me fit conter comment j'avais été pris
sur l'eau, et après il me dit que je devais savoir grand
gré à Notre-Seigneur, quand il m'avait délivré de si
grands périls. »

Saint Louis rachetant les prisonniers (d'après le tableau de Granet).

Au sortir des terribles épreuves qu'il venait de traverser, après ces longs jours d'angoisses et d'amertumes,
saint Louis sentait le besoin d'épancher son cœur dans
celui d'un ami. Pendant le trajet de Damiette à Saint-
Jean-d'Acre, il fit ses confidences à Joinville. Il lui dit
combien il regrettait le comte d'Artois, ce frère au cœur
ardent et généreux, qui, disait-il, ne se serait pas embar-
qué à Damiette, comme le comte de Poitiers, sans venir
le voir sur les galères. Il se plaignait aussi du comte
d'Anjou, qui ne lui tenait nullement compagnie sur le
vaisseau. Un jour il demanda ce que le comte d'Anjou
faisait, et on lui dit qu'il jouait aux tables (échecs) avec
monseigneur de Nemours. Et il y alla, tout chancelant
de la faiblesse causée par sa maladie, et il prit les dés et
les tables et les jeta dans la mer, se courrouçant très fort
contre son frère de ce qu'il s'était mis si tôt à jouer aux
dés. Mais monseigneur Gautier en fut le mieux payé; car
il jeta en son giron tous les deniers qui étaient sur les
tables (dont il y avait grand foison) et les emporta.

Quand le roi arriva à Acre, toutes les processions
vinrent le recevoir jusqu'à la mer avec bien grande joie.

On amena à Joinville un palefroi; mais, sitôt qu'il fut
monté dessus, le cœur lui faillit, et il fallut le tenir, de
peur qu'il ne tombât. A grand'peine on lui fit monter les
degrés de la salle du roi. Là il vit venir à lui un valet
en cotte vermeille à deux raies jaunes, qui lui demanda
s'il le reconnaissait. Et Joinville lui dit que non. Et il lui
dit qu'il était d'Oiselay, le château de son oncle, et il
s'offrit à demeurer avec lui. Et il alla aussitôt querir des
coiffes blanches et peigna très bien le sénéchal.

Et alors le roi l'envoya querir pour manger avec lui;

et il y alla avec le corset qu'on lui avait fait en prison
des rognures de sa couverture. Et Guillemin, son nouveau valet, vint trancher devant lui. Et il lui procura un
hôtel tout près des bains, pour se laver de l'ordure et de
la sueur qu'il avait apportées de la prison. Quand vint le
soir et qu'il fut au bain, le cœur lui manqua. Il se pâma,
et à grand'peine on le tira hors du bain jusqu'à son lit.
Le lendemain, un vieux chevalier, qui avait nom Pierre
de Bourbonne, le vint voir, et il le retint pour être près
de lui; et ce chevalier le cautionna dans la ville de ce
qui lui manquait pour se vêtir et s'équiper.

Quand il se fut arrangé, quatre jours après l'arrivée, il
alla voir le roi; le roi le gronda, et lui dit qu'il n'avait
pas bien fait quand il avait tant tardé à le voir; et il lui
commanda, tout autant que son amour lui était cher, de
manger avec lui tous les jours, le soir et le matin, jusques
à tant qu'il eût décidé si on irait en France ou demeurerait.

Joinville dit au roi que monseigneur Pierre de Courtenai lui devait quatre cents livres de ses gages, lesquelles
il ne voulait pas payer. Et le roi lui répondit qu'il le ferait
bien payer sur les deniers qu'il devait au seigneur de
Courtenai; et ainsi fit-il.

Cependant sa maladie empira. « Une fièvre continue le
prit pour laquelle il se mit au lit et toutes ses gens aussi.
Et il n'avait personne qui le pût aider ni lever; et il n'attendait que la mort, à cause d'un signal qui était près de
son oreille; car il n'était pas de jour que l'on n'apportât
bien vingt morts et plus à l'église, et de son lit il entendait chanter *Libera me, Domine*. Et alors il pleura et
rendit grâces à Dieu, et lui dit ainsi : « Sire, sois adoré

« pour cette souffrance que tu m'envoies; car j'ai mis
« bien du faste à mon coucher et à mon lever. Et je te
« prie, Sire, que tu m'aides, et me délivres de cette ma-
« ladie. » Et ainsi fit-il pour moi et mes gens. »

Des épreuves si longues et si répétées n'abattirent pas
le courage et la confiance de Joinville. Il n'eut pas un moment la pensée de s'y soustraire en quittant l'Orient pour
aller jouir auprès de sa famille d'un repos si bien mérité.
Quand il partit pour la croisade, son cousin germain,
monseigneur de Bourlemont, lui avait dit : « Vous vous
en allez outre mer; or prenez garde au retour; car nul
chevalier, ni pauvre ni riche, ne peut revenir qu'il ne soit
honni, s'il laisse aux mains des Sarrasins le menu peuple
de Notre-Seigneur en compagnie duquel il est allé. »

Or presque tout le *menu peuple* était encore entre les
mains des Sarrasins. Malgré tant de raisons qu'il avait
de rentrer en France, saint Louis, en vrai chevalier chrétien, aurait cru mériter d'être honni s'il était parti avant
de l'avoir délivré.

Il était donc décidé à rester, lorsqu' « il envoya querir
ses frères et les autres riches hommes, un dimanche, et
leur dit ainsi : « Seigneurs, madame la reine ma mère
« m'a mandé et prié, autant qu'elle peut, que je m'en
« aille en France; car mon royaume est en grand péril,
« car je n'ai ni paix ni trêve avec le roi d'Angleterre.
« Ceux de cette terre à qui j'en ai parlé m'ont dit que si
« je m'en vais cette terre est perdue; car ils s'en vien-
« dront tous en Acre après moi, parce que nul n'y osera
« demeurer avec si peu de gens. Aussi je vous prie que
« vous y pensiez, et parce que c'est une grosse affaire,
« je vous donne répit, pour me répondre ce que bon

« vous semblera, jusques à d'aujourd'hui en huit jours. »

Le dimanche suivant, monseigneur Gui Mauvoisin, chargé de répondre au nom de tous, parla ainsi : « Sire, vos frères et les riches hommes qui sont ici ont regardé à votre état, et ont vu que vous ne pouvez demeùrer en ce pays avec honneur pour vous et pour votre royaume; car de tous les chevaliers qui vinrent en votre compagnie (dont vous en amenâtes en Chypre deux mille huit cents), il n'y en a pas en cette ville cent de reste. Aussi vous conseillent-ils, Sire, que vous vous en alliez en France, et vous procuriez gens et deniers, avec quoi vous puissiez promptement revenir en ce pays vous venger des ennemis de Dieu, qui vous ont tenu en leur prison. »

Interrogés en particulier, les seigneurs s'accordèrent avec Gui Mauvoisin, à l'exception du comte de Jaffa, qui dit que « si le roi pouvait tenir la campagne pendant un an, il se ferait grand honneur s'il demeurait ». Le légat demanda à Joinville ce qu'il lui en semblait. Et il lui répondit qu'il était bien d'accord avec le comte de Jaffa. Et le légat lui demanda, tout fâché, comment il pourrait se faire que le roi pût tenir la campagne avec si peu de gens qu'il en avait. Et il lui répondit aussi d'un air fâché, parce qu'il lui semblait qu'il le disait pour le piquer : « Sire, je vous le dirai, puisqu'il vous plaît. On dit, Sire (je ne sais si c'est vrai), que le roi n'a encore rien dépensé de ses deniers, mais seulement les deniers du clergé. Donc que le roi dépense ses deniers et envoie querir des chevaliers en Morée et outre-mer; et quand on entendra dire que le roi donne bien et largement, les chevaliers lui viendront de toutes parts, et par là il pourra tenir la campagne pendant un an, s'il plaît à

Dieu. Et en demeurant il fera délivrer les pauvres prisonniers qui ont été pris au service de Dieu et au sien, et qui jamais n'en sortiront si le roi s'en va. » Il n'y en avait aucun là qui n'eût de ses proches amis en prison ; aussi nul ne le reprit, mais tous se prirent à pleurer. »

Le légat ayant ensuite demandé à monseigneur Guillaume de Beaumont, maréchal de France, ce qu'il lui en semblait, il dit que Joinville avait très bien dit. Alors monseigneur Jean de Beaumont, oncle de Guillaume, qui avait envie de retourner en France, l'apostropha fort injurieusement, et lui dit : « Sale ordure, que voulez-vous dire ? Rasseyez-vous tout coi. »

Le roi lui dit : « Messire Jean, vous faites mal ; laissez-le dire. — Certes, Sire, je ne le ferai pas. » Le maréchal se dut taire, et nul ne s'accorda depuis avec Joinville, excepté le sire de Chatenai. Alors le roi leur dit : « Seigneurs, je vous ai bien ouïs, et je vous répondrai sur ce qu'il me plaira de faire d'aujourd'hui en huit jours. »

Après le conseil, l'assaut commença contre Joinville de toutes parts. « Le roi est fou, s'il vous croit contre tout le conseil du royaume de France, » lui disait-on.

Quand il affirme que tout le conseil se prononça pour le retour en France et qu'il fut presque seul d'un avis contraire, Joinville paraît être en contradiction avec la lettre adressée par saint Louis à ses sujets en août 1250, et avec la lettre de Jean Sarrasin, déclarant l'une et l'autre que presque tous les membres de l'assemblée se prononcèrent pour qu'on restât en terre sainte. A soixante ans de distance, ses souvenirs se confondaient un peu : il n'a pas distingué entre le temps où saint Louis pouvait compter sur la fidélité des émirs à observer la trêve et le temps où ils menaçaient de la rompre, et où, en quittant la Palestine, on aurait abandonné des milliers de chrétiens aux mains des infidèles. Dans le premier temps, saint Louis était résolu à revenir en France, et les seigneurs avec lui; et c'est alors sans doute que dans le conseil Joinville fut presque seul de l'avis de rester. Mais, en face de la déloyauté des émirs et des dangers que couraient les chrétiens, saint Louis et presque tous les seigneurs changèrent de résolution[1].

Quoi qu'il en soit, ce qu'on ne saurait contester, c'est le charme du récit de Joinville quand il nous raconte ce qui se passa au repas qui suivit le conseil :

« Quand les tables furent mises, le roi me fit asseoir près de lui pendant le repas, là où il me faisait toujours asseoir quand ses frères n'y étaient pas. Il ne me parla pas du tout tant que le repas dura; ce qu'il n'avait pas coutume de faire, car il ne manquait pas de prendre toujours garde à moi en mangeant. Et je pensais qu'il était vraiment fâché contre moi, parce que j'avais dit qu'il n'avait encore rien dépensé de ses deniers et qu'il dépensât largement.

« Tandis que le roi ouït ses grâces, j'allai à une fenêtre grillée qui était en un enfoncement; je tenais les bras passés parmi les barreaux de la fenêtre, et je pensais que si le roi s'en venait en France, je m'en irais vers le prince d'Antioche, qui me tenait pour parent, et qui m'avait envoyé querir jusques à tant qu'une autre croisade me vînt rejoindre, ou qu'une paix fût conclue par quoi les prisonniers fussent délivrés, selon le conseil que le sire de Boulaincourt m'avait donné.

---

[1] H. Delaborde, p. 106.

« Au moment où j'étais là, le roi se vint appuyer sur mes épaules, et me tint ses deux mains sur la tête. Et je pensais que c'était monseigneur Philippe de Nemours, qui m'avait causé trop d'ennui ce jour-là pour le conseil que j'avais donné au roi, et je dis ainsi : « Laissez-moi « en paix, monseigneur Philippe ! » Par aventure, en fai- sant tourner ma tête, la main du roi me tomba au milieu du visage, et je reconnus que c'était le roi à une éme- raude qu'il avait au doigt. Et il me dit : « Tenez-vous coi, « car je vous veux demander comment vous, qui êtes un « jeune homme, vous fûtes si hardi que vous m'osâtes « conseiller de demeurer, contre tous les grands hommes « et les sages de France qui me conseillaient de m'en « aller. Dites-vous donc que je ferais une mauvaise action « si je m'en allais? — Oui, Sire, fis-je : ainsi Dieu me « soit en aide ! » Et il me dit : « Si je demeure, demeu- « rez-vous? » Et je lui dis : « Oui, si je puis, ou à mes « frais ou aux frais d'autrui. — Or soyez tout aise, me « dit-il, car je vous sais bien bon gré de ce que vous « m'avez conseillé ; mais ne le dites à personne de toute « cette semaine. »

« Le dimanche suivant, nous nous rendîmes tous auprès du roi ; et quand il vit que nous étions tous venus, il se signa la bouche et nous dit ainsi (après qu'il eut appelé l'aide du Saint-Esprit, ainsi que je le pense ; car madame ma mère me dit que toutes les fois que je voudrais dire quelque chose, j'appelasse l'aide du Saint-Esprit et que je me signasse la bouche) : « Seigneurs, je remercie beau- « coup tous ceux qui m'ont conseillé de m'en aller en « France, et je rends grâces aussi à ceux qui m'ont « conseillé de demeurer. Mais je me suis avisé que si je

« demeure, je n'y vois point de péril que mon royaume
« se perde; car madame la reine a bien des gens pour le
« défendre. Et j'ai regardé aussi que les barons de ce
« pays disent que si je m'en vais, le royaume de Jéru-
« salem est perdu; car nul n'y osera demeurer après
« moi. J'ai donc regardé qu'à nul prix je ne laisserais le
« royaume de Jérusalem, lequel je suis venu pour garder
« et pour conquérir : ainsi ma résolution est telle que je
« suis demeuré quant à présent. Aussi vous dis-je, à vous
« riches hommes qui êtes ici, et à tous autres chevaliers
« qui voudront demeurer avec moi, que vous veniez me
« parler hardiment; et je vous donnerai tant, que la faute
« n'en sera pas à moi, mais à vous, si vous ne voulez
« demeurer. » Il y en eut beaucoup qui ouïrent cette
parole qui en furent ébahis, et il y en eut beaucoup qui
pleurèrent.

Dans les cœurs émus des barons se livrait un combat
entre la généreuse pensée d'imiter le dévouement héroïque
du roi et le désir de retourner dans leur patrie. C'est ce
désir qui l'emporta chez un grand nombre. Ils mirent
leur service à un si haut prix, que le roi ne pouvait les
garder. Le roi demanda à ses conseillers s'ils n'en trouveraient pas à meilleur marché. « Certes, Sire, firent-ils,
« le sénéchal de Champagne; mais nous ne lui oserions
« donner ce qu'il demande. » Alors le roi dit : « Appelez-
« moi le sénéchal. » J'allai à lui et m'agenouillai devant
lui, et il me fit asseoir, et me dit ainsi : « Sénéchal, vous
« savez que je vous ai toujours beaucoup aimé, et mes
« gens me disent qu'ils vous trouvent dur : comment
« est-ce? — Sire, je n'en puis mais; car vous savez que
« je fus pris sur l'eau et qu'il ne me demeura rien, mais

« que je perdis tout ce que j'avais. » Et il me demanda
ce que je demandais. Et je lui dis que je demandais deux
mille livres jusques à Pâques pour les deux tiers de l'année. « Or dites-moi, fit-il, avez-vous marchandé aucuns
« chevaliers? » Et je dis : « Oui : monseigneur Pierre de
« Pontmolain, lui troisième de bannerets, qui coûtent
« chacun quatre cents livres payées à Pâques. » Et il
compta sur ses doigts. « Ce sont, dit-il, douze cents livres
« que vos nouveaux chevaliers coûteront. — Or regardez,
« Sire, fis-je, s'il me faudra bien huit cents livres pour
« me monter et pour m'armer, et pour donner à manger
« à mes chevaliers ; car vous ne voulez pas que nous
« mangions à votre hôtel. » Alors il dit à ses gens : « Vrai-
« ment je ne vois point ici d'excès, et je vous retiens, »
fit-il à moi. »

C'est ainsi que saint Louis s'attacha définitivement
notre sénéchal, dont il avait pu, depuis le commencement de la croisade, apprécier la vertu, le courage et les
aimables qualités. Au dernier conseil, seul contre tous,
Joinville s'était prononcé contre le retour en France, en
faveur de la délivrance du *menu peuple,* montrant ainsi
que son cœur était à l'unisson de celui du saint roi. Ce
grand acte de dévouement chrétien et chevaleresque
achéva de lui gagner l'estime et l'amitié de saint Louis,
qui ne se sépara plus de lui pendant son séjour en
Palestine.

Avant de quitter Saint-Jean-d'Acre, Joinville décida
le roi à garder à son service quarante chevaliers de la
cour de Champagne, dont Jean le Valeureux, envoyé vers
les émirs d'Égypte, avait obtenu la délivrance. Il leur
tailla des cottes et des housses de drap vert, et les mena

devant le roi, et le pria de vouloir tout faire pour eux, qu'ils demeurassent avec lui. Le roi ouït la demande et se tut. Et un chevalier de ses conseils dit que « je ne faisais pas bien quand j'apportais au roi de telles propositions, là où il y avait bien sept mille livres d'excès. Et je lui dis que pût-il lui advenir mal d'en parler ainsi, et qu'entre nous autres de Champagne nous avions bien perdu trente-cinq chevaliers de la cour de Champagne, tous portant bannière; et je dis : « Le roi ne fera pas « bien s'il vous en croit, dans le besoin qu'il a de cheva- « liers. » Après ces paroles, je commençai à pleurer très fortement; et le roi me dit que je me tusse, et qu'il leur donnerait tout ce que j'avais demandé. Le roi les retint tout ainsi que je le voulus, et les mit en mon corps de bataille. »

Après dix mois de séjour à Saint-Jean-d'Acre, saint Louis se rendit à Césarée pour fortifier cette ville, ruinée par les Sarrasins.

« Tandis que le roi fortifiait Césarée, arriva au camp monseigneur Alenard de Senaingan, qui conta qu'il avait fait sa nef au royaume de Norvège, qui est au bout du monde vers l'Occident; que dans la terre de Norvège les nuits étaient si courtes en été, qu'il n'était nulle nuit où l'on ne vît la clarté du jour qui finit et la clarté du jour qui se lève.

« Le roi le retint, lui dixième de chevalier.

« Et il se mit, lui et ses gens, à chasser aux lions; et ils en prirent plusieurs très périlleusement, car ils allaient tirer sur les lions en piquant des éperons tant qu'ils pouvaient. Et quand ils avaient tiré, le lion s'élançait sur eux; et à l'instant il les eût atteints et dévorés, si ce n'eût été

qu'ils laissaient choir quelque morceau de mauvais drap :
et le lion s'arrêtait dessus, et déchirait le drap et le dévo-
rait, car il pensait tenir un homme. Tandis qu'il déchirait
ce drap, l'autre allait tirer sur lui, et le lion laissait le
drap et courait sur le chasseur qui laissait encore choir
un morceau de drap. Et en faisant cela, ils tuaient les
lions avec leurs flèches.

« Tandis que le roi fortifiait Césarée, j'allai dans son
pavillon pour le voir. Dès qu'il me vit entrer dans sa
chambre, là où il parlait au légat, il se leva, et me tira
à part, et me dit : « Vous savez que je ne vous retins
« que jusques à Pâques; ainsi je vous prie de me dire
« ce que je vous donnerai pour être avec moi de Pâques
« en un an. » Et je lui dis que je ne voulais pas qu'il me
donnât plus de ses deniers que ce qu'il m'avait donné,
mais que je voulais faire un autre marché avec lui. « Parce
« que, fis-je, vous vous fâchez quand on vous demande
« quelque chose, je veux que vous conveniez avec moi
« que, si je vous demande quelque chose pendant cette
« année, vous ne vous fâcherez pas; et si vous me refu-
« sez, je ne me fâcherai pas non plus. » Quand il ouït
cela, il commença à rire aux éclats, et me dit qu'il me
retenait à cette condition, et me prit par la main, et mena
par devers le légat et vers son conseil, et leur répéta le
conseil que nous avions fait, et ils en furent très joyeux,
parce que j'étais le plus riche qui fût dans le camp. »

Peu de temps après, Joinville eut occasion de rappeler
à saint Louis cette convention. Un chevalier ayant été
pris dans un mauvais lieu, à Césarée, fut condamné à
être mené par le camp, en chemise, ou à perdre son
cheval et ses armes, et être chassé du camp.

Il laissa son cheval et ses armes au roi, et s'en alla du camp. Joinville alla prier le roi de lui donner le cheval pour un pauvre gentilhomme qui était dans le camp. Et le roi lui répondit que cette prière n'était pas raisonnable, car le cheval valait encore quatre-vingts livres. « Et je lui répondis, dit Joinville : « Comment avez-vous violé nos « conventions en vous fâchant de ce que je vous ai de-« mandé? » Et il me dit tout en riant : « Dites tout ce « que vous voudrez, je ne me fâche pas. » Et toutefois je n'eus pas le cheval pour le pauvre gentilhomme. »

En une autre circonstance, saint Louis aurait pu reprocher à Joinville, à plus juste titre peut-être, d'avoir violé la convention.

Un sergent du roi, qui avait nom le Goulu, avait mis la main sur un chevalier du corps de bataille du sénéchal. Il alla se plaindre au roi, qui lui dit qu'il s'en pouvait bien désister, ce lui semblait, car le sergent n'avait fait que le pousser. Joinville lui dit qu'il ne s'en désisterait pas, et que s'il ne lui en faisait droit il laisserait son service, puisque ses sergents poussaient les chevaliers.

Joinville demeura quatre ans en Orient auprès du roi. Voici comment, pendant ce temps, *il ordonna et arrangea son affaire,* nous dit-il.

« Il avait deux chapelains avec lui qui lui disaient ses heures : l'un lui chantait la messe sitôt que l'aube du jour paraissait, et l'autre attendait que ses chevaliers et les chevaliers de son corps de bataille fussent levés.

« Quand il avait ouï sa messe, il s'en allait avec le roi. Quand le roi voulait chevaucher, il lui tenait compagnie. Quelquefois, il se trouvait que des messagers venaient à lui, à cause de quoi il leur fallait travailler pendant la matinée.

« Quant approchait la saint Remi, il faisait acheter plein son étable de porcs et sa bergerie de moutons, et de la farine et du vin pour la provision de l'hôtel pendant tout l'hiver; et il faisait cela parce que les denrées enchérissent en hiver, à cause de la mer, qui est plus mauvaise en hiver qu'en été.

« Et il achetait bien cent tonneaux de vin, et il faisait toujours boire le meilleur avant; et il faisait tremper d'eau le vin des valets et mettre moins d'eau dans le vin des écuyers. A sa table, on servait devant les chevaliers une grande bouteille de vin et une grande bouteille d'eau; alors ils le trempaient comme ils voulaient.

« Le roi lui avait baillé dans son corps de bataille cinquante chevaliers.

« Toutes les fois qu'il mangeait, il avait dix chevaliers à sa table avec les dix siens, et ils mangeaient l'un devant l'autre selon la coutume du pays, et s'asseyaient sur des nattes à terre. Toutes les fois que l'on criait aux armes, Joinville y envoyait cinquante-quatre chevaliers, qu'on appelait dizeniers, parce que chacun menait une dizaine. Toutes les fois qu'on chevauchait en armes, tous les cinquante chevaliers mangeaient à son hôtel au retour. A toutes les fêtes annuelles, il invitait tous les riches hommes du camp, à cause de quoi il fallait que le roi empruntât quelquefois de ceux qu'il avait invités. »

Après Césarée, saint Louis fortifia successivement Jaffa, où il dépensa trente mille livres, et Sidon. Pendant qu'il campait aux sables d'Acre, une grande troupe de la grande Arménie qui allait en pèlerinage à Jérusalem vint à Joinville, et, par un truchement, ils le firent prier qu'il leur montrât le saint roi.

Joinville alla au roi, là où il était assis en un pavillon, sur le sable, sans tapis, et sans nulle autre chose sous lui. Il lui dit : « Sire, il y a là dehors une grande foule de la grande Arménie qui va en Jérusalem, et ils me prient, Sire, que je leur fasse voir le saint roi; mais je ne désire pas encore baiser vos os. » Et il rit aux éclats, et dit au sénéchal qu'il allât les querir.

Et quand ils eurent vu le roi, ils le recommandèrent à Dieu, et le roi en fit autant d'eux.

Le lendemain, comme on campait en un lieu où il y a de très belles eaux, avec quoi l'on arrose la plante d'où le sucre vient, un de ses chevaliers lui dit : « Sire, or je vous ai logé en plus beau lieu que vous ne fûtes hier. » Un autre chevalier qui, lui aussi, avait choisi la place d'avant, sauta sur lui tout irrité et lui dit tout haut : « Vous êtes bien hardi de parler de rien que je fasse. » Et il sauta sur lui et le prit par les cheveux. « Et je sautai sur lui, dit Joinville, et le frappai du poing entre les deux épaules; et il le laissa; et je lui dis : « Vite! hors « de mon hôtel! Car, ainsi que Dieu me soit en aide, « vous ne serez jamais avec moi. »

Le chevalier s'en alla montrant un grand deuil. Et monseigneur Gilles le Brun, connétable de France, voyant le repentir que le chevalier avait de la folie qu'il avait faite, pria Joinville, aussi instamment qu'il pût, de le ramener en son hôtel. Le sénéchal répondit qu'il ne l'y ramènerait si le légat ne le déliait de ses serments. Ils s'en allèrent au légat et lui contèrent le fait. Et le légat répondit qu'il n'avait pas le pouvoir de le délier, parce que le serment était raisonnable.

Le lendemain, le roi alla camper devant la cité de Sur, que l'on appelle Tyr dans la Bible. Là, le roi appela les riches hommes de l'armée, et leur demanda s'il serait bon qu'il prît la cité de Belinas avant qu'il allât à Sidon. Tous furent d'avis que le roi y envoyât de ses gens; mais nul ne fut d'avis qu'il y allât en personne. A grand'peine on l'en détourna.

Joinville y fut envoyé avec plusieurs chevaliers, ainsi que le maître du Temple et son couvent, le maître de l'Hôpital et son couvent. Il fut convenu que le corps de bataille du roi dans lequel il était irait entre la cité et le château; que les barons du pays entreraient dans la cité à main gauche, et l'Hôpital à main droite, et le Temple droit par la voie où l'on était venu.

En cette circonstance, Joinville donna à la fois l'exemple du courage et de la fidélité à la discipline militaire. Il lui avait été commandé d'occuper l'espace compris entre la ville et le château; mission bien périlleuse, car « il y avait trois paires de murs secs à passer; et la côte était si raide qu'à peine un cheval y pouvait tenir pied, et le tertre où il devait aller était garni de Turcs en grande foison à cheval ».

Une partie du corps de bataille voulait se jeter dans la ville; mais Joinville dit à ses compagnons « qu'on avait ordonné que le corps de bataille du roi irait là où les Turcs étaient, et que puisqu'on l'avait commandé il y irait ». Et il se mit à escalader la pente. Et voyant que le cheval de l'un des chevaliers qui l'accompagnait s'était abattu, « il descendit à pied et prit son cheval par le frein. Et quand les Turcs les virent venir, ainsi que Dieu le voulut, ils leur laissèrent la place là où ils devaient aller. De cette place descendait une roche à pic dans la cité. » En voyant les croisés sur ces hauteurs, « les Sarrasins qui étaient dans la cité se déconfirent, et laissèrent la ville aux chrétiens sans débat. »

Cependant les Allemands qui étaient dans le corps de bataille du comte d'Eu, « voyant les Turcs à cheval qui s'enfuyaient vers le château, se mirent en mouvement pour aller après eux. » Et Joinville leur dit : « Seigneurs, vous ne faites pas bien; car nous sommes là où on nous a commandés, et vous allez outre le commandement. »

« Le château qui est au-dessus de la cité est bien à une demi-lieue, en haut, dans les montagnes du Liban, et le tertre qui monte au château est semé de grosses roches aussi grosses que des huches. Quand les Allemands virent qu'ils poursuivaient follement, ils s'en revinrent en arrière.

« Quand les Sarrasins virent cela, ils leur coururent sus à pied, et leur donnaient de dessus les roches grands coups de leurs masses, et leur arrachaient les couvertures de leurs chevaux.

« Quand nos sergents qui étaient avec nous virent le mal, ils commencèrent à s'effrayer. Et je leur dis que s'ils s'en allaient, je les ferais retrancher des gages du roi à tout jamais. Et ils me dirent : « Sire, le jeu n'est pas égal entre nous; car vous êtes à cheval, et vous vous enfuirez; et nous, sommes à pied, et les Sarrasins nous occiront. » Et je leur dis : « Seigneurs, je vous assure que je ne m'enfuirai pas; car je demeurerai à pied avec vous. » Je descendis, et envoyai mon cheval avec les templiers qui étaient bien à portée d'arbalète derrière.

« Pendant la retraite que les Allemands faisaient, les Sarrasins atteignirent un mien chevalier, qui avait nom monseigneur Jean de Bussey, d'un carreau à la gorge; et il tomba mort tout devant moi. Monseigneur Hugues d'Escot, dont il était neveu, qui se montra très bien dans la terre sainte, me dit : « Sire, venez nous aider pour reporter mon neveu en bas. — Malheur, fis-je, à qui vous aidera! car vous êtes allé là-haut sans mon commandement; s'il vous en est mal arrivé, c'est à bon droit. Reportez-le en bas, dans la voirie; car je ne partirai pas d'ici jusques à tant que l'on me reviendra querir. »

« Quand monseigneur Jean de Valenciennes ouït le péril là où nous étions, il vint à monseigneur Olivier de Termes et aux autres chefs du Languedoc, et leur dit : « Seigneurs, je vous prie et vous commande, de par le roi, que vous m'aidiez à querir le sénéchal. » Tandis qu'il s'en inquiétait ainsi, monseigneur Guillaume de Beaumont vint à lui et lui dit : « Vous, vous travaillez pour rien, car le sénéchal est mort. » Et il répondit : « Ou de sa mort ou de sa vie je dirai des nouvelles au roi. » Alors il se mit en marche et vint vers nous, là où nous étions montés dans la montagne, et il me manda que je vinsse lui parler. Et il me dit que nous étions là en grand péril, car si nous descendions par où nous étions montés, nous ne le pourrions faire sans grande perte, parce que la côte était trop mauvaise, et que les Sarrasins nous descendraient sur le corps. « Mais si vous me voulez croire, je vous délivrerai sans perte. Nous nous en irons le long de cette pente, comme si nous devions aller vers Damas, et les Sarrasins qui sont là penseront que nous les voulons prendre par derrière. Et quand nous serons dans ces plaines, nous piquerons des éperons autour de la cité, et nous aurons passé le ruisseau avant qu'ils puissent venir vers nous; et cependant nous leur ferons un grand dommage, car nous leur mettrons le feu en ces froments battus qui sont au milieu de ces champs. »

« Nous fîmes ainsi qu'il nous expliqua; et il fit prendre des cannes de quoi on fait des flûtes, et fit mettre des charbons dedans, et dit de les ficher dans les froments battus. Et ainsi Dieu nous ramena en sauveté, grâce au conseil d'Olivier de Termes. »

Revenus le lendemain à Sidon, ils trouvèrent « que le roi en personne avait fait enfouir les corps des chrétiens que les Sarrasins avaient occis; et lui-même en personne portait les corps pourris et tout puants pour les mettre en terre dans des fosses, sans qu'il se bouchât le nez; et les autres se le bouchaient ».

Au camp de Sidon, Joinville n'eut pas à choisir sa place. Par une délicate attention saint Louis la lui avait lui-même choisie près la place du comte d'Eu, « parce qu'il savait que le comte d'Eu aimait sa compagnie. »

Ce comte d'Eu aimait à jouer des tours au bon sénéchal, qui nous en rapporte quelques-uns.

« J'avais fait une maison, dit-il, où je mangeais, moi et mes chevaliers, à la clarté de la porte. Or la porte était du côté du comte d'Eu; et lui, qui était bien fin, fit une petite baliste avec quoi il tirait dans ma maison. Et il faisait épier quand nous étions assis à manger, et dressait la baliste suivant la longueur de notre table, et la faisait tirer, et nous brisait nos pots et nos verres.

« Je m'étais approvisionné de poules et de chapons; et je ne sais qui lui avait donné une jeune ourse, laquelle

il laissait aller sur mes poules; et elle en avait tué une
douzaine; et la femme qui les gardait battait l'ourse de sa
quenouille. »

Si saint Louis donnait à Joinville tant de marques de
son amitié, le bon sénéchal, de son côté, saisissait toutes
les occasions de témoigner à son royal ami sa tendresse
et son dévouement. Un jour qu'ils chevauchaient ensemble,
« ils vinrent par devant une petite église et virent, étant
à cheval, un prêtre qui chantait la messe. Le roi dit à
Joinville que s'il voulait il y entendrait la messe que le
prêtre avait commencée. Et Joinville lui dit que cela lui
semblait bon à faire. Quand on vint à donner la paix, il
vit que le clerc qui aidait à chanter la messe était grand,
noir, maigre, hérissé; et il eut crainte, s'il portait la paix
au roi, que peut-être c'était un assassin, un mauvais
homme, et qu'il pourrait occire le roi. Il alla prendre la
paix au clerc et la porta au roi. Quand la messe fut
chantée, et qu'ils furent montés sur leurs chevaux, nous
trouvâmes le légat dans les champs, et le roi dit au légat :
« Je me plains à vous du sénéchal, qui m'apporta la paix
« et ne voulut pas que le premier clerc me l'apportât. »
Et Joinville dit au légat la raison pourquoi il l'avait fait.
Et le légat dit qu'il avait très bien fait. Et le roi répondit :
« Vraiment non, » tant il ressentait l'affliction que Joinville avait causée au pauvre clerc. »

A l'arrivée de la reine à Sidon, « ayant ouï dire qu'elle
était venue, Joinville se leva de devant le roi et alla à sa
rencontre, et l'amena jusques au château. Et quand il
revint au roi qui était en sa chapelle, le roi lui demanda
si la reine et les enfants étaient bien portants. Et il lui dit
que oui. Et il lui dit : « Je savais bien, quand vous vous

levâtes de devant moi, que vous alliez au devant de la
reine, et pour cela j'ai fait attendre après vous pour le
sermon. »

Joinville dit que depuis cinq ans saint Louis ne lui
avait jamais parlé de la reine et de ses enfants, et il
ajoute que ce n'était pas une bonne manière, ainsi qu'il
lui semble, d'être étranger à sa femme et à ses enfants.
Mais s'il faisait passer avant toute chose le service de
Dieu et les devoirs de la royauté, saint Louis ne saurait
être accusé de froideur et d'indifférence envers sa femme
et ses enfants. Joinville lui-même en fait foi dans d'autres
endroits de son histoire.

Le jour de la Toussaint Joinville invita tous les riches
hommes du camp à son hôtel, qui était sur la mer; et
alors un pauvre chevalier arriva dans une barque avec
sa femme et quatre fils qu'ils avaient.

Il les fit venir manger en son hôtel, et puis il appela
les riches hommes qui étaient céans et leur dit : « Faisons une grande aumône, et déchargeons ce pauvre
homme de ses enfants, et que chacun prenne le sien,
et j'en prendrai un. » Chacun en prit un, et ils se dis-
putaient pour l'avoir. Quand le pauvre chevalier vit
cela, lui et sa femme, ils commencèrent à pleurer de
joie.

Or il advint aussi que, quand le comte d'Eu revint de
l'hôtel du roi, où il avait mangé, il vint voir les riches
hommes qui étaient en l'hôtel de Joinville, et prit son
enfant, qui était de l'âge de douze ans, lequel servit le
comte si bien et si loyalement, que de retour en France
il le maria et le fit chevalier. Et quand ce chevalier se
trouvait avec Joinville, il pouvait à peine se séparer de

lui, et lui disait : « Sire, Dieu vous le rende! car en l'honneur où je suis vous m'avez mis. »

En lisant ces récits si vifs et si gais, on ne dirait pas que Joinville vivait depuis plusieurs années loin de sa patrie sur la terre étrangère : nulle trace de tristesse ou d'ennui. Cependant, au premier signe qui laisse entrevoir l'espoir d'un prochain retour, la joie éclate.

Le roi lui avait donné congé d'aller en pèlerinage à Notre-Dame de Tortose, et il lui dit, après s'être bien consulté, de lui acheter cent camélias de diverses couleurs pour donner aux cordeliers quand on reviendrait en France. « Alors, dit Joinville, mon cœur se calma, car je pensai bien qu'il n'y demeurerait guère. Quand nous vînmes à Tripoli, mes chevaliers me demandèrent ce que je voulais faire des camélias. « Peut-être, faisai-je, les ai-je dérobés pour gagner. »

Le prince de Tripoli (que Dieu absolve!) leur fit grande fête, et il eût fait à Joinville et à ses chevaliers de grands dons, s'ils les eussent voulu prendre. Ils ne voulurent rien prendre, excepté de ses reliques, desquelles ils apportèrent au roi avec les camélias.

De plus Joinville envoya à madame la reine quatre camélias. Le chevalier qui les lui présenta les porta entortillés dans une toile blanche. Quand la reine le vit entrer dans sa chambre, elle s'agenouilla devant lui, et le chevalier s'agenouilla à son tour devant elle, et la reine lui dit : « Levez-vous, sire chevalier, vous ne vous devez pas agenouiller, vous qui portez des reliques. » Mais le chevalier dit : « Madame, ce ne sont pas des reliques, mais des camélias que mon seigneur vous envoie. » Quand la reine ouït cela, elle et ses demoiselles, elles commencèrent à rire, et la reine dit au chevalier : « Dites à votre seigneur que je lui souhaite le mauvais jour pour m'avoir fait agenouiller devant ses camélias. »

Sur ces entrefaites arriva la nouvelle d'un triste événement qui décida le roi à retourner en France.

« A Suzette (Sidon), dit Joinville [1], arriva au roi la nouvelle que sa mère était morte. Il en montra si grand deuil que de deux jours on ne put jamais lui parler. Après cela, il m'envoya querir par un valet de chambre. Quand je vins devant lui en sa chambre, là où il était seul, et qu'il me vit, il étendit le bras et me dit :

« — Ah ! sénéchal, j'ai perdu ma mère.

« — Sire, je ne m'en étonne pas, fis-je, car elle devait mourir ; mais je m'étonne que vous, qui êtes un homme sage, ayez si grand deuil ; car vous savez que le Sage dit « que quelque chagrin que l'homme ait au cœur, rien ne « doit lui paraître au visage ; car celui qui le fait en rend « ses ennemis joyeux et en chagrine ses amis. »

« Madame Marie de Vertus, très bonne dame et très sainte femme, me vint dire que la reine montrait un très grand deuil, et me pria que j'allasse vers elle pour la réconforter. Et quand je vins là je trouvai qu'elle pleurait, et je lui dis qu'il disait vrai celui qui dit que l'on ne doit pas croire aux femmes ; car c'était la femme que vous haïssiez le plus qui est morte, et vous en montrez un tel deuil. Et elle me dit que ce n'était pas pour la reine qu'elle pleurait, mais pour la peine que le roi avait du deuil qu'il montrait, et pour sa fille qui était en la garde des hommes. »

---

[1] Ici la mémoire de Joinville est en défaut. C'est pendant que saint Louis était à Jaffa qu'il apprit la mort de sa mère.

Et le roi lui-même en personne portait les corps pourris. (P. 80.)

Le roi fit faire plusieurs processions dans le camp, et à la fin des processions le légat faisait prier que Dieu ordonnât les affaires du roi selon sa volonté, afin que le roi fît ce qui serait le meilleur au gré de Dieu, ou de retourner en France ou de demeurer là.

Après que les processions furent faites, le roi appela Joinville dans un préau, et le légat lui dit : « Sénéchal, le roi se loue beaucoup de votre service, et bien volontiers vous procurerait profit et honneur ; et pour mettre votre cœur à l'aise, il m'a dit que je vous dise qu'il a arrangé ses affaires pour aller en France à la Pâque qui vient. » Et Joinville lui répondit : « Que Dieu lui en laisse faire sa volonté. »

Après ces choses le roi envoya querir le sénéchal et lui commanda de s'armer, lui et ses chevaliers, pour mener la reine et ses enfants jusques à Sur, qui était bien à sept lieues de là. Joinville ne lui répliqua pas une parole, et pourtant le commandement était très périlleux ; car nous n'avions alors ni paix ni trêve, ni avec ceux d'Égypte ni avec ceux de Damas. Dieu merci, ils y vinrent tout en fait, sans nul empêchement, et à la tombée de la nuit, alors qu'il leur avait fallu deux fois descendre de cheval sur la terre de leurs ennemis pour faire du feu et cuire des aliments.

Le roi vint rejoindre la reine à Sur, et de là on se rendit à Acre à l'entrée du carême.

Pendant tout le carême il fit préparer ses nefs pour revenir en France. (Il y en avait treize, tant nefs que galères.) Le roi et la reine s'embarquèrent sur leurs nefs la veille de saint Marc, après Pâques. Le vent était bon au départ. Le jour de saint Marc, saint Louis dit à Joinville qu'à pareil jour il était né; et le sénéchal lui dit qu'il pouvait bien dire aussi qu'il était rené en cette journée, et qu'il était bien rené quand il échappait de cette périlleuse terre.

Le samedi on était en vue de l'île de Chypre. « Il s'éleva une brume de la terre, et elle descendit de la terre sur la mer, et pour cela les mariniers pensèrent qu'on était plus loin de l'île qu'on n'était, et ils firent avancer hardiment; d'où il advint que la nef heurta contre un banc de sable qui était sous l'eau. Or il advint ainsi que, si on n'eût rencontré ce peu de sable là où l'on se heurta, on eût heurté contre tout plein de roches qui étaient couvertes, là où la nef eût été toute brisée.

« Aussitôt que la nef eut heurté, le cri s'éleva très grand; car chacun criait hélas! et les mariniers et les autres frappaient des mains, parce que chacun avait peur de se noyer. Quand Joinville ouït cela, il se leva de son lit et alla au château avec les mariniers. Quand il vint là, frère Rémond, qui était templier et maître des mariniers, dit à un de ses valets : « Jette la sonde. » Et dès qu'il l'eut jetée, il s'écria et dit : « Hélas! nous sommes à terre. » Quand frère Rémond ouït cela, il déchira sa robe jusques à la ceinture, et se prit à s'arracher la barbe et à crier : « Hélas! hélas! »

« En ce moment un chevalier de Joinville, monseigneur Jean de Monson, lui apporta sans mot dire un sien surcot fourré et le lui jeta sur le dos, parce qu'il n'avait vêtu que sa cotte. Et Joinville lui dit : « Qu'ai-je à faire de votre surcot que vous m'apportez quand nous nous noyons? » Et il lui dit : « Sur mon âme, sire, j'aimerais mieux que nous fussions tous noyés que s'il vous prenait une maladie par le froid, qui vous donnât la mort. »

« Celui qui avait la sonde la jeta une seconde fois, et revint à frère Rémond, et lui dit que la nef n'était pas sur le fond. Et alors frère Rémond l'alla dire au roi, qui était prosterné en croix sur le pont de la nef, sans chausses, en simple cotte et tout échevelé (devant le corps de Notre-Seigneur, qui était sur la nef), comme un homme qui s'attendait bien à être noyé.

« La reine aussi s'attendait bien à être noyée. On vint lui demander s'il fallait éveiller et vêtir les enfants qu'elle avait eus en Orient, et qui étaient encore au berceau. « Non, répondit-elle; laissez-les aller à Dieu dormants[1]. »

Le matin, le roi envoya querir les maîtres nautoniers des nefs, lesquels envoyèrent quatre plongeurs au fond de la mer. On sut par eux que dans le frottement de la nef sur le sable, le sable en avait bien ôté quatre toises de la quille sur quoi la nef était construite.

Alors le roi appela les maîtres nautoniers et leur demanda quel conseil ils donneraient pour le coup que la nef avait reçu. Ils se consultèrent ensemble et conseillèrent au roi de descendre de la nef où il était et d'entrer dans une autre. Ils craignaient que la nef ne pût soutenir le choc des vagues sans se mettre en pièces.

Alors le roi demanda à monseigneur Pierre le chambellan, à monseigneur Gilles le Brun, connétable de France, à monseigneur Gervais d'Escraines, son maître queux, à l'archidiacre de Nicosie, qui portait son sceau, et à Joinville, ce qu'ils lui conseillaient sur ces choses. Et

---

[1] Confesseur de la reine Marguerite.

ils lui répondirent que sur toutes choses de ce monde, on
devait croire ceux qui en savent le plus. Ils lui conseillèrent donc de faire ce que les nautoniers conseillaient.

Alors le roi dit aux nautoniers : « Je vous demande sur
votre honneur, au cas que la nef fût vôtre, et chargée de
marchandises à vous, si vous en descendriez. » Et ils
répondirent tous ensemble que non; car ils aimeraient
mieux mettre leurs personnes en aventure de se noyer,
que d'acheter une nef quatre mille livres et plus. — « Et
pourquoi me conseillez-vous de descendre? — Parce que,
dirent-ils, le jeu n'est pas égal; car ni or ni argent ne
peut valoir le prix de votre personne, de votre femme et
de vos enfants qui sont céans. »

Le roi dit alors : « Seigneurs, j'ai ouï votre avis et l'avis
de mes gens : or je vous dirai à mon tour le mien, qui est
tel, que si je descends de la nef, il y a céans cinq cents
personnes et plus qui demeureront dans l'île de Chypre,
par peur du péril de leur corps (car il n'y en a pas un qui
n'aime autant sa vie que je fais la mienne), et qui jamais
par aventure ne rentreront dans leur pays. C'est pourquoi
j'aime mieux mettre en la main de Dieu ma personne, et
ma femme et mes enfants, que causer tel dommage à un
aussi grand nombre de gens qu'il y a céans. »

« De ce péril dont Dieu nous avait réchappé, dit Joinville, nous tombâmes dans un autre. Uu vent fort et hor-
rible poussait la nef avec force vers l'île et menaçait de la
briser. Il fallut abattre les parois de la chambre du roi,
pour donner moins de prise au vent, et personne n'osait
y demeurer, de peur que le vent ne les emportât à la
mer. »

Joinville et le connétable y étaient pourtant restés. La

reine ouvrit la porte de la chambre, pensant y trouver le roi. Joinville lui demanda ce qu'elle était venue querir. Elle dit qu'elle était venue parler au roi, pour qu'il promît à Dieu quelque pèlerinage ou à ses saints, par quoi Dieu nous délivrât de ce péril. Et Joinville lui dit : « Madame, promettez-moi le voyage à monseigneur saint Nicolas de Varangéville, et je vous tiens garant pour lui que Dieu nous ramènera en France. — Sénéchal, fit-elle, vraiment je le ferais volontiers, mais le roi est si bizarre, que s'il savait que je l'eusse promis sans lui, il ne m'y laisserait jamais aller. — Vous ferez une chose, c'est que si Dieu vous ramène en France, vous lui promettrez une nef d'argent de cinq marcs pour le roi, pour vous et pour vos trois enfants, et je vous suis garant que Dieu vous ramènera en France; car je promis à saint Nicolas que s'il nous réchappait de ce péril, là où nous avions la nuit, je l'irais prier de Joinville à pied et sans chausses. »

Et elle dit que, pour la nef d'argent, elle la promettait à saint Nicolas. Elle partit de là et ne tarda qu'un peu, puis elle revint et dit : « Saint Nicolas nous a garantis de ce péril, car le vent est tombé. »

Quand la reine fut revenue en France, elle fit faire la nef d'argent à Paris, et sur la nef étaient le roi, la reine et les trois enfants, tout d'argent; le marinier, le mât, le gouvernail et les cordages, tout d'argent, et les voiles toutes cousues de fil d'argent. Elle dit que la façon avait coûté cent livres. Elle l'envoya à Joinville pour la faire conduire à saint Nicolas, et ainsi fit-il.

« Après que nous fûmes échappés de ces deux périls, le roi s'assit sur le bord de la nef et me fit asseoir à ses

pieds; et me dit ainsi : « Sénéchal, notre Dieu nous a
bien montré son grand pouvoir, car un de ces petits vents
(non pas un des quatre maîtres vents) faillit noyer le roi
de France, sa femme et ses enfants, et toute sa compagnie. Or nous lui devons savoir gré et rendre grâces pour
le péril dont il nous a délivrés. Quand de telles tribula-
tions adviennent aux gens, ou de grandes maladies, ou
d'autres persécutions, les saints disent que ce sont les
menaces de Notre-Seigneur. Car de même que Dieu dit
à ceux qui réchappent de grandes maladies : « Or, vous
« voyez bien que je vous eusse fait mourir, si j'eusse
« voulu; » ainsi peut-il nous dire : « Vous voyez bien que
« je vous eusse tous noyés, si j'eusse voulu. »

« Or nous devons regarder à nous, de peur qu'il y ait
rien qui lui déplaise, à cause de quoi il nous ait épou-
vantés; et si nous trouvons rien qui lui déplaise, il faut
que nous le mettions dehors; car si nous faisions autrement après cette menace, il frappera sur nous par la
mort ou par quelque autre grand malheur, ou dommage
de nos corps et de nos âmes. »

« Comme on passait près de l'île Pantennellée (Pantel-
laria), peuplée de Sarrasins qui étaient sous la sujétion
du roi de Sicile, la reine pria le roi qu'il envoyât trois
galères pour prendre des fruits pour ses enfants, et le roi
le lui octroya, et commanda au maître des galères que
quand le roi passerait par devant l'île, ils fussent tous
prêts à venir à lui. Et comme, lorsque la nef du roi passa
par devant le port, les galères ne parurent pas, les mariniers donnèrent au roi l'avis de ne pas les attendre, « car
« vous êtes, disaient-ils, entre le royaume de Sicile et le
« royaume de Tunis, qui ne vous aiment guère ni l'un

« ni l'autre, et si vous nous laissez naviguer, nous vous
« aurons, encore de nuit, délivré du péril, car nous vous
« aurons passé ce détroit.

« — Vraiment, fit le roi, je ne vous en croirai pas de
« laisser mes gens entre les mains des Sarrasins sans que
« je fasse au moins tout mon possible pour les délivrer.
« Et je vous commande que vous tourniez vos voiles et
que nous leur allions courir sus. » Et quand la reine ouït
cela, elle commença à montrer un très grand deuil et dit:
« Hélas! c'est moi qui ai fait tout cela. »

« Tandis que l'on tournait les voiles, l'on vit les galères
sortir de l'île. Quand elles vinrent près du roi, il demanda
aux mariniers pourquoi ils avaient fait cela, et ils répondirent qu'ils n'en pouvaient mais; que ceux qui le firent
étaient des fils de bourgeois de Paris, dont il y en avait
six qui mangeaient les fruits des jardins, c'est pourquoi
les mariniers ne les pouvaient avoir, et ils ne les voulaient
pas laisser. Alors le roi commanda qu'on les mît dans la
chaloupe, et alors ils commencèrent à crier et à braire :
« Sire, pour Dieu, rançonnez-nous de tout ce que nous
« avons, pourvu que vous ne nous mettiez pas là où l'on
« met les meurtriers et les larrons; car cela nous serait
« à jamais reproché. »

La reine et tous les seigneurs firent leur possible pour
que le roi se voulût désister, mais jamais il ne voulut
écouter personne. Ils y furent mis et y demeurèrent
jusques à tant que l'on fût à terre. Ils y furent en tel
danger, que quand la mer devenait grosse, les vagues leur
volaient par-dessus la tête, et ils devaient s'asseoir, de
peur que le vent ne les emportât dans la mer. « Et ce fut
à bon droit, dit Joinville, car leur gloutonnerie nous fit

tel dommage, que nous en fûmes retardés de huit bonnes
journées. »

« Avant que nous vinssions en terre, une autre aventure nous advint en mer. Une des béguines de la reine,
quand elle eut couché la reine, ne prit pas garde, et jeta
la coiffe de quoi elle avait la tête entortillée auprès de la
poêle de fer où la chandelle de la reine brûlait, et quand
elle fut allée coucher dans la chambre au-dessous de la
chambre de la reine, là où les femmes couchaient, la
chandelle brûla tant que le feu prit à l'étoffe, et que de
l'étoffe il prit aux toiles dont les habits de la reine étaient
couverts. Quand la reine s'éveilla, elle vit la chambre
tout embrasée de feu, et sauta du lit, et prit l'étoffe, et
la jeta tout en feu à la mer, et prit les toiles et les éteignit. Ceux qui étaient dans les chaloupes crièrent à demi-
voix : « Le feu ! le feu ! » Je levai la tête et vis que l'étoffe
brûlait encore, flambant tout clair sur la mer, qui était
très calme. Je revêtis ma cotte au plus tôt que je pus, et
allai m'asseoir avec les mariniers. Tandis que j'étais là
assis, mon écuyer, qui couchait devant moi, vint à moi,
et me dit que le roi était éveillé, et qu'il avait demandé
là où j'étais ; — « et je lui avais dit que vous étiez dans les
« chambres : et le roi me dit : « Tu mens. » Tandis que
nous parlions là, voilà maître Geoffroy, le clerc de la
reine, qui me dit : « Ne vous effrayez pas, car il est ainsi
« advenu. » Et je lui dis : « Maître Geoffroy, allez dire à
« la reine que le roi est éveillé, et qu'elle aille vers lui
« pour l'apaiser. »

« Et le lendemain le roi me dit : « Sénéchal, je vous
« commande que vous ne vous couchiez pas dorénavant
« jusques à tant que vous ayiez éteint tous les feux de

« céans, excepté le grand feu qui est en la soute de la
« nef. Et sachez que je ne me coucherai pas jusques à
« tant que vous reveniez à moi. » Et ainsi fis-je, tant que
nous fûmes en mer; et quand je revenais, alors le roi se
couchait. »

Joinville termine le récit de la traversée par un miracle
de la sainte Vierge : « Monseigneur Drugonet, riche
homme de Provence, dormait le matin dans sa nef, qui
était bien une lieue en avant de la nôtre, et il appela un
sien écuyer, et lui dit : « Va boucher cette ouverture, car
le soleil me frappe au visage. » Tandis qu'il allait boucher l'ouverture, le pied lui faillit et il tomba dans l'eau,
et cette nef n'avait pas de chaloupe. Bientôt la nef fut
loin. Nous, qui étions sur la nef du roi, nous le vîmes, et
nous pensions que c'était un paquet ou une barrique,
parce que celui qui était tombé dans l'eau ne songeait
pas à s'aider. Une des galères du roi le recueillit et l'apporta en notre nef, là où il nous conta comment cela lui
était advenu. Je lui demandai comment il se faisait qu'il
ne songeait pas à s'aider pour se sauver, ni en nageant,
ni d'autre manière. Il me répondit qu'il n'était nul besoin
qu'il songeât à s'aider, car sitôt qu'il commença à tomber,
il se recommanda à Notre-Dame de Vauvert, et elle le
soutint par les épaules dès qu'il tomba, jusques à tant
que la galère du roi le recueillit. En l'honneur de ce
miracle, je l'ai fait peindre à Joinville dans une chapelle,
et sur les verrières de Blécourt. »

Après dix semaines de navigation, on aborda au port
d'Hyères. La reine et tout le conseil furent d'accord que
le roi descendît là, parce que la terre était à son frère.
Le roi répondit qu'il ne descendrait pas de son vaisseau

jusques à tant qu'il viendrait à Aigues-Mortes, qui était en sa terre. Pendant deux jours on ne put lui faire changer d'avis. Le vendredi, assis sur une des barres du gouvernail, il appela Joinville et lui dit : « Sénéchal, que vous semble de cette affaire ? » Et celui-ci lui dit : « Sire, il serait bien juste qu'il vous en advînt comme il fit à madame de Bourbon, qui ne voulut pas descendre en ce port, mais se mit en mer pour aller à Aigues-Mortes, et demeura depuis sept semaines sur mer.

« Alors le roi appela son conseil et leur dit ce que je lui avais dit, et leur demanda ce qu'ils conseillaient de faire, et tous furent d'avis qu'il descendît ; car il n'agirait pas sagement, s'il mettait sa personne, sa femme et ses enfants en aventure de mer, après qu'il en était hors. Le roi se rendit au conseil que nous lui donnâmes, de quoi la reine fut très joyeuse. »

Tandis que le roi séjournait à Hyères, afin de se procurer des chevaux pour venir en France, l'abbé de Cluny lui fit présent de deux palefrois qui vaudraient bien aujourd'hui cinq cents livres (10000 francs) ; un pour lui, l'autre pour la reine. Quand il eut fait ce présent, alors il dit au roi : « Sire, je viendrai demain vous parler de mes affaires. » Le lendemain le roi l'ouït très attentivement et très longuement. Joinville vint au roi et lui dit : « Je vous veux demander, s'il vous plaît, si vous avez ouï plus débonnairement l'abbé de Cluny parce qu'il vous donna hier ces deux palefrois ? »

Le roi pensa longuement et lui dit : « Vraiment oui. — Sire, fis-je, savez-vous pourquoi je vous ai fait cette demande ? — Pourquoi ? fit-il. — Sire, c'est parce que je vous donne avis et conseil que vous défendiez à tous vos

conseillers jurés, quand vous viendrez en France, de rien
prendre de ceux qui auront affaire par devant vous ; car
soyez certain, s'ils prennent, qu'ils écouteront plus volontiers et plus attentivement ceux qui leur donneront, ainsi
que vous l'avez fait pour l'abbé de Cluny. » Alors le roi

Les remparts d'Aigues-Mortes.

appela tout son conseil et leur rapporta aussitôt ce que
Joinville lui avait dit, et ils lui dirent qu'il lui avait donné
un bon conseil.

Dans son humilité, saint Louis était toujours prêt à
écouter les bons conseils. Il était surtout avide d'entendre
ceux des hommes de Dieu. Ayant entendu parler à Hyères
d'un cordelier, nommé frère Hugues, de grand renom,
il l'envoya querir pour le voir et l'ouïr parler. Il arriva

à Hyères, accompagné d'une grande foule d'hommes et de femmes qui le suivaient à pied. Le roi le fit prêcher. Le commencement du sermon fut sur les religieux : « Seigneur, fit-il, je vois trop de religieux à la cour du roi, en sa compagnie. » Et sur ces paroles il ajoute : « Moi tout le premier. Si les religieux qui sont avec le roi disent que ce soit un cloître, je leur dis que c'est le plus large que j'aie jamais vu, car il s'étend deçà la mer et delà. »

Les conseils donnés au roi par cet austère prédicateur n'étaient pas moins vigoureux : « Que le roi prenne garde à faire si bien justice à son peuple, qu'il lui conserve l'amour de Dieu, de telle manière que Dieu ne lui ôte pas le royaume de France avec la vie. »

Comme le roi et Joinville insistaient pour qu'il demeurât avec eux tant qu'ils seraient en Provence, il répondit très en colère : « Certes, je ne le ferai pas ; mais j'irai en tel lieu où Dieu m'aimera mieux voir qu'il ne ferait en la compagnie du roi. » Il demeura un jour, et le lendemain s'en alla. On a dit depuis qu'il gît en la cité de Marseille, là où il fait beaucoup de beaux miracles.

Les préparatifs du voyage terminés, le roi quitta Hyères « et s'en vint par le comté de Provence jusqu'à une cité qu'on appelle Aix en Provence, là où l'on dit que gisait le corps de la Magdeleine, et nous fûmes sous une voûte de roche très haute (la sainte Baume), où l'on disait que la Magdeleine avait été en ermitage dix-sept ans ».

On retrouvait l'Orient en Provence, et la piété du roi et de ses compagnons se dédommageait de n'avoir pas pu prier sur le tombeau du Sauveur en vénérant les reliques de celle qui avait été sa meilleure amie.

« Quand le roi vint à Beaucaire, dit Joinville, et que je le vis sur sa terre et en son domaine, je pris congé de lui et je m'en vins par chez la dauphine de Viennois, ma nièce, et par chez le comte de Châlons, mon oncle, et par chez le comte de Bourgogne, son fils. »

III

JOINVILLE A LA COUR DE SAINT LOUIS

Il n'est pas douteux qu'après le retour de la croisade Joinville ait fait de fréquents voyages à Paris et des séjours plus ou moins longs à la cour de saint Louis. L'histoire n'en mentionne que quelques-uns; mais nous sommes en droit d'en supposer un grand nombre.

Que de motifs pour le bon sénéchal, quand il avait réglé ses affaires de Champagne, de s'acheminer vers Paris, où tant de choses l'attiraient : le désir de se trouver auprès de son saint ami qui lui faisait toujours si bon accueil. « Il lui faisait si grand'joie que tout le monde s'en émerveillait. » Tant de choses à voir et à admirer : monuments, œuvres d'art de toute sorte, dont la capitale s'embellissait tous les jours, fêtes brillantes à l'occasion des grands événements, visites de princes étrangers, mariages royaux, entrées dans la chevalerie, etc.

Le confesseur de la reine Marguerite nous dit que « saint Louis enseigna noble chevalerie monseigneur

Jehan de Joinville, qui fut avec lui en sa cour assez privément, et de son hôtel. »

Cette cour ne fut pas seulement pour Joinville une école de *noble chevalerie;* il avait sous les yeux des exemples qui lui apprenaient à pratiquer toutes les vertus du chrétien et tous les devoirs d'un bon père de famille et d'un bon seigneur envers ses sujets.

L'exemple des vertus chrétiennes était donné non seulement par le roi, mais par la cour tout entière.

Par la famille du roi d'abord. Élevés par une mère qui « était une dame moult honeste en paroles et en faits, droiturière et bénigne, qui voulait que chascun fît bien, et à qui tout mal et tout mauvais exemple desplaisait, saint Louis et ses frères furent personnes de grande pureté et de grande chasteté; et les bonnes œuvres qu'ils firent en tout temps de leur vie donnèrent témoignage de leur bonne nourriture et des bons enseignements qu'ils reçurent au commencement[1] ».

Nous avons vu comment saint Louis pleura la mort de Robert d'Artois, qui, dit le confesseur de la reine, « désirait, comme il l'affirmait, qu'il pût finir la vie par martyre, pour l'exhaussement de la foi chrétienne, laquelle chose il fit. »

Alphonse de Poitiers, qui, dans le gouvernement de ses provinces, prenait le roi pour modèle, était l'objet de son affection particulière. On le voyait souvent à la cour de Paris, et Rutebeuf disait de lui qu'il

> Ne fist pas honte à son bon père,
> Ains monstra bien que preudom ière (était),
> De foi, de semblant, de manière.

[1] Confesseur de la reine Marguerite.

Quant à sa sœur Isabelle, il avait pour elle non seulement l'amour d'un frère, mais encore les sentiments de vénération qu'inspire toujours la sainteté, et ces sentiments étaient réciproques.

Quand il allait la visiter à l'abbaye de Longchamps, « elle se mettait à genoux devant lui, ce qui lui déplaisait fort; mais il ne l'en pouvait empêcher. »

On sait qu'elle a été placée sur les autels par le pape Léon X. Agnès d'Harcourt, sa demoiselle suivante, nous raconte comment ses contemporains devançaient le jugement de l'Église.

« Elle avait trop durement beau chief et reluisant; et quand on la pignait, ses demoiselles prenaient les cheveux qui lui chéaient et les gardaient moult soigneusement. Si que ung jour elle leur demanda pourquoi elles faisaient ce; et elles répondirent : « Madame, nous les « gardons pour ce que quand vous serez saincte, nous les « garderons comme reliques. » Elle s'en riait et tournait tout à néant, et tenait à folie ces choses[1]. »

« La sainteté d'un chrétien est comme l'effet ordinaire de la grâce; la sainteté d'un grand est le chef-d'œuvre;

---

[1] « Quand notre sainte Dame eut été en terre par neuf jours, on la leva de la sépulture pour la mettre en un autre cercueil plus convenable. Elle parut ainsi comme si elle dormait. Elle avait les membres si beaux et si pleins, et si traitables et maniables comme d'un tendre enfant, et la face lui resplendissait merveilleusement. Et comme on la démena tant, les yeux lui ouvrirent, lesquels étaient si beaux, qu'il ne semblait pas qu'ils fussent éteints de mort.... Nous ouvrîmes la fenêtre du moustier et levâmes le coffre (cercueil), et montrâmes aux personnes du dehors la sainte Dame comme un enfant en son berceau. On s'efforçait à qui mieux mieux de bailler les couvre-chef, anneaux, ceintures, pour toucher au saint corps par grande dévotion, et ce qui y avait touché était tenu à relique. » (*Vie de la bienheureuse Isabelle,* par Agnès d'Harcourt.)

la sainteté d'un roi en est le miracle, » a dit Bourdaloue.

Ce miracle et ces chefs-d'œuvre de la grâce, Joinville pouvait les admirer à la cour de saint Louis. L'exemple du roi provoquait la sainteté autour de lui ; et la cour de France offrit alors le spectacle bien rare d'une cour vraiment chrétienne.

Joinville nous dit que saint Louis « aima tant toutes manières de gens qui croyaient en Dieu qu'il donna la connétablie de France à monseigneur Gilles le Brun, qui n'était pas du royaume de France, parce qu'il avait grand renom de croire en Dieu et de l'aimer. »

Lorsque le saint roi recommandait à son fils « d'avoir en lui compagnie de bonnes gens, de donner volontiers pouvoir aux gens de bonne volonté [1] », il ne lui conseillait que ce qu'il avait pratiqué lui-même. La fidélité à remplir les devoirs envers Dieu était le premier des titres à sa confiance et la meilleure garantie d'intégrité pour ceux à qui il confiait avec les grands emplois les intérêts de la nation.

Pour les fonctions si importantes d'*enquêteurs* chargés « d'enquérir contre les baillis et prévôts et les autres sergents, par le royaume, et d'ôter de leurs offices ceux qu'ils trouveraient dignes d'être ôtés », il choisissait souvent des frères Mineurs et Prêcheurs, ou des prêtres séculiers.

Il appelait à son conseil Guillaume d'Auvergne, archevêque de Paris, Philippe, archevêque de Bourges, qualifié de Bienheureux par quelques historiens, Odon Rigaud, archevêque de Rouen, les évêques d'Évreux et de Senlis,

---

[1] Confesseur de la reine, chap. IX.

les doyens de Saint-Aignan d'Orléans et de Saint-Martin de Tours.

Le chanoine Dudon était son médecin. Saint Thomas d'Aquin, saint Bonaventure, Vincent de Beauvais, Robert de Sorbon, le cordelier Rubruquis, etc., qu'on voyait souvent auprès de lui, donnaient à sa cour une physionomie cléricale.

Autour du roi, parmi les chevaliers attachés à sa personne et faisant le service de son hôtel, quels admirables types de vertu chrétienne, de fidélité, d'honneur chevaleresque! Pierre de Chambli, Jean de Soisi, qui passa trente ans à son service, Pierre de Laon, qui fut pendant trente-huit ans son chambellan, Pierre de Ville-Béon, grand chambellan, « l'homme le plus loyal et le plus droiturier que j'eusse vu dans la maison de saint Louis, » dit Joinville, regardé comme un saint et qui, à cause de sa charge, avait coutume de coucher aux pieds de son maître; Geoffroy de Sargines, que Joinville nous a montré défendant le roi contre les Sarrasins, « comme le bon valet défend le hanap de son seigneur des mouches, » et que Rutebeuf a chanté :

> Douz et cortois et débonère
> Le trovoit-on en son ostel ;
> Mès aux armes autre que tel
> Le trovast li sien anemis.
> Mult amoit Dieu et sainte Yglise ;
> Ses povres voisins ama bien,
> Volontiers leur donoit du sien.

Joinville apprenait à la cour de saint Louis comment un seigneur chrétien doit tenir sa maison. Le saint roi ne tolérait dans son hôtel que des personnes dont la vie

Saint Louis. (Statue de Guillaume.)

et les mœurs fussent honnêtes et réglées. Il chassait ceux qui juraient, et souvent les faisait mettre en prison, aussi bien que ceux qui avaient péché contre la pureté. Deux personnes ayant manqué à jeûner un jour de carême, il les chassa.

Il faisait manger ses sergents au palais, afin qu'ils pussent entendre les sermons. Souvent, lorsqu'il était en sa chambre avec les domestiques, il leur parlait de choses saintes, et il les visitait quand ils étaient malades[1].

Avec un monarque d'une si haute piété et d'une vertu si intolérante, dans une cour si grave, où l'habit blanc de saint Dominique coudoyait la robe grise de saint François et le sombre manteau du prêtre séculier, on serait porté à croire que la joie et la gaieté n'abondaient pas. Nous savons cependant que le rire, les gais propos, les honnêtes divertissements étaient loin d'y être inconnus.

> Qu'un pape rie, en bonne foi
> Je n'ose l'assurer ; mais je tiendrais un roi
> Bien malheureux s'il n'osait rire,

disait la Fontaine.

Joinville, lui aussi, était de cet avis. Et on aime à le voir, à côté de saint Louis, tempérant et déridant sa douce gravité par son enjouement et ses spirituelles saillies.

La piété du saint roi n'avait rien de trop austère et de chagrin. Il laissait à son entourage une sage et douce liberté ; et, en dehors du mal, tout était permis.

> Être franc et sincère est mon plus grand talent,

[1] Tillemont.

telle aurait pu être la devise de ceux qui entouraient saint Louis.

Sa cour n'était pas de celles

où les gens,
Tristes, gais, prêts à tout, à tout indifférents,
Sont ce qu'il plaît au prince, ou, s'ils ne peuvent l'être,
Tâchent au moins de le paraître [1] ;

où « chacun dissimule les mauvais offices, sourit à ses ennemis, contient son humeur, déguise ses passions, dément son cœur, parle et agit contre ses sentiments [2]. »

La franchise que nous portons encore dans notre nom, nos pères la mettaient en pratique dans le commerce de la vie. La fière indépendance de leur caractère ne savait pas se plier aux déguisements. On avait alors la force de dire la vérité et la force de l'entendre.

L'auteur de *Berte aux grands pieds* appelle la France « la plus *vraie* de toutes les nations ». L'épithète homérique *au cœur franc* est celle que les poètes donnent le plus souvent aux chevaliers; et l'on sait que l'un des articles du code de la chevalerie disait : « Tu ne mentiras pas. »

A une époque où le rouleau de la civilisation et de la centralisation n'avait pas encore tout aplani, tout recouvert d'un vernis uniforme, chacun parlait et agissait avec une spontanéité qui mettait à nu le fond de sa nature, et le montrait dans toute l'originalité de sa physionomie.

La douce et condescendante gravité de saint Louis ne

---

[1] La Fontaine.
[2] La Bruyère.

gênait en rien la libre expansion des caractères. A sa cour
la diversité ou l'opposition de ces caractères éclate dans
les anecdotes, les conversations, les discussions assaison-
nées de gaieté et de malice qui nous ont été transmises
par les chroniqueurs.

A côté de Joinville nous trouvons Robert de Sorbon,
qui, bien que Champenois, offre avec lui plus d'un con-
traste : figure austère, âpre et hardi censeur des vices et
des abus dans les sermons. « Pour la grande renommée
qu'il avait d'être prud'homme, dit Joinville, le roi le faisait manger à sa table. Un jour il advint qu'il mangeait à
côté de moi et que nous causions bas l'un avec l'autre.
Le roi nous reprit et dit : « Parlez haut, car vos compa-
« gnons croient que vous pouvez médire d'eux. Si vous
« parlez en mangeant de choses qui doivent leur plaire,
« parlez haut; sinon, taisez-vous. »

« Quand le roi était en gaieté, il me disait : « Sénéchal,
« dites les raisons pourquoi prud'homme vaut mieux que
« béguin (dévot) » Alors commençait la discussion entre
moi et maître Robert. Quand nous avions longtemps dis-
puté, alors le roi rendait la sentence. »

Dans ces discussions maître Robert s'attirait parfois des
réponses mortifiantes, et le bon roi intervenait pour
défendre son pauvre chapelain contre le malin sénéchal.

Un jour Robert de Sorbon vint querir Joinville et le
prit par le bout de son manteau, et le mena au roi; et
tous les autres chevaliers les accompagnaient. « Alors,
dit Joinville, je demandai à maître Robert : « Maître
« Robert, que me voulez-vous? » Et il me dit : « Si le roi
« s'asseyait dans ce préau, et si vous alliez vous asseoir
« sur son banc, plus haut que lui, je vous veux demander

« si on vous en devrait bien blâmer? » Et je lui dis que oui.

« Et il me dit : « Donc vous faites chose bien plus à
« blâmer quand vous êtes plus noblement vêtu que le
« roi; car vous vous vêtez de vair et de drap vert, ce que
« le roi ne fait pas. » Et je lui dis : « Maître Robert,
« sauf votre grâce, je ne fais rien à blâmer si me vêts de
« drap vert et de vair; car c'est l'habit que me laissèrent
« mon père et ma mère. Au contraire, vous faites chose
« à blâmer, car vous êtes fils de vilain et de vilaine, et
« avez laissé l'habit de votre père et de votre mère, et êtes
« vêtu de plus riche camelin que le roi ne l'est. » Et
alors je pris le pan de son surcot et du surcot du roi,
et lui dis : « Or regardez si je dis vrai. » Et le roi se mit
à défendre maître Robert en paroles et de tout son
pouvoir. »

Dans ses premiers voyages à Paris, avant de partir pour
la croisade, Joinville a pu rencontrer à la cour de saint
Louis un homme qui, comme lui, se faisait remarquer
par la gaieté de son esprit et le piquant de ses reparties.
C'était Guillaume d'Auvergne, d'une naissance obscure,
que ses rares mérites élevèrent au siège de Paris, et qui
fut longtemps le conseiller de Blanche de Castille et de
son fils. Un jour il se fâchait devant un religieux qui lui
faisait des reproches. « Seigneur, lui dit le frère, souve-
nez-vous que vous me devez la patience. — Sans doute,
lui répondit-il, mais je n'ai pas promis de la payer
comptant. »

En 1240 la jeune reine Marguerite allait donner le jour
à son premier enfant. Le roi désirait et attendait un héritier de la couronne. Au lieu d'un garçon ce fut une fille.
Guillaume se chargea de porter la nouvelle au roi; et se

présentant dans sa chambre : « Sire, dit-il, réjouissez-
vous ! je vous apporte d'heureuses nouvelles. La couronne
de France s'est aujourd'hui enrichie d'un roi ; car, ayant
une fille, vous pourrez, en la mariant, acquérir un royaume ;
tandis que si vous aviez un fils, vous lui céderiez un
vaste comté. »

Saint Louis avait pour chambrier messire de Beaumont,
chez qui la rudesse du caractère et la brusquerie du langage égalaient la fidélité et le dévouement. Le sénéchal
avait eu occasion de l'éprouver en Orient. Un jour que
Guillaume d'Auvergne dînait avec lui à la table de saint
Louis, messire de Beaumont lui dit : « A quoi sert l'eau
qui est sur votre table, si vous n'en mêlez jamais à votre
vin ? — Cette eau, répondit-il, remplit justement le même
service à table que vous à la cour du roi. — Est-ce à dire
que je ne serve de rien, seigneur ? — Au contraire. Quand
vous êtes au palais, si un prince ou un comte veut élever
la voix, aussitôt vous le chapitrez sévèrement et vous le
faites taire. Si un chevalier ou quelque autre parle trop
librement, vous le rappelez à l'ordre et vous lui fermez
la bouche. De même, si mon bon vin d'Angers, de Saint-
Pourçain ou d'Auxerre voulait me faire le moindre mal,
j'aurais recours à l'esprit contrariant de cette bouteille
d'eau, et le vin perdrait au même instant sa violence [1]. »

> Ne soyez à la cour, si vous voulez y plaire,
> Ni fade adulateur ni parleur trop sincère.

Avec un roi comme saint Louis, on pouvait être par-
leur sincère sans s'exposer à déplaire. En Joinville, le

---

[1] *Anecdotes historiques* d'Ét. de Bourbon. Édit. Lecoy de la Marche.

saint roi n'aimait pas moins la parfaite sincérité que le « subtil sens qu'il reconnaissait en lui ».

Au risque de mal faire la cour à son saint ami, le sénéchal ne craignait pas d'avouer combien il était éloigné de la sainteté. On sait ce qu'il lui répondit quand le roi lui demanda « ce qu'il aimerait mieux, ou d'être lépreux ou d'avoir fait un péché mortel ». — « Et moi, qui jamais ne lui mentis, je lui répondis que j'aimerais mieux en avoir fait trente que d'être lépreux. »

Cette réponse d'une charmante étourderie et trop peu chrétienne lui mérita de la part du roi une douce réprimande.

« Quand les moines furent partis, il m'appela tout seul et me fit asseoir à ses pieds, et me dit : « Comment me « dites-vous hier cela? » Et je lui dis que je le disais encore. Et il me dit : « Vous parlâtes en étourdi et en « fou; car vous devez savoir qu'il n'y a pas de lèpre si « laide que d'être en péché mortel, parce que l'âme qui « est en péché mortel est semblable au diable. »

Et quand saint Louis lui demanda s'il lavait les pieds aux pauvres le jour du jeudi saint : « Sire, dit-il, les pieds de ces vilains, je ne les laverai pas. — Vraiment! fit le roi, ce fut mal dit, car vous ne devez pas avoir en dédain ce que Dieu fit pour notre enseignement. Je vous prie donc, pour l'amour de Dieu d'abord, et pour l'amour de moi, que vous vous accoutumiez à les laver. »

C'est ainsi que saint Louis se plaisait à donner à son ami des leçons de sainteté, se montrant indulgent pour ses naïves irrévérences, formant peu à peu, sur le modèle du sien, ce cœur si riche de qualités naturelles, dans l'espérance d'élever à un haut degré une vertu qui, en comparaison de la sienne, n'était encore qu'une vertu de novice.

Mais ses exemples y contribuaient encore plus que ses paroles.

« Après que le roy fu retournez d'outre-mer en France, dit un annaliste contemporain, il se contint si dévotement envers Notre-Seigneur, si droicturièrement à ses sujets, si doucement et si piteusement à ceux qui estoient en tribulation, et proufita en toutes manières de vertus, que comme l'or est plus précieux que l'argent, ainsi la conversation du bon roy fut plus saincte et plus pure depuis son retour d'outre-mer, ja soit qu'il eust été dès son enfance nez bon, innocenz et plein de bonnes mœurs. »

Le confesseur de la reine Marguerite nous dit comment le saint roi induisait le sénéchal à se *contenir* lui aussi *dévotement* envers Notre-Seigneur. « Il l'induisait à ce qu'il hantât l'église, mêmement les fêtes des saints solennels, et à honorer les saints, et lui disait qu'il en est par similitude des saints en paradis comme des conseillers des roys en terre; car qui a affaire devant un roy terrien demande qui est en faveur auprès de lui, et qui le peut prier sûrement, et lors, quand il sait qui il est, il va à lui et le prie qu'il prie pour lui envers le roy. Ainsi en est-il des saints du paradis, qui sont les privés de Notre-Seigneur et ses familiers, et le peuvent sûrement prier, car il les ouït; « et pour ce, devez-vous venir à l'église aux « jours de leur fête, et les honorer, et prier qu'ils prient « pour vous Notre-Seigneur. »

« Derechef le saint roy disait au chevalier que aucuns nobles hommes sont qui ont vergogne de bien faire, c'est à savoir aller à l'église et ouïr le service de Dieu, et faire autres œuvres de piété, et craignent non pas vaine gloire mais vaine vergogne, et que l'on ne die qu'ils sont papelards. »

A l'exemple de saint Louis, les seigneurs de la cour ne manquaient pas *d'ouïr* tous les jours *le service de Dieu.* « Nous autres, qui étions autour de lui, dit Joinville, après avoir ouï nos messes, nous allions ouïr les plaids de la porte. » Mais ils ne se portaient pas à ces œuvres de piété avec la même ardeur que lui, et leur dévotion se lassait plus vite. « Et souvent il advenait qu'il se levait si doucement de son lit et se vêtait et chaussait pour entrer si tôt en l'église, que les autres qui gisaient en sa chambre ne se pouvaient pas chausser, et il fallait qu'ils courussent déchaussés après lui[1]. »

Dans son admirable esprit de foi, saint Louis voulait que les divins mystères fussent célébrés avec la plus grande solennité possible, et que tout ce qui touche au culte divin fût accompli avec le plus grand respect. « Le benoît roy voulait que le service de Notre-Seigneur fût ordonnément fait. Et afin que en toutes choses notre Père fût honoré, il avait en sa chapelle vêtements pour prêtres et autres ordres, et avec ce, autres vêtements appartenant à évêques, de samit et d'autres draps de soie précieux, brodés et autres, de diverses couleurs. Et à fêtes solennelles il voulait toujours avoir un évêque ou plusieurs qui chantassent solennellement la messe. Et ès fêtes solennelles de Dieu et de Notre-Dame, et ès autres hautes fêtes, il faisait faire le service si solennellement et si par loisir, que presque tous les autres s'ennuyaient pour la longueur

---

[1] Confesseur de la reine.

de l'office. Et quand il était à l'église, il était toujours debout sur ses pieds, ou agenouillé à terre sur le pavé, ou appuyé sur un des côtés du banc qui était devant, et il était à terre sans avoir sous lui nul coussin, mais avait tout seulement un tapis étendu sous lui.

« Et pendant que l'on disait la messe, il ne souffrait pas que nul parlât à lui, fors que aucune fois un peu après l'Évangile et un peu avant la Secrète il oyait son aumônier, et nul autre, si non très peu de temps[1]. »

Joinville, dans le récit de la croisade, nous a représenté saint Louis à la tête de son armée, « paraissant au-dessus de toutes ses gens, les dépassant des épaules, un heaume doré sur la tête, une épée d'Allemagne à la main. Jamais, dit-il, je ne vis si beau chevalier. » Plus beau devait-il le trouver encore quand il le voyait prosterné sur le pavé de la Sainte-Chapelle. C'est là, sous les voûtes azurées de cette merveille de l'art gothique, écrin incomparable, enrichi de tant de trésors d'art et de si précieuses reliques, construction tout aérienne, si bien en harmonie avec le cœur du saint roi, qui n'est qu'une sublime aspiration vers le ciel, qu'on aime à évoquer, comme dans son cadre naturel, cette angélique figure pâlie par les austérités, rayonnante de foi et de piété. Jean de Jeandun (xive siècle) disait que, « en y entrant, on se croyait ravi au ciel, et introduit dans une des plus belles chambres du paradis.»

Que de salutaires et vives impressions pour Joinville, dans ce spectacle si bien fait pour toucher et charmer son âme à la fois profondément chrétienne et sensible à toutes les manifestations de la beauté artistique. — On connaît

---

[1] Confesseur de la reine.

la belle comparaison dans laquelle ce sentiment artistique se révèle si heureusement : « Ainsi que l'écrivain qui a fait son livre, et qui l'enlumine d'or et d'azur, ledit roi enlumina son royaume de belles abbayes qu'il y fit, et de la grande quantité d'hôtels-Dieu et de couvents de prêcheurs, de cordeliers et d'autres ordres religieux. »

L'exemple de saint Louis ne fut pas perdu pour lui. Suivant ses facultés il *enlumina* lui aussi sa seigneurie de Joinville, et dans sa chapelle de Saint-Laurent, qu'il se plaisait à embellir, il retrouvait une image affaiblie de la Sainte-Chapelle du palais.

S'il dépensait largement ses trésors pour donner à la maison de Dieu la magnificence qui lui convient, saint Louis ne les épargnait pas non plus dans son palais quand la dignité royale le demandait. Joinville nous dit « qu'il se comportait largement et libéralement dans les parlements et les assemblées des barons et des chevaliers, et qu'il faisait servir à sa cour très courtoisement et sans épargne, et plus qu'il n'y avait eu depuis longtemps à la cour de ses devanciers ».

S'il était beau à la tête de son armée, il ne l'était pas moins à sa cour dans les circonstances solennelles, quand on le voyait tel que le représente l'imagerie des sceaux, avec son costume d'apparat, assis sur son trône, la couronne sur la tête, le sceptre fleuronné à la main, revêtu du manteau fleurdelisé taillé à la mode de la chlamyde antique. Un auteur qui écrivait peu de temps après sa mort nous a laissé de lui ce portrait : « Sa taille qui lui faisait dépasser tous les autres de la hauteur des épaules, la beauté du corps répandue en lui dans de justes proportions, sa tête ronde, qui semblait être le siège de la

Saint Louis nourrissant les pauvres.

sagesse, son visage calme et serein qui respirait quelque chose d'angélique, ses yeux de colombe au rayonnement plein de grâce, la blancheur et l'éclat de son teint, une calvitie prématurée qui révélait la maturité de son esprit, ce sont des qualités qu'il serait superflu peut-être de beaucoup louer, puisqu'elles ne sont que l'ornement de l'homme au dehors; mais comme elles procèdent aussi de la sainteté intérieure, elles ne laissent pas que de commander l'attention et le respect[1]. »

De toutes les circonstances solennelles où saint Louis se *comportait largement et libéralement,* Joinville ne nous a décrit que la cour plénière de Saumur; mais il n'est pas douteux qu'il ait assisté à plusieurs autres fêtes, célébrées à Paris à l'occasion des mariages ou de la chevalerie des princes, de la visite des princes étrangers, etc.

Guillaume de Nangis nous dit que lorsque saint Louis arma chevaliers son fils Philippe et son neveu le comte d'Artois, le jour de la Pentecôte (1267), « au milieu du concours des prélats et des barons venus de tout le royaume, la joie de cette fête fut telle, que le peuple suspendit tout travail pendant huit jours pour se livrer uniquement aux transports de son allégresse dans la cité admirablement décorée de tapis et de courtines de diverses couleurs. »

Il est probable que Joinville était du nombre des *barons venus de tout le royaume,* car son neveu était un des soixante-sept jeunes nobles auxquels la chevalerie fut conférée en même temps qu'aux princes du sang[2]. L'énorme

---

[1] Wallon, *Saint Louis,* édit. Mame, p. 409.
[2] Tillemont, t. V, p. 35.

dépense faite en cette circonstance (13700 livres, un million et demi de notre monnaie, d'après les *Historiens de France*, t. XXI) s'explique en partie par les cadeaux que le roi fit à tous ces seigneurs, selon l'usage : robes et fourrures de prix, palefrois, housses de drap d'or et de soie, etc. »

A une époque où la même foi politique et religieuse régnait dans tous les cœurs, l'amour, le respect, la reconnaissance de toute la population allaient tout naturellement à cette famille royale qui avait fait la prospérité et la grandeur de la nation, et personnifiait ses gloires et ses espérances. — Dans les prônes, on recommandait aux prières du peuple la reine Marguerite, « *à qui on devait le trésor du royaume* », c'est-à-dire les jeunes princes.

Tout ce qui arrivait d'heureux ou de malheureux aux souverains retentissait dans le cœur de tous et provoquait les plus touchantes manifestations.

Le chroniqueur de saint Louis raconte « qu'en 1254 revint le roi Louis et la reine Marguerite, et leurs enfants (Jeanne et Blanche), qui furent nez outremer, de la Terre sainte; et fu receus li rois à si grand honneur que toute la ville et toutes les gens, granz et menues, furent esmeus à faire feste de la joie qu'ils eurent du bon roi et de la bonne roine et des bons enfants. Et espéciamment li bourgeois de Paris et la bonne gent firent feste si grand à sa venue, qu'oncques devant cette feste n'avait eu sa pareille à Paris[1]. »

Joinville n'assista pas à cette fête, mais il put prendre part à celle qui, peu de temps après, fut donnée à l'occa-

---

[1] *Historiens de France*, t. XXI, p. 117.

sion de la visite d'Henri III d'Angleterre à saint Louis. On nous permettra d'en rapporter les détails à titre de document des plus significatifs sur la cour et le peuple de Paris à cette époque.

« Le seigneur roi d'Angleterre désirait ardemment

La Sainte-Chapelle au temps de saint Louis.

depuis longtemps voir le royaume de France, le seigneur roi son beau-frère, la douce reine de France, les cités et les églises de France, les mœurs et l'intérieur de la France, et la très noble chapelle du roi de France, qui est à Paris, ainsi que les incomparables reliques qui y sont gardées.

« Le très pieux roi de France ordonna aux seigneurs de sa terre, et aux citoyens des cités par lesquelles le roi d'Angleterre devait passer, de faire déblayer les rues des immondices, des souches de bois et de tout ce qui pourrait blesser la vue, de suspendre partout des tapis, des feuillages et des fleurs; de parer, avec les ornements qu'ils pourraient trouver, les façades des églises et des maisons; de le recevoir avec respect et allégresse, au bruit des cantiques et des cloches, à la lueur des cierges, et revêtus de leurs habits de fête; d'aller à sa rencontre quand il viendrait, et de le servir avec empressement pendant son séjour... Or le seigneur roi de France alla au-devant de lui jusqu'à Chartres. En se voyant ils se précipitèrent dans les bras l'un de l'autre et se donnèrent le baiser. Ils témoignèrent leur amitié par des salutations mutuelles et par un échange de paroles affectueuses[1]. »

Les deux rois se dirigèrent vers Paris, et de jour en jour on voyait leur cortège s'accroître « merveilleusement, comme un fleuve grossi par les torrents ».

La reine de France avec la comtesse d'Anjou vint au-devant d'eux pour trouver ses autres sœurs la reine d'Angleterre et la comtesse de Cornouailles (toutes les quatre étaient filles du comte de Provence), ainsi que le seigneur roi d'Angleterre, pour se féliciter, se consoler mutuellement, et se témoigner leur amitié par des salutations et des entretiens familiers. Or leur mère, la comtesse de Provence, était présente, et pouvait se glorifier comme une autre Niobé en considérant ses enfants; car il n'y avait pas une mère au monde qui pût se glorifier de ses enfants comme elle de ses filles.

Cependant les écoliers de Paris, surtout ceux qui étaient Anglais de nation, étant instruits de l'arrivée de si grands rois et de si grandes reines, suspendirent pour le moment leurs leçons et leurs disputations, parce que c'était une

---

[1] Matthieu Paris.

époque entièrement consacrée à la joie, retranchèrent quelque chose sur les portions communes de la semaine, achetèrent des cierges et des habits de fête, qu'on appelle vulgairement *cointises,* se procurèrent tout ce qui pouvait servir à témoigner leur joie, et allèrent au-devant des nobles visiteurs en chantant, en portant des rameaux et des fleurs, des guirlandes et des couronnes, et au son des instruments de musique. Les écoliers et les citoyens passèrent tout ce jour et les jours suivants dans la joie, parcourant la ville merveilleusement tapissée; ce n'était que chansons, que flambeaux, que fleurs, que cris d'allégresse, enfin toutes les pompes de ce monde.

Lorsque le cortège, dont le nombre aurait pu former une copieuse armée, fut arrivé à Paris, le roi de France se réjouit beaucoup, et rendit grâces aux clercs des honneurs de toute espèce qu'ils rendaient à ses hôtes. Puis il dit au roi d'Angleterre : « Ami, voici que la ville de Paris est à votre disposition. Où vous plaît-il de prendre votre logis? Là est mon palais, au milieu de la ville; s'il vous agrée de vous y arrêter, que votre volonté soit faite. Si vous préférez le vieux Temple, qui est hors la ville, et où le local est plus spacieux, ou bien quelque autre endroit, vous n'avez qu'à vouloir. » Le roi d'Angleterre choisit pour hôtel le vieux Temple. Il ordonna que le lendemain de grand matin toutes les maisons du Temple fussent remplies de pauvres que l'on ferait manger. Ils furent abondamment servis en viande et en poissons, avec le pain et le vin. Ce même lendemain, Henri III visita la très magnifique chapelle qui est dans le palais du roi, ainsi que les reliques qui s'y trouvent, et qu'il honora par des prières et par des offrandes royales. Il visita sem-

blablement les autres lieux honorables de la ville pour
y prier dévotement avec vénération, et il y laissa des
offrandes. Ce même jour le seigneur roi de France dîna
avec le seigneur roi d'Angleterre au susdit vieux Temple,
dans la grande salle royale, avec la nombreuse suite des
deux rois. Toutes les cours du palais étaient remplies de
gens qui mangeaient, et il n'y avait ni à la porte principale, ni à aucune entrée, ni huissiers, ni gardes pour
écarter ceux qui voulaient prendre place; il y avait libre
accès et repas abondant pour tous ceux qui se présentaient.
Après le repas, le seigneur roi d'Angleterre envoya aux
seigneurs français, dans leur hôtel, de superbes coupes en
argent, des fermoirs en or, des ceintures de soie et d'autres
présents tel qu'il convenait à un si grand roi d'en donner.

Jamais à aucune époque dans le temps passé, même
du vivant d'Assuérus, d'Arthur ou de Charles, ne fut
célébré un repas si splendide et si nombreux.

Le repas fut donné dans la grande salle royale, où l'on
avait suspendu de tous côtés, selon la coutume d'outre-
mer, autant de boucliers qu'il en fallait pour couvrir les
quatre murailles, et parmi eux se trouvait le bouclier de
Richard, roi d'Angleterre. Aussi un certain plaisant dit
au seigneur roi d'Angleterre : « Messire, pourquoi avez-
vous invité les Français à venir dîner et se réjouir avec
vous dans cette salle? Voici le bouclier de Richard au
grand cœur, ils ne pourront manger sans avoir peur et
sans trouble. »

Le seigneur roi de France, qui est le roi des rois de la
terre, tant à cause de l'huile céleste dont il a été oint,
qu'à cause de son pouvoir et de sa prééminence en chevalerie, s'assit au milieu, ayant à sa droite le seigneur roi

d’Angleterre, et le seigneur roi de Navarre à sa gauche. Comme le roi de France s’efforçait de régler les places autrement, de telle sorte que le roi d’Angleterre fût assis au milieu, le roi d’Angleterre lui dit : « Non pas, Messire, prenez la place la plus honorable ; car vous êtes mon seigneur, et le serez, et vous en savez la cause (allusion à la paix projetée en vertu de laquelle Henri III se reconnaissait le vassal du roi de France). »

Après le repas, qui fut abondant et splendide, quoique ce fût un jour à poisson, le roi d’Angleterre vint loger cette nuit-là dans le grand palais du roi de France, qui l’exigea formellement, et dit en plaisantant : « Laissez-moi faire, car il convient que j’accomplisse tout ce qui est courtoisie et justice : je suis seigneur et roi dans mon royaume ; je veux être le maître chez moi. »

Les deux rois restèrent ensemble pendant huit jours, se récréant mutuellement par des entretiens longtemps désirés. Or le pieux roi de France disait : « N’avons-nous pas épousé les deux sœurs, et nos frères les deux autres ? Oh ! s’il y avait entre pauvres hommes pareille affinité ou consanguinité, combien ils se chériraient mutuellement. »

Le roi de France reconduisit le roi d’Angleterre à son départ l’espace d’une journée de marche. Tandis qu’ils s’entretenaient, le roi de France dit au roi d’Angleterre : « Ami, combien douces vos paroles sont à mes oreilles ; réjouissons-nous en conversant ensemble, car peut-être ne jouirons-nous jamais une autre fois d’un entretien mutuel. »

Après une journée de marche, les deux rois se séparèrent, et s’étant détournés quelque peu à l’écart sur le bord de la route, ils se dirent des paroles secrètes et amicales. S'étant baisés et embrassés réciproquement, ils se quittèrent[1].

Heureux temps que celui qui voyait de pareilles fêtes, où tout était fait pour charmer les yeux, dilater les cœurs, élever les âmes! Heureux peuple, qui y prenait une si grande part, se mêlant familièrement aux riches et aux princes! Combien elles étaient différentes de celles que la royauté des XVII° et XVIII° siècles renfermait dans ses palais pour n'en faire jouir que les courtisans et un certain nombre de privilégiés! Combien surtout elles contrastaient avec nos fêtes prétendues nationales, qui ne sont pour les uns qu'un jour de débauche, et pour les autres un objet d'indifférence et de dégoût!

Mais si saint Louis savait à l'occasion se montrer magnifique, rien de plus simple, de plus éloigné du faste oriental de la cour de Louis XIV, que sa cour en temps ordinaire. Point de dépenses inutiles pour entretenir chaque jour une pompeuse et ruineuse parade. Il laissait les dames et les seigneurs dans leurs terres, et si dans sa jeunesse il n'avait pas toujours imposé à son luxe d'aussi sévères retranchements, on le vit après la croisade « merveilleusement humble en robes et en appareil, laissant tous parements d'or et d'argent en ses selles ou ses freins et en autres choses de telle manière, ne voulant pas de pennes (fourrures) de vair ni de gris en ses robes, mais de connins (lapins) ou d'agneaux[2]. »

La dépense de son hôtel avec ses six ministères (paneterie, échansonnerie, cuisine, fruiterie, écurie, chambre),

---

[1] Matthieu Pâris.
[2] Confesseur de la reine Marguerite.

ne s'élevait en moyenne par an qu'à une dizaine de millions, et celle de l'administration du domaine royal (le tiers de la France actuelle), à une vingtaine de millions. Les recettes ordinaires suffisaient et au delà à payer toutes ces dépenses, et l'excédent des revenus (cinq à six millions par an) était employé en constructions d'édifices religieux, dotations pieuses, aumônes, etc. Et, « comme aucuns des familiers de saint Louis, dit Joinville, groussaient (murmuraient) de ce qu'il fesait de si larges aumônes, il disait : « J'aime mieux que l'excès des « dépenses que je fais soit fait en aumônes pour l'amour « de Dieu qu'en faste ou en vaine gloire de ce monde. »

Le saint roi recommandait à son fils « de mettre grande attention à ce que les deniers qu'il dépensait fussent dépensés en bons usages. C'était un *sens* qu'il voulait moult qu'il eût, c'est-à-dire de se garder de folles dépenses et de mauvaises recettes[1] ».

Le *sens* du bon usage des richesses, saint Louis l'inculquait à Joinville par ses paroles et par ses exemples en même temps que le *sens* de la justice et de la bonté envers ses sujets. Quand il avait à rendre justice à ses sujets de Champagne, le bon sénéchal devait se rappeler les charmantes scènes dont il avait été témoin : saint Louis, comme un père au milieu de ses enfants, sous le chêne de Vincennes ou dans le jardin de Paris, entouré de quelques seigneurs assis sur des tapis, « recevant tous ceux qui avaient affaire par devant lui, sans empêchement d'huissiers ni d'autres gens, et expédiant ceux qu'on ne pouvait pas expédier sans lui. »

---

[1] Confesseur de la reine Marguerite, chap. ix

Non content d'envoyer partout ses *enquêteurs* pour s'assurer que bonne justice était faite par les baillis et les autres fonctionnaires, saint Louis parcourait lui-même ses provinces, voyant tout de ses propres yeux, écoutant les plaintes, redressant les torts, ne reculant devant aucune peine et aucune fatigue pour le bien de ses sujets. C'est ainsi, par exemple, que les *Regum mansiones et itinera* (Historiens des Gaules, t. XXI) nous le montrent en 1256 à Falaise, Mortain, Pontorson, Domfront, Séez, Alençon (avril et mai), à Mantes, Vernon, Pont-de-l'Arche, Château-Gaillard (août), à Péronne, Compiègne (septembre), à Nogent, Chartres (décembre), à Senlis (janvier), à Pont-Audemer, Lillebonne (mars).

Joinville dut l'accompagner dans plus d'un de ses voyages, surtout lorsqu'il se rendait dans ses résidences voisines de Paris : Vincennes, Compiègne, Melun, Corbeil, Poissy, Pontoise, Royaumont, Maubuisson, Fontainebleau. Saint Louis affectionnait particulièrement cette dernière résidence, qu'il appelait son *désert*, et où il pouvait méditer en paix dans la solitude et le silence. Les malheureux, qui affluaient partout où il faisait son séjour, savaient cependant trouver le chemin de ce désert, et le saint roi, touché de compassion, y fit construire en leur faveur une maison-Dieu, avec une maison pour les mathurins (ordre de la Trinité), chargés du service des pauvres.

Dans les *enseignements* de saint Louis à son fils, nous lisons : « Je t'enseigne que tu aimes spécialement les gens de religion et les secoures volontiers en leurs nécessités. » Pendant toute sa vie il les « aima spécialement » lui-même, il les secourut largement, royalement en leurs nécessités,

comptant de son côté sur le secours de leurs prières.
« Quand une grande besogne venait au saint roi, en
temps de Parlement, il envoyait ses messagers aux couvents des religieux, et les priait qu'ils suppliassent Notre-
Seigneur en leurs oraisons que notre Père lui donnât de
faire la chose qui meilleure serait et qui plus tournerait
à l'honneur de Dieu. »

Cloître de Royaumont.

Il aimait à les visiter dans leur couvent, à se mêler
à leurs prières, à leurs exercices, s'édifiant du pieux
spectacle de leur vie, et donnant lui-même aux religieux
les exemples les plus admirables. Joinville dut souvent
en être témoin,. car le saint roi se faisait accompagner de
ses frères et des chevaliers de sa cour. « Encore, comme
l'on fit un mur en l'abbaye de Royaumont, le benoît roi,
qui demeurait en ce temps-là en son manoir d'Asnières,
qui est assez prêt de ladite abbaye, venait souvent à cette
abbaye ouïr la messe et l'autre service, et pour visiter le

9

lieu. Et comme les moines sortaient, selon la coutume de
leur ordre de Cîteaux, après heure de tierce au labour, et
à porter les pierres et le mortier au lieu où l'on faisait ledit mur, le benoît roi prenait la civière et la portait chargée de pierres, et allait devant, et un moine portait derrière. Et le benoît roi fesait porter la civière par ses frères
monseigneur Robert et monseigneur Alphonse et monseigneur Charles. Et ce même fesait faire le saint roi par
autres chevaliers de sa compagnie. Et pour ce que ses
frères voulurent quelquefois parler, et crier et jouer, le
benoît roi leur disait : « Les moines tiennent maintenant
« le silence, et aussi le devons-nous tenir. » Et comme les
frères du benoît roi chargeaient moult leur civière, et se
voulaient reposer en la mi-voie avant qu'ils vinssent au
mur, il leur disait : « Les moines ne se reposent pas, nous
« ne nous devons pas reposer. »

Le confesseur de la reine nous raconte que saint Louis
mangeait souvent au réfectoire de l'abbaye de Royaumont,
à la table de l'abbé. « Et toujours, quand il mangeait là,
il faisait pitance au couvent de pain et de vin et de deux
paires de mets de poisson. Et il y avait en ce temps cent
moines, hors les frères convers, qui étaient quarante ou
environ. Et ès autres jours, quand le roi ne mangeait pas
au réfectoire, il y entrait souvent et accoutumément, et
les moines séant à table, le benoît roi administrait avec
les moines ordonnés à servir, et venait à la fenêtre de la
cuisine, et prenait là les écuelles pleines de viandes, et
les portait et les mettait devant les moines séant à table.
Et parce qu'il y avait planté (abondance) de moines et peu
de serviteurs, il portait longuement et rapportait ces
écuelles. Et pour ce que les écuelles étaient trop chaudes,

il enveloppait aucunes fois ses mains de sa chape, et il répandait aucunes fois la viande sur sa chape, et l'abbé lui disait adonques qu'il honnissait sa chape. Et le benoît roi répondait : « Ne me chaut, j'ai autre. »

« Et lui-même allait par les tables, et versait le vin ès hanaps des moines, et aucunes fois il essayait de ce vin, et le louait quand il était bon, et s'il était aigre ou qu'il sentît le fût, il commandait que l'on apportât bon vin.

« Et, chaque fois qu'il venait à l'abbaye, il entrait à l'infirmerie et voyait les frères malades, et demandait à chacun de quelle maladie il était malade, et touchait à aucuns le pouls. Et disait souvent : « Notre électuaire « tel ou nos choses telles seraient bonnes à ce malade, » et il leur faisait administrer de sa cuisine et de ses autres offices ce qui leur convenait.

« D'une tendresse merveilleuse pour tous les messaisés de quelque manière que ce fût, » il n'était pas d'œuvre de miséricorde à laquelle il ne se portât « dans sa compas- « sion ordonnée et vertueuse, en hébergeant, en paissant, « en abreuvant, en vêtant, en visitant, en confortant, en « aidant par le service de sa propre personne les pauvres « et les malades, leur aidant à tous vertueusement et plan- « tureusement. »

Quand il dînait au palais, Joinville voyait trois pauvres « séant chaque jour à une table près du saint roi, qui leur donnait de ses propres mains quarante deniers pari- sis, et leur faisait donner de ses viandes, et tranchait aucunes fois le pain pour eux et les chairs ». En certaines fêtes il y en avait trois cents[1].

---

[1] Confesseur de la reine Marguerite.

Grâce à son esprit d'ordre et d'économie, sans nuire à l'équilibre de son budget, dans les temps de disette il savait élargir sa charité en proportion du besoin. « En l'année 1256, ot par toute la France grand charté de pain, de vin et de toutes viandes. Le sestier de blé valait à Paris xx sols parisis et plus, dont les povres gens estoient si ataint de famine, que plusieurs eussent esté morts, se ne fussent les grands biens que li rois Looys faisait à Paris et parmi le royaume; et les barons et les prélas du royaume qui prenoient exemple aux bienfaits du roi faisaient ainsi, par quoi les povres gens furent moult soutenu par ce chier temps qu'il fist adonc [1]. »

La dernière visite du sénéchal à saint Louis eut lieu en 1267. « Il advint, dit-il, que le roi manda tous les barons à Paris pendant un carême. Joinville s'excusa près de lui pour une fièvre quarte qu'il avait alors, et le pria qu'il le voulût bien dispenser. Et le roi lui manda qu'il voulait absolument qu'il y allât, car il y avait là de bons médecins qui savaient bien guérir de la fièvre quarte.

« Il s'en alla donc à Paris. Quand il y arriva le soir de Notre-Dame en mars, il ne trouva personne, ni la reine ni autre qui lui sût dire pourquoi le roi l'avait mandé. Or il advint, ainsi que Dieu le voulût, qu'il s'endormit à Matines; et il lui fut avis, en dormant, qu'il voyait le roi devant un autel à genoux; et il lui était avis que plusieurs prélats en habits d'église le revêtaient d'une chasuble vermeille en serge de Reims.

« Il appela après cette vision monseigneur Guillaume,

<hr>

[2] *Chronique anonyme. — Historiens de France, t. XXI.*

son prêtre, qui était très savant, et lui conta la vision. Et il lui dit ainsi : « Sire, vous verrez que le roi se croisera « demain. » Joinville lui demanda pourquoi il le pensait. Et il lui dit que la chasuble de serge vermeille signifiait la croix, laquelle fut vermeille du sang que Dieu y répandit de son côté, et de ses mains et de ses pieds. Quant à ce que la chasuble était de serge de Reims, cela signifiait que la croisade serait de petit profit, ainsi qu'il le verrait si Dieu lui donnait vie.

« Quand Joinville eut ouï la messe à la Magdeleine, à Paris, il alla à la chapelle du roi, et le trouva qui était monté sur l'échafaud des reliques, et faisait apporter la vraie croix au bas.

« Or il advint, ajoute Joinville, que le roi se croisa le lendemain, et ses trois fils avec lui, et que la croisade fut de petit profit, selon la prophétie de mon prêtre. »

Pressé par le roi de France et de Navarre de se croiser, il répondit que « tandis qu'il avait été au service de Dieu et du roi outre-mer, les sergents du roi de France et du roi de Navarre lui avaient détruit et appauvri ses gens tellement, que le temps ne serait jamais où lui et eux n'en valussent pis. Que s'il en voulait faire au gré de Dieu, il demeurerait pour aider à défendre son peuple ; car s'il mettait son corps en l'aventure du pèlerinage de la croix, là où il voyait tout clair que ce serait pour le mal et dommage de ses gens, il en courroucerait Dieu, qui mit son corps pour sauver son peuple. »

Joinville nous donne les raisons qu'il a eues de répondre à l'appel du roi tout autrement qu'il ne l'avait fait à l'époque de la croisade précédente, et elles suffisent bien à expliquer et à justifier sa conduite. Il se faisait un cas de conscience d'exposer de nouveau « ses gens au mal et dommage »; il croyait que c'eût été « courroucer Dieu »; et si forte et si sincère était sa conviction, qu'avec autant de naïveté que de témérité il ne craignait pas d'accuser « de péché mortel ceux qui conseillaient au roi ce voyage dans la grande faiblesse où était son corps; car il ne pouvait supporter d'aller en char ni de chevaucher, si bien qu'il dut le porter lui-même dans ses bras depuis l'hôtel du comte d'Auxerre, où il prit congé de lui, jusqu'aux Cordeliers ».

Joinville portant dans ses bras vigoureux, à travers les rues de Paris, son royal ami affaibli par les pénitences et par les maladies, tel est le dernier et touchant tableau qui nous est offert de cette longue et inaltérable amitié que la mort ne devait pas tarder à briser. Il ne devait plus revoir saint Louis que dans le cercueil rapporté de Tunis à Paris par Philippe III. Car on ne saurait douter qu'il n'ait voulu assister aux funérailles solennelles faites à Notre-Dame au mois de mai 1271, et se joindre au long cortège de princes, de prélats, de seigneurs et de religieux qui accompagnèrent les restes du roi à Saint-Denis, où il fut inhumé.

IV

JOINVILLE ET LES SUCCESSEURS DE SAINT LOUIS

La partie de la vie de Joinville que nous venons de raconter était comme *enchâssée* dans la vie de saint Louis, selon l'expression d'un auteur. Que n'a-t-il songé à écrire ses souvenirs pour les longues années qui suivirent! Que de précieux renseignements il nous aurait laissés sur sa vie de famille, ses relations avec ses vassaux et avec ses suzerains, sur les derniers rois de la dynastie capétienne. C'est bien à regret que nous nous séparons de ce guide charmant que nous ne retrouverons que trop rarement. Désormais, privés de ses délicieux récits, nous devrons nous contenter de mettre en œuvre des documents fort incomplets, et demander à l'histoire générale des mœurs et des institutions de l'époque des données qui nous permettent de reconstituer de notre mieux la plus grande partie de la vie du sénéchal.

Après avoir donné à saint Louis un dernier témoignage de son amitié en priant et pleurant sur son tombeau à Saint-Denis, il revint à son château de Joinville, emportant dans son cœur l'ineffaçable souvenir de celui qu'il avait tant aimé. Ce souvenir, pieusement entretenu, était si vif qu'il lui revenait même pendant son sommeil. « Il me semblait, dit-il, que je le voyais en songe, devant ma chapelle, à Joinville; il était, ainsi qu'il me semblait, merveilleusement joyeux et aise de cœur; et moi-même j'étais bien aise, parce que je le voyais en mon château; et je lui disais : « Sire, quand vous partirez d'ici, je vous hébergerai en une mienne maison, sise en un mien village qui a nom Chevillon. » Et il me répondit en riant, et me dit : « Sire de Joinville, sur la foi que je vous dois, je ne désire pas sitôt partir d'ici. »

« Quand je m'éveillai, je me mis à penser, et il me semblait qu'il plaisait à Dieu et à lui que je l'hébergeasse en ma chapelle; et ainsi ai-je fait, car je lui ai établi un autel en l'honneur de Dieu et de lui là où l'on chantera à jamais en l'honneur de lui; et il y aura une rente à perpétuité pour ce faire. Et j'ai raconté ces choses à monseigneur le roi Louis, qui est héritier de son nom; et il me semble qu'il ferait au gré de Dieu et au gré de notre saint roi Louis s'il se procurait des reliques du vrai corps saint et les envoyait à ladite chapelle de Saint-Laurent, à Joinville, pour que ceux qui viendraient à son autel y eussent plus grande dévotion. »

Des quatre successeurs de saint Louis sous lesquels vécut Joinville, celui qui par ses qualités et ses vertus lui rappela le plus son bon roi fut Philippe III, « merveilleusement prud'homme et plein de bonnes mœurs, » qui continua pendant son règne les traditions de son père.

Le sénéchal de Champagne dut faire de fréquents séjours à sa cour, où il jouissait d'une grande faveur. En 1271, lorsque son suzerain, Henri, comte de Champagne, prêta hommage au roi, nous voyons que Joinville fut caution pour les trente mille livres que le comte devait payer comme droit de relief.

Deux ans après, Henri mourait, laissant pour unique héritière du royaume de Navarre et du comté de Champagne une fille de deux ans, Jeanne, qui fut fiancée au fils de Philippe III (Philippe le Bel). En préparant la réunion de la Champagne à la couronne, ce mariage resserrait les liens qui attachaient Joinville au roi de France. Ce fut le bouteiller de France, Jean d'Acre, parent de Joinville, qui, pendant la minorité de Jeanne, gouverna la Champagne et la Navarre au nom d'Edmond de Lancastre, beau-père de la princesse.

Le rôle de Joinville dans le gouvernement de la Champagne ne tarda pas à s'agrandir lorsque Philippe le Bel, qui avait épousé Jeanne en 1283, alla guerroyer en Aragon avec Philippe le Hardi. En l'absence de son souverain, le sénéchal exerça une sorte de régence. Les documents parlent de jugements rendus en 1283 et 1284 « par monsignor Jean de Joinville, qui lors *gardait* Champagne ». Il n'était cependant pas seul chargé de la garder : on lui avait adjoint G. de Chambly, archidiacre de Coutances.

Cependant un procès était alors commencé, où il devait figurer non pas comme juge, mais comme l'un des principaux témoins. C'est celui de la canonisation de saint Louis.

« Les miracles par lesquels a resplendi le benoît saint Loys, dit le confesseur de la reine Marguerite[1], ont été

---

[1] *Prologue des miracles de saint Louis.*

enquis solenellement à l'abbaye de monseigneur saint Denis, en France, par pères et seigneurs honorables Guillaume, archevêque de Rouen, Guillaume, évêque d'Auxerre, et Rouland, évêque de Spolète, de l'autorité de la cour de Rome, au temps de notre saint-père, pape de sainte mémoire, Martin IV. »

Et parmi les témoins entendus dans cette enquête, il cite « monseigneur Jehan, seigneur de Joinville, chevalier du diocèse de Châlons, homme d'avisé âge et moult riche, sénéchal de Champagne, de cinquante ans ou environ ».

Dans cette enquête sur les vertus et la sainteté de saint Louis, quel témoin plus autorisé que Joinville, « qui fut avec le benoît roy par trente-quatre ans et plus assez privément et de sa maison »? Aussi fut-il longuement interrogé. Il nous dit lui-même « qu'on le tint deux jours ».

Le confesseur de la reine nous fait connaître quelque chose de sa déposition :

« Par son serment, il affirma qu'il ne vit onques ni n'ouït que le benoît roy dit à aucun d'autrui parole de médit ni de détraction en mauvaise manière ou en blâme de lui, ni onques il ne vit homme plus attempéré, ni de greigneur perfection de tout ce qui peut être vu en homme; et qu'il croit qu'il soit en paradis pour plusieurs biens qu'il fit, et croit qu'il fut de si grand mérite que Notre-Seigneur doit bien faire miracles pour lui. »

« Après qu'ils se furent enquis près de moi et d'autres, dit Joinville, ce qu'ils eurent trouvé fut porté à la cour de Rome; et le pape et les cardinaux virent soigneusement ce qu'on leur porta; et selon ce qu'ils virent, ils lui firent droit et le mirent au nombre des confesseurs.

« De là fut et doit être grande joie à tout le royaume

de France et grand honneur à tous ceux de sa lignée qui lui voudront ressembler en faisant le bien, et grand déshonneur à tous ceux de son lignage qui, par leurs bonnes œuvres, ne le voudront pas imiter. »

C'était un modèle bien parfait, qui était ainsi proposé à l'imitation de *ceux de sa lignée;* et les meilleurs eux-mêmes s'en écartaient quelquefois.

Après avoir rappelé ce que disait saint Louis : « que l'on devait vêtir et armer son corps de telle manière que les prud'hommes de ce siècle ne dissent pas qu'on en fît trop, ni que les jeunes gens ne dissent pas qu'on en fît trop peu, » Joinville ajoute : « Cette chose, je la rappelai au père du roi, qui est maintenant Philippe IV, à propos des cottes d'armes brodées qu'on fait aujourd'hui, et je lui disais que jamais, dans le voyage d'outre-mer où je fus, je ne vis cottes brodées; ni celles du roi ni celles des autres. Et il me dit qu'il avait tels atours brodés à ses armes qui lui avaient coûté cent livres parisis. Et je lui dis qu'il les eût mieux employées s'il les eût données pour l'amour de Dieu, et qu'il eût fait ses atours en bon taffetas garni de ses armoiries, ainsi que son père faisait. »

Mais c'était un bien léger reproche à côté de ceux que mérita Philippe le Bel. Quelle tristesse pour Joinville de le voir *déshonorer la lignée* de saint Louis par tant d'injustice et de tyrannie! L'ami de saint Louis ne dut éprouver que de la répulsion pour celui qui fut presque en toutes choses l'antithèse vivante de son bon roi. Dans ses *Mémoires* il ne craignait pas de lui adresser cette courageuse apostrophe, qui dut être mise sous ses yeux : « Qu'il y prenne garde le roi qui est à présent (qui venait d'échapper à un grand danger à Mons-en-Puelle), car il

est échappé d'aussi grand péril ou de plus grand encore
que nous ne fîmes (lorsque la galère de saint Louis donna
contre un rocher devant Chypre) ; qu'il s'amende donc de
ses méfaits en telle manière que Dieu ne frappe pas
cruellement sur lui ni sur ses biens. »

Sous un pareil roi, Joinville dut vivre loin de la cour,
et ne se rendre à Paris que dans de rares circonstances.
Nous savons qu'il assista à la magnifique fête célébrée
à Saint-Denis le 25 août 1298, en l'honneur de saint
Louis, canonisé par une bulle du 6 août 1297. Il nous
raconte lui-même qu'en ce jour, en présence de tous les
barons et prélats de France réunis, « le saint corps fut
levé ; et que l'archevêque de Reims, qui était alors (que
Dieu absolve !), et monseigneur Henri de Villers, neveu
de Joinville, alors archevêque de Lyon, le portèrent
d'abord, et plusieurs autres, tant archevêques qu'évêques,
après, qu'il ne saurait nommer ; et qu'il fut porté à l'échafaud que l'on avait établi.

« Là, ajoute-t-il, prêcha frère Jean de Samois ; et entre
les autres grandes actions que notre saint roi avait faites,
il rappela une des grandes actions dont je leur avais
témoigné par mes serments et que j'avais vues ; et il dit
ainsi : « Pour que vous puissiez voir que c'était l'homme
« le plus loyal qui jamais fût de son temps, je veux vous
« dire qu'il fut si loyal, qu'envers les Sarrasins il voulut
« tenir une convention de ce qu'il leur avait promis par
« sa simple parole. » Et il raconta tout le fait ainsi qu'il
est ci-devant écrit. Et quand il eut raconté le fait, alors
il dit ainsi : « Ne pensez pas que je vous mente, car je
« vois tel homme ici qui m'a témoigné de cette chose par
« ses serments. »

« Après que le sermon fut fini, le roi et ses frères remportèrent le saint corps dans l'église avec l'aide de leur
lignage, à qui ils durent faire cet honneur. »

C'est à la suite de cette fête que Joinville fit dresser un
autel en l'honneur de saint Louis dans sa chapelle de
Saint-Laurent, comme nous l'avons vu. Le vœu exprimé
par lui, que Louis X envoyât à ladite chapelle des reliques

Le sire de Joinville présentant la *Vie de saint Louis* à Louis X.
(Bibliothèque nationale. M⁵ français, n⁰ 13568.)

du saint, fut-il exaucé? Aucun document ne nous le fait
connaître. Tillemont[1] nous parle d'un rolle de la distribution des reliques de saint Louis qui se trouve dans le
trésor des chartes. On y voit que sous Philippe le Bel
de nombreuses reliques furent données à différentes
églises et abbayes ou monastères (Sainte-Chapelle, qui
eut le chef, placé dans un très riche reliquaire; Notre-
Dame, abbayes de Lis, de Maubuisson, de Royaumont, etc.).

On oublia celui qui avait *hébergé* saint Louis en sa
chapelle, en lui érigeant un autel, et qui aurait été si
heureux *d'héberger* aussi ses reliques.

[1] *Vie de saint Louis*, t. V, p. 223.

Entre Joinville et Philippe le Bel les rapports que les documents nous font connaître furent tantôt pacifiques, tantôt hostiles. Ce fut à Vaucouleurs, fief mouvant de Joinville, qu'eut lieu en 1299, entre le roi de France et l'empereur Albert, une entrevue où l'union des deux princes fut scellée par les fiançailles de la sœur de Philippe avec le fils de l'empereur. L'année suivante, Joinville fut chargé, avec le comte de Sancerre, de conduire la princesse à Haguenau, où l'attendait son époux. En passant à Varangeville, il put voir dans le sanctuaire de Saint-Nicolas-du-Port la nef d'argent que, sur son conseil, la reine Marguerite avait fait vœu d'y déposer, et, en présence de ce pieux souvenir de la croisade, faire un retour vers les années lointaines de sa jeunesse[1].

En 1301 Joinville accompagna le roi et la reine dans ce voyage triomphal qu'ils firent en Flandre : tel était le luxe déployé sur leur passage par les habitants de cette riche province nouvellement conquise, que la reine s'étonnait « de ne voir que des reines », et de n'être pas seule à représenter l'état royal.

Le soulèvement de la Flandre et le désastre de Courtray suivirent de près ces beaux commencements. Il fallait des hommes et de l'argent pour venger et réparer ce désastre. Joinville reçut ordre d'envoyer la moitié de sa vaisselle d'argent à la monnaie, et de se rendre à Arras avec ses fils d'Ancerville et de Reynel, son neveu Gautier de Vaucouleurs, ses cousins de Sully et la noblesse de Champagne. Le sénéchal avait alors près de quatre-vingts ans. Mais dans sa verte vieillesse il ne recula pas devant les

Delaborde, *Jean de Joinville et les seigneurs de Joinville*, p. 143.

fatigues de ces expéditions militaires, qui aboutirent à la victoire de Mons-en-Puelle[1].

C'est pendant les années qui suivirent cette expédition (de 1304 à 1309) que Joinville composa l'*Histoire de saint Louis*, à la prière de sa jeune souveraine Jeanne de Navarre, héritière des comtes de Champagne et reine de France. En 1309, il la dédiait en ces termes au fils de Philippe le Bel, qui fut plus tard Louis X : « A son bon seigneur Louis, fils du roi de France, par la grâce de Dieu roi de Navarre, comte palatin de Champagne et de Brie, Jean sire de Joinville, son sénéchal de Champagne, salut et amour et honneur, et son service disposé.

« Cher Sire, je vous fais savoir que madame la reine, votre mère, qui m'aimait beaucoup (à qui Dieu fasse bonne merci!), me pria, aussi instamment qu'elle put, que je lui fisse faire un livre des saintes paroles et des bons faits de notre roi saint Louis; et je lui en fis la promesse; et avec l'aide de Dieu le livre est achevé. »

A la Bibliothèque nationale, en tête d'un manuscrit de l'*Histoire de saint Louis*, on peut voir une miniature dans laquelle Joinville est représenté offrant son livre à Louis X. Ce portrait paraît fidèle : c'est le sénéchal dans sa vieillesse, avec des cheveux blancs, avec sa belle figure, où se peignent à la fois la force et la bonté; quoique à genoux, il paraît être de haute taille.

Nous avons cité les paroles sévères que ce livre contenait à l'adresse de Philippe IV. Le sénéchal n'en continua pas moins de jouir à la cour de ce prince d'une grande autorité comme l'atteste le témoignage du Florentin

---

[1] Delaborde, *Jean de Joinville et les seigneurs de Joinville*, p. 145.

François de Barberino, adjoint à une ambassade des Vénitiens auprès de Clément V. D'Avignon, où il avait rempli sa mission, il fit un voyage à Paris, où, dans l'entourage de Philippe le Bel et de Louis X, il se lia avec Joinville. Dans ses embarras sur les questions d'étiquettes il avait recours au sénéchal, « chevalier d'un grand âge, dit-il, le plus expert dans ces questions de ceux qui vivent aujourd'hui, et dont la parole jouit d'une grande autorité aussi bien auprès du roi de France que des autres personnes de son entourage. »

On s'explique facilement le prestige qui s'attachait au vieux sénéchal formé à l'école de saint Louis, et qui gardait fidèlement les traditions de l'ancienne courtoisie.

François de Barberino nous a transmis quelques paroles de Joinville où se reflètent bien les sages enseignements de saint Louis. « Je lui demandais un jour, dit-il, quelle plus grande preuve de discernement on pouvait trouver chez celui qui honore. « C'est d'honorer tout « le monde, » me répondit-il. » Une autre parole parut à Barberino digne d'être traduite en vers italiens :

« Monseigneur Jean de Joinville avait un fils appelé Jean, comme lui, qui était sur le point de faire un long voyage; il lui dit : « Choisis parmi nos hommes les quatre « que tu croiras le plus de nos amis et des tiens, et tu « les conduiras avec toi. » Le fils répondit : « J'emmène- « rai donc tels et tels. — Parmi ceux-là, dit le père, il « y en a un qui a jadis trahi son seigneur; prends à sa « place un tel en qui j'ai toute confiance. — Mais, dit le « fils, celui que j'ai choisi déclare qu'il m'aime plus que « lui-même; le vôtre, au contraire, bien qu'il m'ait servi « quand je le lui ai demandé, ne m'a jamais témoigné

« son affection par ses paroles. » Alors le père lui dit le
texte de notre règle (règles de bien vivre, que Barberino
réunit sous le titre de *Documenti d'amore*) : « N'est pas
« ami qui le dit, ni ennemi qui se tait; l'œuvre seule fait
« preuve, et plus la longue que la courte et la récente[1]. »

Avec la parfaite courtoisie, Joinville avait appris à
l'école de saint Louis le respect scrupuleux de tous les
droits : ceux des seigneurs comme ceux de leurs sujets;

Philippe le Bel.
D'après le manuscrit latin n° 8504. (Bibliothèque nationale.)

ceux des vassaux comme ceux des suzerains. En 1311, il
fut chargé par Philippe le Bel, avec plusieurs seigneurs
de Champagne, de faire une chevauchée contre le duc de
Lorraine, qui avait maltraité des sujets du roi de Navarre.

Au retour, un des chevaliers qui avaient pris part
à l'expédition, Hugues de Vienne, lui montrant le château de Montdoré qu'il avait construit avec le concours
du roi, et pour lequel il lui avait fait hommage, manifestait à Joinville l'intention de « désavouer le dit chastel

---

[1] A. Thomas, *Francesco de Barberino*, p. 27. Cité par M. Delaborde,
pp. 153, 154.

tenir du roi », pensant au profit qu'il pourrait tirer d'un nouvel acte d'hommage. « Sainte Marie ! messire Hugues, qu'est-ce que vous dites? dit Joinville. Gardez bien que vous dites : car vous tenez le chastel de Montdoré du roi, et en estes encore en son hommage[1]. »

En revanche il ne tolérait pas que le roi fît tort à ses sujets; et lorsque, en 1314, Philippe le Bel provoqua des soulèvements par ses exactions fiscales, Joinville adhéra à la ligue formée par « la noblesse et li commun de Champagne » pour résister. L'acte constitutif de cette ligne est conservé au trésor des chartes. Il y est dit que « voulant que tout le bon droit et les bonnes coutumes du roi de France et de ses sujets soient sauvées et gardées, les nobles de Champagne dont les noms suivent (parmi lesquels Jehan, sire de Joinville) font savoir que eux, pour eux et pour le commun de Champagne, et pour tous leurs alliés et adjoints, ont juré et promis par leur serment que en la subvention que le roi de France veut avoir des nobles de Bourgogne ou de leurs adjoints et sujets, et en toutes autres nouveletés semblables à celles-là ou autres non dues, leur aideront et secourront; et eux aussi, en tout semblable cas, aideront la noblesse de Champagne ».

Philippe le Bel mourut au moment où les ligues des diverses provinces se confédéraient pour lui résister. Louis X, en supprimant les impôts créés par son père, donna satisfaction à ses sujets, qui rentrèrent dans l'obéissance.

Joinville avait à peine fait sa soumission qu'il fut

---

[1] *Revue de Champagne et de Brie,* 1888, p. 166. Citée par Delaborde.

convoqué par le roi, avec les autres vassaux, pour marcher contre les Flamands. C'est alors que prêt à entrer en campagne, malgré ses quatre-vingt-douze ans, il écrivit à son nouveau souverain cette belle lettre, où il l'assure de son dévouement, et lui donne les raisons qui l'empêchent d'arriver au rendez-vous au temps fixé : « A son bon seigneur Louis, par la grâce de Dieu roi de France et de Navarre, Jean, sire de Joinville, son sénéchal de Champagne; salut et son service tout disposé :

« Cher Sire, il est bien vrai, ainsi que vous l'avez mandé, qu'on disait que vous aviez fait la paix avec les Flamands; et parce que, Sire, nous pensions que c'était vrai, nous n'avions pas fait de préparatifs pour aller à votre mandement. Et ce que, Sire, vous m'avez mandé que vous serez à Arras pour vous faire justice des torts que les Flamands vous font, il me semble, Sire, que vous faites bien, et que Dieu vous soit en aide!

« Et de ce que vous m'avez mandé que moi et mes gens fussions à Orchies au milieu du mois de juin, Sire, je vous fais savoir que ce ne peut être bonnement, car vos lettres me vinrent le second dimanche de juin; et huit jours se passèrent ainsi avant la réception de vos lettres. Et le plus tôt que je pourrai, mes gens seront disposés pour aller où il vous plaira.

« Sire, qu'il ne vous déplaise pas de ce que, à la première parole, je ne vous ai appelé que *bon seigneur;* car je n'ai pas fait autrement avec mes seigneurs les autres rois qui ont été avant vous, que Dieu absolve! Que Notre-Seigneur soit votre garde. »

Quel fut le rôle du vieux sénéchal dans cette campagne de Flandre de 1315? Aucun document ne nous l'apprend.

Sous Philippe le Long, qui en 1316 succéda à Louis X, et qui semblait vouloir suivre les exemples de saint Louis, dont il s'était pénétré en lisant les *Mémoires* de Joinville, nous le voyons prendre parti pour le roi contre le duc de Bourgogne et d'autres seigneurs qui refusaient de reconnaître la loi salique. Son fils aîné, Anseau, fut un des négociateurs de l'accord entre le roi et le duc de Bourgogne; et Philippe le Long le récompensa de ce service par le don d'une rente de quatre cents livres et d'une maison royale[1].

Joinville ne vit que le commencement de ce règne, et mourut en 1319.

[1] Delaborde, p. 161.

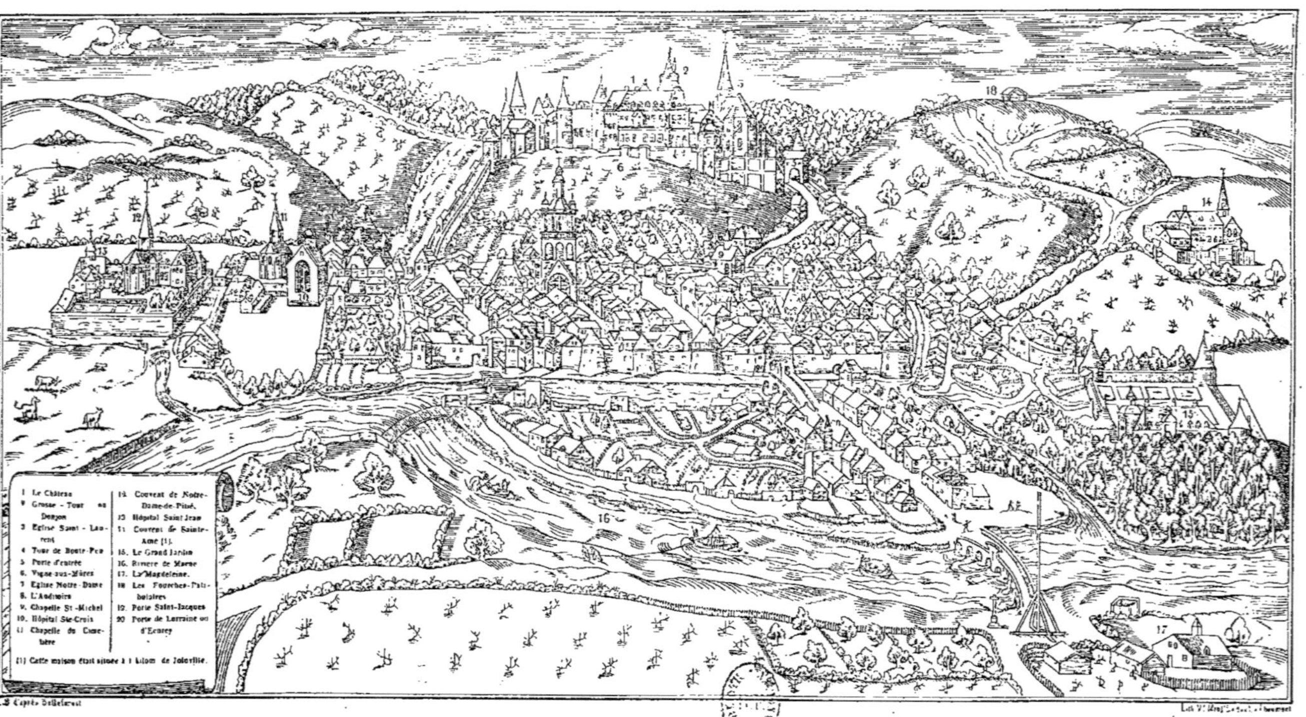

Ioinville en 1575.

V

JOINVILLE EN SON CHATEAU — LE SEIGNEUR FÉODAL

I

Nous avons vu comment, au retour de la croisade, Joinville se sépara de saint Louis à Beaucaire. Pendant que le roi s'acheminait vers Paris en passant par le Puy, Clermont, Saint-Benoît-sur-Loire, le sénéchal, de son côté, par la rive gauche du Rhône et de la Saône, se dirigeait vers la Champagne, s'arrêtant chez les parents qu'il rencontrait sur sa route : la dauphine de Viennois, sa nièce, le comte de Châlons, son oncle, le comte de Bourgogne, fils du comte de Châlons. En juillet 1254, il rentrait dans son beau château, qu'il avait quitté depuis six ans, et se jetait dans les bras de sa femme et de ses enfants.

Sur ce qu'était le château de Joinville à la fin du XIIIᵉ siècle, nous n'avons pas de renseignements particuliers. Mais nous devons supposer que ce n'était pas la lourde construction, la sombre forteresse élevée au XIᵉ siècle par Étienne, premier baron de Joinville. Au XIᵉ et au XIIᵉ siècle, les châteaux n'étaient guère que des forteresses pourvues d'habitations. Dans les siècles suivants, sans perdre entièrement ce caractère primitif, ils tendirent à devenir de plus en plus de belles résidences, où étaient réunis tous les agréments et toutes les commodités compatibles avec les besoins de la défense. De belles façades, percées de larges ouvertures, remplacent les hautes et sombres murailles aux étroites fenêtres. L'air et la lumière pénètrent abondamment dans les grandes salles du château. Il y a encore tout autour de fortes murailles flanquées de tours, permettant de repousser un assaut au besoin. Mais, depuis l'extension du pouvoir royal, les guerres privées sont devenues rares, et les châteaux prennent de plus en plus l'aspect d'une paisible résidence, dont la grandeur et les embellissements sont en rapport avec la puissance et la fortune du seigneur.

De vastes sous-sols pouvaient, en cas de guerre, donner asile aux paysans des environs et à leurs bestiaux. Ils renfermaient aussi les caves, les cuisines et les magasins d'approvisionnement.

Au rez-de-chaussée on trouvait ordinairement de vastes salles voûtées, soutenues par des colonnes. Divisées par des *clotets* en plusieurs chambres, elles servaient d'habitation aux hommes d'armes et aux familiers du château.

Au premier étage étaient les grands appartements, les salles de réunion, surtout la grande salle seigneuriale servant aux cérémonies féodales (hommages, investitures), aux assemblées pour rendre la justice, et aussi

aux fêtes et aux divertissements. C'est là que les seigneurs aimaient à déployer tout le luxe de décoration
que leur fortune leur permettait : riches lambris, boise-

Une forteresse féodale au XIIIᵉ siècle : château de Coucy.

ries artistement sculptées, caissons aux brillantes couleurs, statues de saints et de guerriers dans des niches
ogivales, vastes cheminées en pierre ornées des armoiries
de la famille, etc.

Aux étages supérieurs se trouvaient les appartements personnels du seigneur et des membres de sa famille : chambres avec cabinets, oratoires ménagés dans la tour. Rien de régulier dans la distribution des appartements. Il reste encore quelque chose des complications que la nécessité de la défense avait fait adopter : issues secrètes, réduits cachés, corridors tortueux ; mais avec cela orientations variées, d'où l'on se ménageait les plus belles vues sur le jardin, les bois, le village, la rivière, la route qui la longe. Et du haut de sa tourelle la châtelaine pouvait suivre des yeux son mari et ses enfants chassant dans la plaine, quand elle n'était pas partie avec eux.

Pour charmer et récréer leurs regards, les habitants de ces châteaux n'ont pas seulement la belle nature, les voyageurs qui passent, les paysans qui travaillent aux champs. Un Italien de cette époque, Brunetto Latini, dit que « li Franchois font des maisons grans et paintes, et chambres lées (larges) por avoir joie et délit. Et por ce savent mieux faire praelles et vergiers, et pomiers autour de leur habitacle que autre gent ».

> Dans ces vergers pleins d'arbres et de fleurs,
> De ciprès, de loriers, moult soef (doux) plaisant,
> Li oisil (oiseaux) font joie et demainent leur chant.

Les cygnes glissent sur l'eau, les paons étalent leurs vives couleurs sous les vertes pelouses.

A l'exemple des seigneurs de son temps, notre bon sénéchal n'avait dû rien négligé pour embellir son *beau chastel* de Joinville, qu'il lui coûtait tant de quitter en partant pour la croisade. De ce château nous n'avons

qu'une représentation de 1575, gravée sur bois, avec la
vue de la ville, dans le grand ouvrage de Belleforest[1].

Mais, malgré quelques additions faites au xve et au
xvie siècle, cette vue nous donne une idée assez exacte
de l'aspect du château au temps du sénéchal. Du haut de
la colline sur laquelle il est assis, il domine la petite
ville qui s'étend à ses pieds, enserrée dans ses murailles,
et la vallée de la Marne. Il est entouré de bois du côté
opposé à la ville ; entre la ville et le château on voit une
vigne, la vigne *aux mûres*.

Aux pèlerins et aux voyageurs qui passaient sur la
route au fond de la vallée, il offrait un beau coup d'œil,
avec ses nombreuses tourelles se découpant sur le ciel,
son donjon majestueux couronné d'une flèche, sa bannière seigneuriale qui flottait à tous les vents, ses galeries
à jour, où se promenait le guetteur, dont les armes brillaient au soleil et dont le cor faisait résonner les échos
d'alentour.

A droite du château, près de l'entrée, se trouve l'église
Saint-Laurent, fondée au xiie siècle, avec un chapitre de
quatre chanoines, par Geoffroi III de Joinville.

Un poème du moyen âge (*Dolopathos*) nous représente
un seigneur appuyé aux fenêtres qui sont vers l'*estanc* et
regardant l'eau et les cygnes qui s'y jouent. « Et ne sai,
dit-il, s'il estoit annuié. »

Que l'ennui pénétrât quelquefois dans les châteaux du
moyen âge, rien de plus naturel. N'entre-t-il pas aussi
dans les demeures de nos modernes châtelains ?

---

[1] *Les Grandes Annales de la France*, 2 vol. in-folio. — En 1791, Philippe-
Égalité vendit le château de Joinville à des démolisseurs au prix de 6000 livres
pour les matériaux, et de 1500 livres pour le terrain.

Ceux du moyen âge avaient sur beaucoup de ceux de notre temps l'avantage de voir leurs journées remplies d'occupations sérieuses, imposées par le rôle qu'ils jouaient dans la société féodale.

Le temps qui n'était pas consacré aux devoirs de l'administration était donné à la prière et à d'honnêtes divertissements.

Pour nous rendre compte de la vie d'un seigneur féodal, voyons d'abord comment se passaient ses journées, quel était le train ordinaire de tous les jours.

Un vieux proverbe disait :

> Lever à six, dîner à dix,
> Souper à six, coucher à dix,
> Font vivre l'homme dix fois dix.

Le *coucher à dix* permettait alors *le lever à six*. Point de théâtres, point de cafés, point de cercles. On passait la nuit chez soi, au grand profit de la morale et de l'esprit de famille.

De bon matin, « quand li jour sont bel et lonc et cler, dès que l'aube esclaircit, que matines sonnent par trestous les moustiers, la gaite corne desor le mur, » nos barons se hâtent de quitter le lit. De bonne heure ils sont dehors, respirant l'air frais et le parfum des fleurs nouvelles, regardant

> Sur la belle verdure
> La rousée resplendir.

Mais ils n'ont pas quitté leur chambre sans avoir « Damedieu aoré » (adoré) :

Quand ils furent vestus, et ils orent lavé,
Et encontre orient Damedieu aoré.

Matin et soir on les voyait agenouillés pour prier devant des diptyques ou des triptyques d'ivoire, ou des vierges *ovrant* et *cloant* qui renfermaient des reliques, des images de Notre-Seigneur et des saints.

Une forteresse féodale au xiiie siècle : château de Coucy.

Nous avons vu qu'en Orient Joinville se faisait chanter chaque jour la messe par un de ses chapelains sitôt que l'aube du jour paraissait. On ne saurait douter que rentré en France il ne soit resté fidèle à cette pieuse pratique, et tous les jours on devait le voir, avec sa famille, prosterné au pied de l'autel dans la belle église Saint-Laurent, attenante à son château, et desservie par un chapitre de chanoines.

En 1258, comme nous l'apprend une charte datée de

cette année, il obtint du doyen et du chapitre de Saint-Laurent « de faire un oratoire en une tornelle de son chastel, où le dit doyen et le dit chapitre feront chanter la messe au jour des quatre festes chascun an, et à la feste de saint Michel, tout comme il lor plaira, et li prestres qui chantera la messe sera des prestres de l'église Saint-Lorent, et aura, chacun des jours qu'il i chantera, toutes les offrandes qui venront à sa main, et trois pains de neuf deniers de l'ostel de Joinville, et une quarte de vin aussi, qui seront au devant dit doien et chapitre ».

L'église Saint-Laurent ne renfermait pas encore les tombeaux des seigneurs de Joinville, qui jusque-là s'étaient fait enterrer à Clairvaux. Notre sénéchal fut le premier qui y fut inhumé, dans la chapelle fondée par lui en 1263. Mais cette église devait lui être chère par les reliques et les précieux souvenirs dont il l'avait enrichie. C'est là qu'il avait suspendu l'écu de son oncle Geoffroy V, qu'il était allé chercher lui-même à la forteresse du Krak, où le chevalier était mort, et qu'il avait rapporté d'Orient, « pour ce qu'on proit (priât) pour lui, auquel escu appert la prouesse du dit Joffroi, en l'onneur que li rois Richards d'Angleterre ly fist en ce qu'il parti ses armes as senes (siennes) ». C'est ainsi qu'il s'exprime lui-même dans la célèbre épitaphe qu'il fit faire sur le tombeau de Geoffroy V à Clairvaux, et que nous avons citée en commençant.

C'est là aussi qu'il avait fait placer une relique bien précieuse, la ceinture de saint Joseph, rapportée par lui de la terre sainte [1], ainsi qu'un reliquaire représentant

---

[1] Elle est encore aujourd'hui conservée dans l'église Notre-Dame de Joinville.

la Sainte-Chapelle de Paris, et renfermant des reliques rapportées de la terre sainte par saint Louis.

Une peinture de sa chapelle lui rappelait un des derniers incidents de son voyage en Orient, le miracle de la sainte Vierge en faveur de l'écuyer tombé dans la mer.

Après avoir, « de son cœur loyal entier, » rendu hommage au suprême suzerain, et adressé son humble et confiante prière à « Celui qui a tout à bailler », Joinville s'occupait des affaires de sa maison, donnait ses ordres pour la journée, réglait le service des fonctionnaires de tout ordre qui composaient la domesticité des seigneurs : maréchal ou intendant de la *mareschaussée* ou écurie; chambellan, chargé du service de l'intérieur, dépensier, maître-queux, valet de chiens, écuyers, guetteur, etc.; pendant que la châtelaine, de son côté, s'occupe des chambrières et des *pucelles,* filles nobles qui sont autour d'elle comme les écuyers autour du seigneur.

Comment Joinville traitait-il ses serviteurs, et comment en était-il obéi ? Connaissant son esprit profondément chrétien et la bonté de son caractère, nous devons croire que dans sa *maisnée,* comme chez tous les seigneurs vraiment chrétiens, et en particulier chez sa contemporaine la comtesse d'Artois, on trouvait l'affection, le dévouement, le respect des serviteurs, répondant à la bonté condescendante, à la charité généreuse du maître. Par les comptes de l'hôtel de cette petite-nièce de saint Louis, nous savons qu'elle traitait ses serviteurs comme des membres de la famille, les faisant soigner à ses frais quand ils étaient malades, leur faisant des cadeaux en diverses circonstances, leur assurant des rentes viagères dans leur vieillesse, etc. Comme saint Louis, elle avait le *cœur piteux*

envers les petits. Joinville avait été élevé à la même
école. En une circonstance il montra même plus de
patience et d'indulgence que le saint roi. Par la négli-
gence de son écuyer, qui ne lui avait pas amené son
palefroi quand il quitta le château d'Hyères, saint Louis
fut obligé de monter sur le palefroi de Joinville. Et quand
son palefroi fut venu, il courut, très irrité, à Ponce
l'écuyer, et quand il l'eut bien tancé, Joinville lui dit :
« Sire, vous devez beaucoup passer à Ponce l'écuyer, car
il a servi votre aïeul et votre père et vous. — Sénéchal,
fit-il, il ne nous a pas servis : c'est nous qui l'avons servi
quand nous l'avons souffert près de nous avec les mauvaises qualités qu'il a. »

Un trait raconté par Joinville lui-même nous prouve
combien il était aimé. Quand il eut été pris par les Sarrasins, il tomba gravement malade. Il envoya querir ses
gens, et leur dit qu'il était mort, et ils se prirent à
pleurer.

Les charmantes qualités de son esprit et de son cœur
devaient lui faire des amis non seulement de ceux de sa
maison, mais de tous les seigneurs du voisinage, et son
château devait être pour eux un agréable rendez-vous.

Le château du moyen âge était largement hospitalier.
Pèlerins, mendiants, chevaliers, y trouvaient bon accueil.
Le code de chevalerie faisait au chevalier le commande-
ment d'être

> Cortois et saige, et large pour donner.

C'était pour les barons une joie de pratiquer l'hospitalité :

> Mès quand il (Aubry) voit son grand palès empli
> Et li banc sont de cavaliers vesti...
> Alors li semble qu'il a le corps gari.

A certains jours de fête même, les portes sont ouvertes à tout venant.

> Oncques n'i ot huis ne porte fermée
> Mengier y porrent tuit cil cui il agrée [1].

Le pont du château de Joinville était donc souvent baissé pour donner passage à de beaux chevaliers, que le seigneur de céans s'empressait d'aller recevoir, les accueillant avec des cris de joie et de longs embrassements. Pendant que les écuyers conduisaient leurs chevaux à l'écurie, les hôtes, montant les degrés du grand perron, se dirigeaient vers les chambres qui leur étaient préparées, où ils quittaient leurs armes.

Pour remplir les heures de la matinée, en attendant le dîner, il y a la causerie sous la vaste hotte de la cheminée en hiver, le jeu d'échecs, l'escrime, le jongleur de passage, la promenade au verger, les combats d'animaux sauvages, etc.

A midi le son du cor retentit dans le château. On « corne l'eau ». Le seigneur et ses hôtes sont réunis sur le perron, et se disposent à faire leur entrée dans la grande salle. Les clercs passent avant les laïques, les uns et les autres selon leur ordre hiérarchique. Les damoiseaux et les écuyers présentent aux convives des bassins de métal pour se laver les mains. La précaution n'était

---

[1] Jourdain de Blaie.

pas inutile dans un temps où les doigts servaient de fourchette.

Quel beau coup d'œil présente la vaste salle ! Les murs
disparaissent sous les tentures et les tapisseries : courtines en soie d'Orient, tapisseries historiées, bordées de
fleurs de lis et de roses, où sont représentées les « estoires
anciennes du Viés Testament » et les scènes des romans
de chevalerie. On marche sur des glaïeuls et sur des
roses. Des vitraux aux vives couleurs ajoutent leur éclat
à celui des tapis et des fleurs.

Les convives ne sont assis que d'un côté des tables ;
l'autre côté est laissé libre pour la facilité du service.
Une table plus haute est réservée au seigneur et aux
convives de haut rang.

Devant chacun il y a un hanap, un couteau et une
cuiller, souvent d'or ; mais pas de fourchette ni de ser-
viette : on s'essuie à la nappe.

Les convives étaient associés deux à deux pour manger
à la même assiette.

Sur la table brillaient de magnifiques pièces d'orfèvrerie : hanaps, aiguières, drageoirs, plats, surtouts, etc.,
que les seigneurs aimaient à étaler pour charmer les yeux
de leurs convives, et aussi pour donner une haute idée
de leur fortune. Elles constituaient en effet leur fortune
mobilière, et remplaçaient pour eux l'argent monnayé,
qui était rare, et les titres de rente, qui n'existaient pas
encore. C'était une réserve où ils puisaient aux mauvais
jours : pour subvenir aux frais d'une guerre, payer une
rançon, etc.

Les poèmes du temps nous parlent souvent d'œuvres
exécutées par des *orfèvres bien sachans,*

> Moult bien ovrées
> D'or et d'argent et neellées (niellées).

Ces artistes « bien sachans » savaient leur donner les formes les plus gracieuses, les plus pittoresques, les plus originales, les plus élancées, en rapport avec l'architecture du temps. Pendant que les châsses et les reliquaires reproduisaient les cathédrales gothiques, les ouvrages d'orfèvrerie civile étaient souvent « en manière de chastel, avec murs crénelés, tournelles, » etc.

Les orfèvres parisiens jouissaient d'une réputation européenne. Parmi les pièces qui brillaient sur la table et sur le dressoir de Joinville, nous pouvons supposer que plus d'une était sortie de l'atelier de Raoul, l'orfèvre favori de saint Louis, qui fut anobli par Philippe le Hardi, et que c'est aussi à lui que la reine Marguerite avait fait faire la *nef* en argent, avec cordages et agrès, offerte en ex-voto et portée par Joinville à Saint-Nicolas de Varangeville.

Nos robustes chevaliers étaient de grands *videurs de hanaps*. Ces hanaps étaient remplis jusqu'au bord, à chaque mets, de vin pur, ou mêlé, non pas d'eau (dont les femmes étaient presque seules à faire usage), mais d'épices et d'aromates (claré, hysopé, etc.).

> Seignor, a chascun mès qu'as tables porterés
> Si emplis les hanas, les coupes et les nés (nefs),
> L'une fois de cler vin, et l'autre de claré,
> Tierce de bongleraste, la quarte d'ysopé [1].

Tous n'avaient pas sans doute, comme Joinville, l'avantage de pouvoir vider ces hanaps sans que le vin « leur

[1] René de Montauban.

montât el cief ». Saint Louis, qui trempait le vin avec
mesure, « selon qu'il voyait que le vin pouvait le supporter, lui demanda en Chypre pourquoi il ne mettait
pas d'eau dans son vin; et Joinville lui dit que la cause
en était aux médecins, qui lui disaient qu'il avait une
grosse tête et un froid estomac, et qu'il ne pouvait s'eni-

Armure de guerre (d'après les sceaux, XIIIᵉ siècle).

vrer. « Et li roi lui dit qu'ils le trompaient; car s'il ne
l'apprenait dans sa jeunesse, et qu'il le voulût tremper
en sa vieillesse, les gouttes et les maladies d'estomac le
prendraient, et s'il buvait le vin tout pur en sa vieillesse,
il s'enivrerait tous les soirs, et c'était trop laide chose
à un vaillant homme de s'enivrer. »

Joinville pouvait facilement s'approvisionner de bons
vins. Ceux de Champagne étaient déjà renommés, quoique
on n'eût pas encore trouvé le secret de les rendre mousseux. Il était à proximité de la Bourgogne, dont les vins

(Beaune, Tonnerre, Auxerre) étaient très recherchés.
Dans les comptes de l'hôtel de la comtesse d'Artois, nous
trouvons quatre tonneaux de vin blanc de Bourgogne payés
cinquante et une livres (un millier de francs le tonneau).

La vie en plein air, les exercices violents, devaient faire
aussi de nos barons de grands mangeurs.

> Leurs repas n'étaient pas repas à la légère.

Armure de guerre (d'après les sceaux, XIIIe siècle).

Peu de viande de boucherie, mais beaucoup de volaille
et de venaison.

Ces chasseurs aimaient à manger leur chasse.

> De venaison sauvage et d'ours et de sanglez
> Cil orent un mangier merveilleux apresté
> De deux paons rostis et d'un cisne (cygne) empoivré[1].

Après avoir fait l'ornement du verger, ces paons et ces
cygnes faisaient celui de la table ; on les servait, parés de

[1] L. Gauthier, *la Chevalerie*, ch. xv.

leur magnifique plumage, sur des plats d'argent ou d'or.

Pour que rien ne manquât à ces banquets, il y avait même de la musique, et nos pères goûtaient fort ce plaisir. Un orchestre était installé dans un coin de la salle : les jongleurs « violent et taburnent ».

Au milieu de cette abondance et de ces plaisirs, les pauvres n'étaient pas oubliés. Sur une salière d'étain du xiii° siècle, conservée au musée de Cluny, sont gravés ces deux beaux vers léonins :

> Cum sis in mensa, primo de paupere pensa,
> Nam cum pascis eum, pascis, amice, Deum.

Aussi plaçait-on sur le dressoir une corbeille à aumône où l'on mettait les morceaux destinés aux pauvres. « Et quand le dîner est accompli, on oste les nappes et le relief, et puis rend-on grâces à Dieu et à son hôte. » Et l'aumônier va distribuer aux pauvres la part qui leur est réservée [1].

Après le dîner les convives adressent leurs compliments à la châtelaine, et la dame *au cler vis*

> A plenté (abondance) donc as barons vair et gris

et d'autres petits présents : ceintures, fermaux, etc.; puis on se disperse dans le verger ou dans les salles du château. Les damoiseaux vont *joer* à l'*escremie* (escrime) ou jouter à la *quintaine,* pendant que les jeunes filles prennent leurs ébats dans le jardin [2]. D'autres, les vieux surtout, se sont attablés pour jouer aux *tables* (trictrac) et

---

[1] J. Richard, *Mahaut, comtesse d'Artois*, chap. xii.
[2] L. Gautier, *la Chevalerie.*

aux échecs. On se passionnait pour ces jeux, et on y perdait beaucoup d'argent.

> Li dé que li détier ont fet
> M'ont de ma robe tout desfet,

dit Rutebeuf. Et d'après le poète Deschamps :

> Mains gentils hommes très haulx
> Y ont perdu armes, chevaulx,
> Argent, honneur et seigneurie,
> Dont c'estoit horrible folie.

Un autre divertissement très goûté à cette époque était la danse. On dansait le jour sur le pré.

« La carole (danse) commencent desor le pin ramus », le soir dans la grande salle du château.

Les dames dansent quelquefois seules.

> Et karolent molt cointement (élégamment)
> Une karole si très noble...
> Les dames main à main se tiennent
> Se prent chascune à sa compaigne ;
> Ne nus (nul) homme ne s'i accompaigne.
> Ainsi s'en vont faisant le tor [1].

Les hommes se mêlaient aussi à ces rondes.

> Dames et chevaliers ensemble se mêlèrent,
> Et pristrent main à main et puis se carolèrent.

En lisant dans les prédicateurs du temps les sorties qu'ils font contre ces *karoles*, ces simples rondes, bien

---

[1] V. Gay, *Dictionnaire archéologique du moyen âge*, p. 281.

innocentes, si on les compare à certaines danses de nos jours, on est frappé de la sévérité des mœurs de cette époque si chrétienne.

Les enfants avaient à peu près les mêmes jeux que ceux de notre temps : poupées pour les jeunes filles; pour les garçons, chevaux de bois, escarpolette, échasses, billes, barres, etc.

De bonne heure ils faisaient, nous l'avons vu, l'apprentissage de la chasse, qui occupait une si grande place dans la vie des seigneurs.

« Tout est au seigneur, disait une vieille formule : forêt chenue, oiseaux dans l'air, poissons dans l'eau, bête au buisson. »

La *forêt chenue* avoisinait le château. Les chênes séculaires élevaient leur tête jusqu'à la hauteur des créneaux. La nuit, les cerfs venaient bramer au pied des hautes murailles. Le lever du jour et le son du cor les faisaient rentrer dans la forêt, où le seigneur ne tardait pas à les poursuivre.

En robe courte, veste serrée par une ceinture de cuir, le *canivet* (couteau) de chasse au côté, de fortes bottes aux pieds, le cornet d'ivoire suspendu au cou, de bon matin, les nobles chasseurs décrochaient leurs armes, lançaient leurs chiens, et s'enfonçaient dans la profondeur du bois, dont ils faisaient résonner les échos et traquaient les paisibles habitants.

Cet exercice n'avait pas seulement pour eux l'avantage de leur offrir un apprentissage de la guerre dont il était l'image. « La chasse, disait un grand chasseur du xiv⁵ siècle, Gaston Phœbus, sert à faire fuyr tous les péchés mortels. Or, qui fuyt les sept péchés mortels, selon notre foy, il doit estre sauvé. Donques bon veneur aura en ce monde joye, liesse et déduit, et après aura paradis encore. »

Il ajoute cependant que les chasseurs pourraient bien n'être pas placés pour ce mérite au milieu du paradis, mais qu'au moins ils seront *logiez aux faux-bourgs*, parce qu'ils ont évité l'oisiveté.

Les châtelaines se font représenter sur leur sceau le faucon au poing. Pour elles comme pour les barons, c'était une marque de noblesse. Aussi, hors de leur château, les voyait-on toujours avec leur faucon. Elles se livraient elles aussi au noble *déduit* de la chasse, surtout de la chasse au vol, galopant dans la plaine au milieu des chevaliers, des écuyers et de pages. Elles pouvaient même se donner ce plaisir sans quitter leur château, et du haut de leur tour voir l'émerillon fondre sur l alouette, *qui n'y pensait guère.*

L'exercice au grand air, l'habitation dans les vastes salles des châteaux perchés sur des collines, où elles respiraient un air vivifiant et tonique, donnaient à ces *jeunes féodales* une vigueur de tempérament inconnue de nos jours, où le genre de vie ne peut « que créer des organismes chétifs, à sang appauvri, à muscles débiles, où le système nerveux acquiert une prépondérance défavorable. L'anémie et le *nervosisme* vont se développant de génération en génération [1]. »

L'éducation des enfants, la direction et la surveillance d'une foule de services et de détails de ménage occupaient une partie des heures de leur journée.

[1] J. Rochard, *Revue des Deux-Mondes*, février 1888.

Comme *la femme forte,* elles avaient appris de bonne heure à manier l'aiguille et le fuseau.

> Bien sait chascune servir un chevalier
> De dras (draps) coudre et tailler [1].
>
> . . . .
>
> Cemises et braies blances a
> Qu'Ydoine cousi et tailla [2].

Dans le poème de *Beaudous,* Robert de Blois nous décrit ainsi les talents d'une jeune fille :

> Faucon, tercieul et esprevier
> Sout (sut) bien porter et afaitier (élever).
> Moult sut d'achas (échecs), moult sut de tables,
> Lire romans et conter fables,
> Chanter chansons...
> Toutes les bonnes apresures
> Que gentil fame doit savoir
> Sout elle, que rien n'i falloit (manquait).

La principale *apresure* était celle de la doctrine chrétienne et de l'histoire sainte que leur enseignait le *latinier,* clerc attaché au château. On leur apprenait ensuite les éléments du latin, pour comprendre les hymnes de l'Église, la littérature, la musique, un peu d'astronomie et quelques rudiments de médecine, pour soigner les chevaliers blessés au retour d'une chasse, d'un tournoi ou d'un combat [3]. »

L'appartement où se faisait la *taillerie des robes* devait recevoir fréquemment leur visite. La *robe* désignait le vêtement complet : manteau, surcot, bliaut, peliçon,

---

[1] *Aspremont.*

[2] *Amadas et Ydoine.*

[3] Ch. Jourdain, *Mémoire sur l'éducation des femmes au moyen âge.*

cotte, etc. Pour les vêtements et la toilette, chaque château devait alors se suffire : un assez grand nombre de tailleurs et de couturiers y étaient employés à la *confection,* et préparaient les *livrées* que les châtelains distribuaient à leur *maisnée* aux principales fêtes de l'année.

Au XIIIe siècle, les vêtements de femme sont encore d'une décence irréprochable : très enveloppants, aisés, laissant aux formes du corps leur apparence naturelle.

Cette époque de foi n'était pas moins une époque de bon goût. Les modes extravagantes, ridicules, indécentes des temps de décadence y étaient inconnues.

Aux habits somptueux, chargés de broderies et de joyaux, aux robes serrées, gênantes, aux détails de costumes inspirés par les usages orientaux, qui conviennent si peu à l'allure française, on voit succéder au XIIIe siècle un vêtement simple, commode, à peu de choses près commun à toutes les classes, et qui tire toute sa valeur de la façon de le porter; suffisamment ample pour ne gêner aucune partie du corps, mais non pas trop pour embarrasser les mouvements : simple et gracieux, le costume se modèle sur le personnage qui le porte[1].

Le petit traité de *Ornatu mulierum,* écrit vers la fin du XIIIe siècle, nous prouve par le seul énoncé de ses divisions qu'à cette époque la vanité féminine n'ignorait aucun des raffinements de la coquetterie, et que les soins du corps n'étaient pas aussi négligés qu'on l'a prétendu : « De l'art de se laver; de l'ornement de la chevelure; des cheveux noirs; de l'embellissement du visage; de la beauté des

---

[1] Viollet-le-Duc, *Dictionnaire du mobilier.*

lèvres; de la blancheur des dents ; de la manière de rendre l'haleine suave ; de la clarification du teint. »

Tout cela, joint au luxe des vêtements, fournissait une ample matière au zèle et à la verve des prédicateurs. Ils alléguaient l'exemple de « Jésus-Christ et de sa bienheureuse Mère, qui *étaient de sang royal,* et qui n'avaient jamais porté de pareilles parures ».

Ils auraient pu aussi alléguer celui de saint Louis, qui, surtout depuis le retour de la croisade, se faisait remarquer par une extrême modestie et simplicité, et disait « qu'il fallait se parer en vêtements et en armures, de telle sorte que les prud'hommes de ce siècle ne disent pas qu'on en fasse trop, ni les jeunes gens, qu'on en fasse trop peu ».

Le bon goût, la beauté grave, la parfaite décence du costume ne survécurent pas longtemps à saint Louis; et vers la fin du siècle Joinville vit s'introduire des modes nouvelles, qui durent lui faire regretter celles du commencement.

On sait à quel degré de perfection l'art décoratif était arrivé au XIII° siècle; et nous ne pouvons douter que, mis en contact avec ses plus merveilleux produits, à la cour de saint Louis et du comte de Champagne, Joinville n'ait cherché à donner à son château tous les embellissements intérieurs que sa fortune lui permettait.

Visitons une de ses chambres. Ce qui nous frappe d'abord, c'est la vivacité et l'harmonie des couleurs, qui de tout côté attirent et charment le regard, aux solives apparentes du plafond, sur les tapisseries, les sièges, les bahuts et sur tous les meubles. Sur le manteau de la vaste cheminée décorée de sculptures brillent les armoiries de

Joinville. Le lit, orné d'incrustations, de sculptures et de peintures, est surmonté d'un dais et garni de courtines. Tout autour, un clotet, sorte de paravent, le protège contre les courants d'air qui abondent dans ces grandes chambres.

Aux jours solennels, les murs étaient ornés de riches

Costumes féminins (d'après les sceaux, XIIIe siècle).

tentures, tapisseries, étoffes de soie brochées et brodées, dont les vives couleurs s'harmonisaient avec les tapis de glaïeuls et de roses qui jonchaient le sol.

Mais c'était surtout pour la grande salle que l'on réservait la plus riche décoration, les meubles les plus artistement travaillés. Quand autour du fauteuil imposant et de solennelle tournure, qui servait de siège ou plutôt de trône au chef de la famille, des essaims de dames et de chevaliers se groupaient de la manière la plus pittoresque, étalant leurs brillants costumes sur des sièges de formes et de dimensions les plus variées : bancs, bahuts, fauteuils, pliants, escabeaux, s'harmonisant si bien avec la richesse des vêtements par la beauté de leurs sculptures, des peintures et des étoffes qui les recouvraient; quand, sur cet éblouissant fourmillement la lumière irisée des vitraux répandait ses vives couleurs : quel beau coup d'œil!

C'est dans cette salle que pendant les longues soirées d'hiver le seigneur aimait à réunir sa *maisnée,* tantôt pour entendre un concert, tantôt pour assister à une séance de jongleurs, tantôt pour entendre le récit de quelque pèlerin à qui on était heureux de donner l'hospitalité. Le pauvre voyageur, le pèlerin étaient reçus comme des *pauvres du Christ,* avec empressement et honneur. A eux la meilleure place au foyer, les mets les plus savoureux. Quand ils étaient bien reposés, bien séchés, bien restaurés, ils charmaient leurs hôtes, réunis sous le manteau de la vaste cheminée, par d'intéressantes nouvelles et de pieux récits, qui se prolongeaient bien avant dans la nuit.

A défaut des pèlerins, pour donner de l'intérêt aux soirées du château de Joinville, n'avait-on pas dans le sénéchal lui-même le plus délicieux des conteurs; et suivant la promesse faite en Orient, de *parler dans la chambre des dames* des exploits de la croisade, que de fois il dut faire jouir sa famille de ces récits qui nous charment encore aujourd'hui.

Souvent aussi il devait donner à sa famille et à ses hôtes le plaisir si goûté à cette époque d'assister à une séance de ménestrels, de trouvères ou de jongleurs, ces grands amuseurs de toutes les classes de la société au moyen âge. Ils allaient, colportant partout leur répertoire varié, où l'on trouvait un peu de tout : fragments de chansons de geste, fabliaux, chansons satiriques, cantiques en l'honneur de Notre-Dame; à la fois poètes, musiciens et saltimbanques, imitant le cri des animaux, montrant des chiens savants, des truies qui filent, des chèvres qui jouent de la harpe, faisant des sauts merveilleux, etc. Quelle joie, lorsque du haut des tours, aux premiers jours du printemps, on les voyait arriver comme les hirondelles! On les reconnaissait de loin, sur la route, à leurs habits bariolés, à la vielle suspendue à leur cou, ou à l'arçon de la selle s'ils étaient à cheval.

Ils aimaient à fréquenter les maisons seigneuriales.

> Quand un homme fait noce ou fête,
> *Où il y a gens de bonne race,*
> Les ménestrels, quand ils l'apprennent,
> Qui autre chose ne demandent,
> Vont là, soit amont, soit aval,
> L'un à pied, l'autre à cheval [1].

Ils *vont là* avec empressement, dans l'espoir qu'ils n'en reviendront pas les mains vides : les *gens de bonne race* sont ordinairement généreux. Ils redoutent l'accueil qui les attend à la maison quand ils y retournent

> La malle de vent farcie,

selon l'expression de Colin Muset.

Ce Colin Muset était un joyeux Champenois qui se vante d'avoir

> Mangié maint bon chaponet,
> Mainte paste et maint gastelet,

---

[1] Rutebeuf.

En vergier et en praelet;
Et quand *il peut* hoste trover,
Adonc *se prend* à séjorner.

On peut croire qu'il *séjourna* plus d'une fois au château de Joinville. Ses gaies chansons devaient rappeler au sénéchal celles qu'il avait entendues dans sa jeunesse à la cour de *Thibaut le chansonnier*. Dans une province où le goût de la poésie était entretenu par tant de célèbres trouvères qu'elle donna à la France aux XIIe et XIIIe siècles, l'esprit si ouvert et si cultivé de Joinville ne pouvait que faire bon accueil aux poètes.

La musique s'unissait à la poésie pour donner aux œuvres lyriques des trouvères un charme dont la simple lecture ne nous donne pas l'idée. Joinville, nous parlant de ménétriers qu'il avait entendus en Orient, nous dit que « quand ils commençaient à corner, vous dissiez que ce sont les voix des cygnes qui se partent de l'estanc, et fesaient les plus douces mélodies et les plus gracieuses que c'estoit merveille de l'oyer » [1].

Les trouvères et les musiciens de Champagne lui faisaient entendre de non moins douces mélodies.

Au XIIIe siècle la musique avait fait de grands progrès Le chant harmonisé (*déchant*) était déjà en usage, ainsi que les artifices de l'art du chant (vocalises, trilles, etc.), si bien appelées *florificationes vocis*.

Sensibles autant que nous aux charmes de la musique, nos aïeux ne [se contentaient pas de celle qu'ils entendaient dans les églises et les représentations dramatiques. Les maisons particulières avaient leurs concerts. « Dans

---

[1] Édit. Wailly, p. 189.

les maisons riches, dit J. de Garlande, j'ai vu des joueurs
de lyre et de flûte, des viéleurs avec leurs viéles; d'autres
musiciens avec un sistre, une gigue, un psaltérion, une
citole, un tambour et des cimbales. »

Parmi les « bonnes apresures » (choses apprises)

> Que gentil fame doit savoir,

Troubadours (XIII° siècle).
(D'après le manuscrit 7222, Bibliothèque nationale.)

Robert de Blois place celles de

> Lire romans et conter fables,
> Chanter chansons, envoisures (divertissements).

Et dans le *Chastiment des dames* il dit :

> Si vous avez bon estrument
> De chanter, chantez hautement.
> Bien chanter en lieu et en tems
> Est une chose moult plesant.

Même en l'absence des ménestrels on entendait donc
de la musique dans les châteaux du moyen âge; on chan-

tait, on *harpait,* on *viélait,* et c'était une manière *moult plesante* de passer les longues soirées d'hiver.,

En dehors des distractions que nous venons d'indiquer, pour chasser l'ennui de leurs châteaux et donner à leur vie quelque agrément, les seigneurs du XIIIe siècle en avaient d'autres moins ordinaires, et qui n'étaient pas de tous les jours.

Relations de voisinage, liens de parenté et de vassalité, pèlerinages leur fournissaient de fréquentes occasions de voyage. Leur vie était beaucoup moins isolée qu'on ne pourrait le croire, et, malgré les difficultés des communications et le peu de commodité des moyens de transport, on les trouvait souvent par monts et par vaux, voyageant à grand équipage sur leurs beaux chevaux richement harnachés ou dans leurs voitures peintes et dorées qui n'étaient encore que des charrettes non suspendues, à quatre roues, recouvertes d'étoffes posées sur des cercles, et garnies de coussins pour adoucir les cahotements.

Les comptes de l'hôtel de la comtesse d'Artois mentionnent des déplacements continuels, et nous la montrent allant souvent de Paris à Fontainebleau, Vincennes, Conflans, et plusieurs fois par an en Artois et en Bourgogne, parcourant ses comtés, s'arrêtant plus ou moins longtemps dans ses villes ou dans ses châteaux, sans se laisser arrêter par le mauvais temps ni par le mauvais état des chemins. En trois jours elle allait de Paris en Artois.

En 1310, dans un voyage en Bourgogne, elle fait halte à Provins et à Troyes[1]. Peut-être y rencontra-t-elle Joinville, qui, en sa qualité de sénéchal, devait souvent se

---

[1] J. Richard, *Mahaut, comtesse d'Artois,* chap. V.

rendre dans ces deux capitales de la Champagne. Il avait beaucoup à voyager lui aussi, soit pour visiter ses parents de Bourgogne et de Lorraine, soit pour remplir ses fonctions à la cour du comte de Champagne, soit pour visiter les fiefs dont il était suzerain, soit pour se rendre à la cour des rois de France, soit pour remplir des missions extraordinaires, comme lorsqu'en 1300 il fut chargé par Philippe le Bel de conduire en Allemagne sa sœur mariée au duc d'Autriche, et lorsque l'année suivante il accompagna le roi et la reine en Flandre.

Pour mettre en relation entre elles les demeures seigneuriales, à défaut de la poste il y avait les messagers, envoyés de tout côté pour aller annoncer aux parents et aux voisins un mariage, une naissance, une mort, une réception dans la chevalerie. A ces porteurs de messages il était d'usage de faire des cadeaux plus ou moins considérables, selon la fortune de la famille qui les recevait. Dans les comptes de l'hôtel de la comtesse d'Artois, on trouve le chapitre des *dons* et *présents* faits à ceux qui lui apportaient des missives, et des frais des messages qu'elle envoyait elle-même. Les dons variaient de douze à vingt livres (équivalant à 500 ou 1000 francs de notre monnaie). Les lettres circulaires qu'elle envoie à l'occasion de la mort du comte de Blois, son parent, et de Robert d'Artois, ne sont adressées « qu'aux églises et aux religions de la comté d'Artois ». En face de la mort, on oubliait les vanités humaines et l'on s'adressait de préférence à ceux qui ont mission de prier[1].

En parlant des distractions et des divertissements des

---

[1] J. Richard, *Mahaut, comtesse d'Artois*, p. 61.

seigneurs au moyen âge, nous devrions, ce semble, réserver aux tournois la première place. Mais rien ne prouve que Joinville y ait pris part en bravant l'excommunication portée par les papes et les défenses sévères des rois de son temps, qui avaient les meilleures raisons de les interdire.

Si nous avons décrit avec quelques détails les amusements et les distractions de la vie de château au XIIIe siècle, c'est qu'ils durent tenir une place dans la vie de Joinville comme dans celle de ses contemporains. Mais cette place était bien petite, comparée à celle que leur réservait la noblesse désœuvrée des derniers temps de la monarchie. L'exploitation du domaine seigneurial qui entourait son château, les obligations si nombreuses et si compliquées imposées à quiconque était engagé dans les rangs de la hiérarchie féodale, lui créaient de nombreuses et sérieuses occupations.

« Chaque baron était souverain dans sa baronnie, » dit Beaumanoir.

Les terres sur lesquelles s'étendait la souveraineté de Joinville, soit comme propriétaire, soit comme suzerain, étaient la plupart situées dans un des plus beaux et des plus fertiles cantons de la Champagne, dans le Vallage, le pays des vallées, arrosé par la Marne, la Blaise et d'autres affluents, contrée verdoyante et accidentée, dont l'aspect ne rappelle en rien les tristes plaines blanchâtres de la Champagne pouilleuse. Les forêts considérables qu'on voit encore dans cette région ne sont que des débris de l'immense forêt du Der, dont les halliers couvraient autrefois tout le pays jusqu'à Troyes, et dont le défrichement avait commencé au VIIe siècle par la fondation du monastère de Der (Moutier-en-Der).

De nombreux vallons arrosés par de frais ruisseaux (Osne, Thonneuse, etc.) coupent les plateaux et les collines qui portent les forêts. La petite rivière de Blaise, parallèle à la Marne, y forme une vallée assez importante, riche en mines de fer, dont l'exploitation donne une assez grande animation à la contrée.

Au moyen âge, les vins de Champagne n'avaient pas encore la grande réputation que la fabrication des vins blancs mousseux devait leur donner au XVIIᵉ siècle; mais ils comptaient parmi les vins estimés, et les coteaux du Vallage produisaient alors comme aujourd'hui de bons vins rouges.

De nombreux villages, dont les maisons s'alignaient le long des cours d'eau et des routes, peuplaient les vallons et les plaines.

L'étendue des terres que Joinville possédait comme propriétaire, ou qui dépendaient de lui comme suzerain, a varié dans le cours de sa longue vie. Ce n'est qu'à la mort de sa mère, en 1260, qu'il entra en jouissance de tous les biens que lui avait laissés son père. Le droit féodal accordait comme douaire aux veuves « toutes esbahies et desconfortées de la perte de leur mari », dit Beaumanoir, l'usufruit de la moitié des biens de leur mari. Joinville nous dit qu'au départ pour la croisade, il ne possédait pas plus de mille livres de rente.

Sa première femme, Alix de Grandpré, reçut en dot deux cents livrées de terre. La seconde, Alix de Reynel, qu'il épousa en 1261, lui apporta la riche seigneurie de Reynel, dont elle était l'unique héritière. Pour arrondir cette terre de Reynel (canton d'Andelot), il se fit céder par le couvent de la Crête la terre de Bettoncourt qui l'avoisinait, et donna en échange sa terre de Cirey-les-Mareilles. Nous avons encore le texte de ce contrat, dans lequel nous lisons que « Alix, fille du noble baron Gautier, seigneur de Reynel, de l'héritage de laquelle la chose mouvait, a donné sa foi corporellement en la main de Jacot de Courcelles, clerc de la cour de Langres, envoyé de par l'official de Langres spécialement pour cette chose. Et que s'il advenait que elle ou ses hoirs (héritiers) allassent contre la convention, ils s'obligeaient à ce que le dit official de Langres ait pouvoir de les excommunier et faire dénoncer pour excommuniés en quelque lieu qu'ils soient, à la requête de l'abbé et du couvent devant dit [1] ».

Simon de Joinville, père de Jean, avait épousé Ermengarde de Montclair (seigneurie de Lorraine), et c'est sans doute par elle que les terres de Boncourt, Juvigny (Meuse), Robécourt (Vosges), vassales du comte de Bar, étaient entrées dans la maison de Joinville. En 1263 nous voyons Jean de Joinville faire hommage à Thibaut, comte de Bar, de Moutier-sur-Saulx, de la garde de l'abbaye d'Escurey, et de ce qu'il tient à Biencourt, Ribencourt, Juvisy, et de la garde de ce que possède en ce village l'abbaye de Saint-Mihiel (arch. de Meurthe-et-Moselle).

La châtellenie de Vaucouleurs, en Lorraine, faisait aussi partie des domaines de la maison de Joinville. Elle était occupée par une branche de cette maison, sous la suzeraineté des seigneurs de Joinville.

En 1248, Geoffroy de Vaucouleurs, frère de Jean, se trouvait au château de Joinville au moment du départ

---

[1] Bibliothèque de l'École des chartes, 6ᵉ série, t. III, charte E quater.

pour la croisade. Il acquit de vastes possessions en Angleterre, où il joua un rôle brillant sous Henri III et Édouard Ier.

Une autre branche de la maison de Joinville possédait la châtellenie de Sailly (arrond. de Vassy), qui se divisa en plusieurs rameaux : seigneurs de Donjeux (canton de Doulaincourt), seigneurs d'Echenay, et seigneurs de Jully (arrond. de Bar-sur-Seine). Un frère de Jean de Joinville, Simon de Marnay, fut la tige de la branche de Gex (Ain).

Un des fils de Jean de Joinville, André, fut la tige de la branche de Beaupré[1].

Des nombreux enfants de Jean, ce fut le quatrième, Anseau, qui, ayant survécu aux trois premiers, lui succéda à Joinville.

La seigneurie de Joinville avait dans sa mouvance un certain nombre dé fiefs de chevalier, terres nobles auxquelles n'était pas attachée comme aux seigneuries une part de la souveraineté, et dont les possesseurs sans droits seigneuriaux n'avaient que des devoirs à remplir envers leur suzerain. Ils lui prêtaient hommage, lui servaient de conseil dans les affaires graves qui intéressaient sa seigneurie, rehaussaient l'éclat des fêtes de sa petite cour, lui servaient d'assesseurs quand il jugeait leurs pairs, et se rangeaient sous sa bannière quand ils étaient convoqués pour une expédition.

En partant pour la croisade, Joinville amena et prit à sa solde neuf de ses chevaliers, portant les noms de leurs terres : Thilchatel, Conflans, Avalon, Vanant, Cirey, Morancourt, Landricourt. Les chevaliers de Conflans et

---

[1] H. Delaborde, *Tableau généalogique des sires de Joinville.*

de Landricourt étaient des chevaliers bannerets, ayant leur propre bannière[1].

A côté des villages possédés par ces chevaliers, se trouvaient ceux dont le territoire était découpé en parcelles possédées et cultivées par les paysans censitaires, vrais propriétaires, à la condition de payer une redevance fixe au seigneur dont ils dépendaient. Ils payaient tantôt une partie déterminée de la récolte comme nos métayers, tantôt, comme nos fermiers, une redevance fixe, *le cens*, qui, fixée anciennement, était devenue bien faible par l'avilissement de la valeur de l'argent.

Parmi les agglomérations rurales, les unes, n'ayant pas obtenu de charte et ne jouissant pas de la personnalité juridique, étaient administrées par le seigneur ou ses agents, qui y rendaient la justice. Cependant, quand elles étaient organisées en paroisse, elles avaient leur conseil de fabrique pour s'occuper des dépenses occasionnées par l'entretien de l'église, des assemblées qui s'occupaient des travaux d'intérêt général, des écoles, etc. Elles choisissaient elles-mêmes les prud'hommes ou jurés chargés de répartir, selon les facultés de chacun, la taille imposée par le seigneur.

Les autres, les plus importantes, avaient obtenu une charte qui les organisait en communes rattachées au suzerain par des devoirs et des droits analogues à ceux qu'avaient envers lui les seigneurs, ses vassaux.

Le pouvoir y est exercé par les magistrats municipaux, élus par le suffrage universel à un ou à plusieurs degrés,

---

[1] Lévesque de la Ravalière. — Académie des inscriptions et belles-lettres, t. XX.

suivant les temps et les lieux; car il y avait une grande variété dans l'organisation de ces communes.

Nous avons encore la charte, que Jean octroya en 1258 à sa bonne ville de Joinville. « Par cette franchise, y est-il dit, nous sommes tenus par notre serment à rendre chaque année à monseigneur de Joinville ou à ses hoirs (héritiers), chacun de nous six deniers (cinquante centimes) par chacune livre de tous nos meubles, et douze deniers par chaque livre de tous nos héritages (biens immobiliers). (La charte donnée à Joinville en 1325, par Anseau, fils de Jean, porte deux au lieu de douze deniers.) Nous élirons six prud'hommes entre nous chaque année, quinze jours avant la Toussaint, pour être eschevins, et les présenterons devant monseigneur Joinville ou devant son représentant quand ils seront élus, et lui ou son représentant éliront un de ces échevins pour faire majour (maire). Et si messire de Joinville ou son représentant n'avaient élu un majour dans la quinzaine après la Toussaint, les échevins éliraient l'un d'eux pour être majour, et il y serait établi pour l'année; et si nous laissions passer la quinzaine après la Toussaint sans élire les échevins, le seigneur de Joinville ou son représentant les élirait et mettrait en métier; et sur serment garderont la droiture au seigneur et à ceux de la ville, et gouverneront en bonne foi. Le maire et les échevins, par leur serment, chargeront également le riche et le pauvre, à l'avenant que chacun doit.

« La plainte de la ville viendra en la main du majour, et le maire ne pourra faire jugement sans trois échevins, et la justice de ceux de la jurée et des échevins sera en la main du majour et des échevins, et au jugement de ceux qui seront encolpés de tel fait pour lequel ils auraient à perdre ou vie ou membre, se mettra le sire de Joinville, ou fera mettre ses chevaliers avec le majour et les échevins.

« Les amendes seront au seigneur de Joinville et à ses hoirs, et le maire et les échevins les lui compteront huit jours après la requête, bien et loyaument.

« Le maire et les échevins enverront chaque année la jurée (droit sur les meubles et sur les immeubles des habitants de la commune) par devant le commandement du seigneur de Joinville.

« Nous pouvons vendre et acheter les uns aux autres nos héritages, sauf les coutumes et les droitures du seigneur de Joinville, et les lods et ventes qui sont de douze deniers pour l'acheteur et douze deniers pour le vendeur.

« Nous devons user des usines du seigneur, ainsi que nous l'avons fait avant la jurée, c'est à savoir des fours, moulins, pressoirs.

« Ceux de Joinville qui voudront servir au besoin le seigneur à cheval et haubert, et par leur corps, ne paieront point de jurée de la valeur du cheval et du haubert.

« Tous les chevaux de Joinville sont francs de toute prise du seigneur, sauf que, quand il faudra ouvrer pour la forteresse du château ou de la ville, nous lui devons livrer une charrette à deux chevaux, un jour la semaine.

« Le sire de Joinville peut nous mener en ost et en chevauchée quatre jours, et s'il nous voulait tenir plus longtemps, il donnerait six deniers par jour à ceux qui auraient cheval et haubert, et deux deniers aux armés à pied. »

En 1298, Jean de Joinville, « par l'accord de son cher

frère Jeffroy de Vaucouleurs, et par la requête de son aimé neveu, Gautier de Joinville, seigneur de Vaucouleurs, et par la requête et la volonté de la communauté de la ville de Vaucouleurs, sauves toutes ses droitures comme sire souverain du fief, mit son sceau sur la charte octroyée pour le profit de l'utilité et la croissance de la ville et du château de Vaucouleurs. Gautier de Joinville et sa femme Isabeau de Cercix affranchissent leur gent de Vaucouleurs et leurs hoirs, et tous ceux qui viendront demeurer en la ville de Vaucouleurs, de toutes tailles, de toutes prises et de toutes servitudes, hormis leurs hommes de corps hors la ville de Vaucouleurs. Pour cette franchise sont tenus les gens de Vaucouleurs à rendre chaque année à leur seigneur, pour chaque livre vaillant de leur héritage, deux tournois petits, c'est à savoir douze deniers le jour de la Saint-Remy, et douze deniers le lendemain de Pâques. Et les prud'hommes de la ville de Vaucouleurs éliront quatre prud'hommes à la Saint-Remy, pour être échevins jurés, et un clerc juré, qui jureront qu'ils garderont la droiture du seigneur et la droiture de la ville de Vaucouleurs en bonne foi.

« Et ces quatre prud'hommes, ou deux au moins si tous ne peuvent y être, seront avec le représentant du seigneur à tenir les plaids, et si tout ou partie étaient en doute d'aucun jugement, ils le querraient aux gentilshommes et aux prud'hommes de la ville de Vaucouleurs, et s'ils ne le pouvaient là trouver, ils l'enverraient querre à Joinville, et s'ils ne le pouvaient là trouver, ils l'enverraient enquerre à Vitry.

« Si le seigneur avait besoin du charroi de la ville, il donnerait un prix raisonnable. Chaque homme qui aura

vingt livres de biens meubles aura une arbalète et cinquante carreaux, et tous ceux de la franchise auront des
armes et seront armés suffisamment, et ils montreront
leurs armes au seigneur ou à son représentant quand ils
en seront requis, sous peine de payer cinq sous de petits
tournois d'amende.

« Pour l'ost et la chevauchée, les habitants de Vaucouleurs sont soumis aux mêmes conditions que ceux de
Joinville. Il en est de même pour les lods et ventes. Pour
la justice, ils ne peuvent avoir recours qu'à leur seigneur
ou au seigneur de Joinville, auquel ils pourraient s'adresser comme souverain, au cas de défaut de droit ou de
mauvais jugement[1]. »

En 1259, Joinville donna une charte de franchise à la
ville neuve de Ferrières, qu'il avait commencé à bâtir
dans les bois de Mathons. De nombreuses villes neuves
furent créées, aux xii° et xiii° siècles, dans toute la
France. C'était pour les seigneurs un moyen d'augmenter
leurs revenus et leur puissance : ils s'efforçaient d'attirer
dans ces localités le plus d'habitants possible, par les
franchises et les avantages divers qu'ils leur offraient.

Parmi les chartes de franchise, une de celles qui assuraient le plus d'avantages, était la loi de Beaumont-en-
Argonne, qui fut adoptée par un grand nombre de communes du nord et de l'est. Plusieurs localités de la seigneurie de Joinville y étaient soumises, entre autres les
deux villes neuves de Mathons, qui avait été fondé en
1208 par Simon, père de Jean de Joinville, et de Burcy-
la-Côte, fondée en 1229.

---

[1] Charte citée par de Wailly dans la Bibliothèque des chartes, 6e série,
t. III, p. 594.

La charte si libérale octroyée à Beaumont par Guillaume *aux blanches mains,* archevêque de Reims, faisait de cette ville le type des villes de bourgeoisie jouissant d'une indépendance presque entière. Nous y lisons : « En la dite ville, du *consentement de vous tous,* seront établis des jurés et un majour qui nous jurera fidélité et rendra compte à nos officiers des revenus et provenances de la ville. Mais ni le majour ni les jurés ne pourront rester en charge plus d'un an, si ce n'est de l'assentiment de tous. »

Les magistrats élus par tous les bourgeois qui juraient entre les mains du président de l'assemblée de faire un choix loyal réunissaient dans leurs mains le pouvoir exécutif, législatif et judiciaire. Le représentant du seigneur n'intervenait que pour contrôler l'emploi des revenus de la ville et faire exécuter les peines corporelles prononcées par les juges.

Comme garantie d'une bonne administration, on avait non seulement le serment que les magistrats après leur élection prêtaient au seigneur et à la ville, mais encore l'obligation pour le majour et les jurés de ne prendre aucune décision sans consulter *quarante* des bourgeois les plus éclairés. D'après une charte de Vaux-en-Dieulet, soumis à la loi de Beaumont, il semble même que les femmes n'étaient pas exclues de ces assemblées, où, en l'absence ou à défaut de leur père ou de leur mari, elles représentaient les intérêts de leur famille. Le procès-verbal d'une réunion de l'assemblée des bourgeois signale la présence de vingt-deux femmes, en particulier d'une veuve, femme de Bertini, et de deux filles Miron, fille Raulex et Isabeau, fille Auberic, ajoutant que « tous et *toutes* de la dite ville firent, ordonnèrent et devisèrent entre eux [1] ».

Sur ses heureux sujets, la loi de Beaumont ne faisait pas plus peser les impôts que l'autorité.

« Tout bourgeois ayant dans la ville une maison et un jardin hors des murs n'avait à payer que douze deniers (deux francs de notre monnaie environ). Et cet impôt représentait à la fois notre cote personnelle et mobilière, l'impôt des portes et fenêtres, la contribution foncière de la maison et du jardin.

Pas de droit à payer pour la vente et l'achat des marchandises. « Il vous sera permis à vous tous et à tous ceux qui demeureront dans cette ville, de vendre et d'acheter tout ce que vous voudrez librement et tranquillement, sans avoir aucun impôt à payer « sine vinagio et telone ».

Rien à payer comme droits de succession, et bien peu comme droits de mutation. « S'il plaît à quelqu'un ou s'il est forcé de vendre son héritage, le vendeur et l'acheteur paieront un denier au maire et aux jurés. »

Pour les terres, M. Defourny croit que, d'après un calcul approximatif, le seigneur ne percevait pas sur Beaumont le quinzième du revenu net.

Les habitants de Beaumont sont tenus à « venir par ban au moulin bâti par le seigneur, et de vingt sétiers à en donner un. De même pour le four ; de vingt-quatre pains ils doivent en payer un. » Une loi très sage défend d'avoir « oyes ni oyons, poulles ni poullons, pourceaux ni pourcillons, ni aucunes bestes qui allent autour du moulin, au détriment du bien public ».

[1] Defourny, *la Loi de Beaumont,* p. 170.

Quelques articles de la loi de Beaumont jettent du jour sur l'état religieux et moral de cette époque.

Pour inspirer une plus grande horreur du suicide, d'ailleurs fort rare à cette époque, la loi voulait que « le corps du suicidé fût traîné aux champs, le plus cruellement possible, pour *montrer l'expérience aux autres,* que le corps fut afourchie, et les pierres des issues des chaussées par où il passait en sortant de la maison arrachées, car il n'était pas digne de passer dessus. »

Pour sauvegarder l'honneur et la réputation des individus, elle établissait que « l'homme touchant à la renommée d'autrui, s'il ne prouvait son dire, et maintenait ses paroles, devait payer neuf livres parisis d'amende et se dédire devant tout le peuple, à l'église, devant le crucifix, le cierge à la main ardant, à deux genoux et en chemise. »

« Les filles et les femmes qui se gouvernent mal en folie de leur corps, faisant meschanceté et paillardise, doivent être menées par le maître des hautes œuvres ou par le sergent de la ville, abandonnées en risée publique à tous, et porter une pièce de drap rouge de la largeur d'une palme sur le bras gauche, afin que chacun les connaisse. »

A côté des communes, des fiefs de chevaliers, des villages de tenanciers qui dépendaient du seigneur de Joinville, il faut signaler des abbayes, des monastères, sur lesquels il avait certains droits. Les démêlés que Joinville eut avec les religieux de ses terres, comme ceux que saint Louis eut avec les évêques de son royaume, ne sont pas d'ordinaire présentés sous leur vrai jour, et demandent quelques explications.

Joinville fut l'imitateur de ses pieux ancêtres dans leur libéralité envers l'Église.

Nous lisons dans un document publié par Champollion-Figeac[1] que « Jean de Joinville, depuis son retour de Terre sainte, s'adonna à la piété, et fit de bonnes fondations en la baronnie de Joinville et lieux circonvoisins ».

Des documents tirés des archives nous font connaître en effet ses fondations, et le détail de ses pieuses libéralités avant et après la croisade.

En 1248, il donna au prieuré du Val-d'Osne quatre setiers de froment à prendre chaque année sur son moulin de Curel. En retour, les religieuses devront faire dire, sa vie durant, une messe du Saint-Esprit le jour de la Pentecôte, et après son décès célébrer son anniversaire.

En 1263, il déclare « que son amé frère, Geoffroy, par la patience de Dieu, abbé de Saint-Urbain, chapelain de notre père l'Apostole (le pape), lui a octroié de faire une nouvelle chapelle en la maison-Dieu de Joinville, par telle condition que les droits de l'église de Saint-Urbain et les droits de ses prieurés et de l'église paroissiale de Joinville y soient saufs. Le prêtre établi pour chanter en cette chapelle est tenu à faire serment à l'abbé devant dit de rendre entièrement et sans diminution, au prieuré et à l'église paroissiale de Joinville, toutes les offrandes, de quelle cause qu'elles viennent en sa main. La devant dite chapelle sera sans cloche, fors que une petite clochette à main, qu'on sonne à l'élévation du corps de Notre-Seigneur; et on n'y pourra faire cimetière[2] ».

---

[1] *Documents inédits tirés des archives*, t. I, Doc. sur Joinville.

[2] N. de Wailly. — Bibliothèque de l'École des chartes, 6e série, 3, pièce G.

En 1266 J. de Joinville déclare que les chanoines de
Saint-Laurent ont quarante-deux livres à percevoir chaque
année sur les premiers revenus des arpents de Joinville.
De ces quarante-deux livres, quinze leur sont données
pour allumer chaque jour un tortil de cire, depuis le
Sanctus jusqu'à l'*Élévation*.

En 1275, il donne aux templiers de Ruetz tout ce qu'il
avait au finage de Juvigny.

Une charte de 1290 nous apprend « qu'il établit en
l'église de Benoitevaux quatre cierges de douze livres de
cire, pour brûler à toujours, chaque an, quand on chantera la messe et les vêpres; et ces cierges seront mis au
pied de la tombe de sa bonne compagne Alix, dame de
Joinville et de Reynel, que Dieu absolve! et qu'il établit
encore une lampe, qui sera allumée de nuit et de jour,
sans s'éteindre, pour que Dieu donne à elle, et à lui et
à ses enfants, et à leurs successeurs et prédécesseurs, la
joyeuse clarté des cieux qui jamais ne faillira ».

L'exemple des royales largesses de saint Louis envers
les religieux et les églises n'avait donc pas été perdu pour
Joinville. Mais s'il se montra libéral envers l'Église, toujours respectueux de ses droits spirituels et temporels,
marchant encore en cela sur les traces du saint roi, il
s'opposa avec énergie aux empiètements sur ses droits seigneuriaux, dont il croyait que certains abbés de monastère
se rendaient coupables. Nous ne devons nous étonner ni
de cette défense obstinée de ces droits, dans une société
qui reposait tout entière sur eux, ni des fréquents conflits
qui se produisaient au milieu des complications, des
enchevêtrements, des obscurités du système féodal.

Dans sa résistance, Joinville pouvait s'appuyer sur

l'exemple de saint Louis. Il nous raconte que « tous les prélats de France mandèrent au roi qu'ils voulaient lui parler; et le roi alla au palais pour les ouïr.

« L'évêque Guy d'Auxerre parla pour tous en telle manière : « Sire, ces seigneurs qui sont ici, archevêques « et évêques, m'ont dit de vous dire que la chrétienté « périt entre vos mains. » Le roi se signa et dit : « Or, « dites-moi comment cela se fait. — Sire, fit-il, c'est « parce que on prise si peu les excommunications aujour-. « d'hui, que les gens se laissent mourir excommuniés « avant qu'ils se fassent absoudre, et ne veulent pas faire « satisfaction à l'Église. Ces seigneurs vous requièrent « donc, Sire, pour l'amour de Dieu, et parce que vous le « devez faire, vous commandiez à vos prévôts et à vos « baillis que tous ceux qui resteront excommuniés un an « et un jour, on les contraigne, par la saisie de leurs « biens, à ce qu'ils se fassent absoudre. » A cela le roi répondit qu'il le leur commanderait volontiers *pour tous ceux dont on lui donnerait la certitude qu'ils eussent tort.* Et l'évêque dit que les prélats ne le feraient à aucun prix; qu'ils lui contestaient la juridiction de leurs causes. Et le roi lui dit qu'il ne ferait pas autrement, car ce serait *contre Dieu et contre raison* s'il contraignait les gens à se faire absoudre quand le clergé leur ferait tort. Et il leur cita l'exemple du comte de Bretagne, qui, excommunié par les prélats, a plaidé pendant sept ans, et a tant fait que le pape les a condamnés tous. »

En parlant et agissant ainsi, saint Louis n'a pas mérité l'injure que lui font certains de nos historiens de le regarder comme un des précurseurs du gallicanisme. Défenseur scrupuleux de tous les droits, avant de punir les excom-

muniés, il voulait avoir la certitude qu'ils avaient tort;
car le tort était quelquefois du côté des prélats : comme
dans l'affaire de Bretagne, où le comte eut gain de cause
à Rome, sinon entièrement, du moins sur quelques
points.

Du reste, ce n'était pas par lui-même ou par ses juges
laïques que saint Louis voulait connaître de la justice des
excommunications. Ces causes étant du ressort de l'autorité ecclésiastique, il en confiait la connaissance à des
ecclésiastiques, comme nous le voyons, par exemple,
dans le cas du comte d'Angoulême, qui, à la suite d'une
excommunication lancée contre lui, avait chassé Robert de
Montberon, évêque d'Angoulême, avec son clergé. Saint
Louis cita à sa cour l'évêque et le comte. *Les évêques de
Limoges et de Cahors furent pris pour juges;* et, après un
long examen, le comte fut condamné à assister, revêtu
d'un sac, tête et pieds nus, à la rentrée de l'évêque et du
clergé dans la ville, à demander pardon à l'évêque[1], etc.

Joinville n'était pas plus *gallican* que saint Louis.
Comme lui, il était plein de respect pour l'autorité et les
droits de l'Église, à laquelle « nous devons croire, et aux
commandements que le pape et les prélats nous font, et
faire les pénitences qu'ils nous enjoignent », dit-il dans
son *Credo.*

Ses longs conflits avec l'abbaye de Saint-Urbain ne
prouvent que sa ferme volonté de défendre ce qu'il
croyait être son droit envers et contre tous.

Les seigneurs de Joinville avaient depuis longtemps la
garde de cette abbaye. Les prédécesseurs de Jean avaient

---

[1] Bollandistes, août, t. V, p. 463.

plus d'une fois abusé de leur droit de patronage, comme
le prouvent les documents renfermant les actes de répa-
ration et d'indemnité qu'ils durent faire pour les violences
et les injustices dont ils s'étaient rendus coupables [1].

Notre sénéchal nous raconte ainsi ses premiers démêlés avec ses protégés : « Il advint, depuis que nous fûmes
revenus d'outre-mer, que les moines de Saint-Urbain
élurent deux abbés. L'évêque Pierre de Châlons (que
Dieu absolve!) les chassa tous deux, et bénit pour abbé
Jean de Mymeri, et lui donna la crosse. Je ne le voulus pas recevoir pour abbé, parce qu'il avait fait tort
à l'abbé Geoffroy, qui avait appelé contre lui et était allé à
Rome. Je tins tant l'abbaye en mes mains que le dit
Geoffroy emporta la crosse, et que celui-là la perdit à
qui l'évêque l'avait donnée. Et tandis que la contesta-
tion durait, l'évêque me fit excommunier. C'est pourquoi il y eut à un parlement qui se tint à Paris grande
querelle de moi et de l'évêque de Châlons, et de la comtesse Marguerite de Flandre, et de l'archevêque de Reims,
qu'elle démentit.

« Dans le parlement qui vint après, l'évêque de Châlons ayant dit à saint Louis : « Sire, que me ferez-vous
« au sujet du seigneur de Joinville, qui enlève à ce
« pauvre moine l'abbaye de Saint-Urbain? — Sire évêque,
« fit le roi, vous avez établi entre vous qu'on ne doit
« entendre en cour laie aucun excommunié; et j'ai vu
« par une lettre scellée de trente-deux sceaux que vous
« êtes excommunié : c'est pourquoi je ne vous écouterai
« pas jusques à tant que vous soyez absous. »

____

[1] Delaborde, p. 64.

« Et quand le roi revint de parler aux prélats (il avait
eu à répondre aussi aux réclamations de l'archevêque de
Reims et de l'évêque de Chartres), il vint à nous, qui
l'attendions dans la salle aux plaids, dit Joinville, et
nous dit en riant le tourment qu'il avait eu avec les
prélats [1]. »

Joinville fit tant qu'il finit par faire maintenir son pro-
tégé sur le siège abbatial de Saint-Urbain. « Mais, dit-il,
après que je lui eus fait sa besogne, il me rendit le mal
pour le bien, et appela contre moi. Il fit entendre à notre
saint roi qu'il était en sa garde. Je demandai au roi qu'il
fît savoir la vérité sur ce point : si la garde était mienne
ou sienne. « Sire, fit l'abbé, vous ne ferez pas cela, s'il
« plaît à Dieu; mais retenez-nous en ordonnant qu'il soit
« plaidé entre nous et les seigneurs de Joinville; car nous
« aimons mieux avoir notre abbaye en votre garde qu'en la
« garde de celui à qui est l'héritage. » Alors le roi me dit :
« Disent-ils vrai, que la garde de l'abbaye est mienne?
« — Certes, Sire, dis-je, elle ne l'est pas; mais elle est
« mienne. »

« S'adressant à l'abbé, le roi dit : « Je ne laisserai pas,
« pour ce que vous en dites, d'en faire savoir la vérité;
« car si je mettais le sénéchal dans l'obligation de plaider,
« je lui ferais tort à lui qui est mon homme, en mettant
« son droit en plaidoirie, duquel droit il m'offre de faire
« savoir la vérité clairement. »

« Il fit savoir la vérité, ajoute Joinville; et la vérité sue,
il me délivra la garde de l'abbaye, et m'en bailla les
lettres. »

[1] Édit. Wailly, §§ 672-675.

Cette garde qui lui était ainsi maintenue, il devait la perdre plus tard, à la suite de divers conflits dont plusieurs chartes font mention.

Dans une charte de 1264 nous lisons : « Je Jean, sire de Joinville, faisons savoir à tous que comme discorde fut entre l'abbé et le couvent de Saint-Urbain d'une part, et nous d'autre, sur plusieurs entreprises que nous requerions envers eux, et eux envers nous; à la parfin, par le conseil de bonnes gens, fût accordé entre nous de telle manière que nous octroirions et consentirions ce que messire Guerry, curé de Saint-Dizier, et messire Thierry d'Amèle, chevalier, arbitres élus et nommés par l'une et l'autre partie, diraient et ordonneraient sur tous les descors que nous avions et pouvions avoir les uns envers les autres. »

La transaction produite par cet arbitrage régla un grand nombre de points en litige : « Le sire de Joinville ni ses hoirs ne peuvent et ne doivent réclamer, ni par droit, ni par coutume, nul charroi envers l'église, ni en la terre, ni aux hommes de Saint-Urbain; ni prendre homme ni femme de la terre de Saint-Urbain, sinon par la volonté de l'abbé; ni prendre tailles ni exactions. Les chiens et les veneurs du seigneur de Joinville, qui ont leur gîte une fois l'an en aucunes villes où le couvent de Saint-Urbain a part, ne feront payer aux hommes de Saint-Urbain que ce qui à eux afferra, et ils doivent le lever raisonnablement et sans outrage. » — Joinville accorde à l'abbaye l'usage du bois de Mathons, à la condition de respecter certaines clauses. — L'abbé de Saint-Urbain doit au prévôt de Joinville, pour le seigneur de Joinville, à chacune des deux foires de Saint-Urbain, cinq sous; de

Parfonde-Fontaine, douze deniers; de Maizières, douze deniers, etc.

La paix ne fut pas de longue durée. De nouvelles difficultés surgirent; et deux ans après (1266), il fallut recourir à un nouvel arbitrage, celui de Henri, abbé de Boulancourt, et André, doyen de Bar-sur-Aube.

Ces longs démêlés aboutirent enfin à faire passer l'abbaye de Saint-Urbain de la garde du seigneur de Joinville à celle du roi, sous Philippe le Bel (1308). Le bailli de Chaumont déclara que, sans attendre l'issue du procès mû en la cour royale de Champagne, Jean sire de Joinville renonçait à tous droits sur la garde de Saint-Urbain, et consentait, moyennant douze cents livres, à ce que cette garde fût transportée au roi de France. Ceci avec l'assentiment de son fils, Anseau de Joinville, seigneur de Reynel, et André de Joinville, S. de Beaupré[1].

Cette translation de la garde de Saint-Urbain ne mit pas fin à la lutte demi-séculaire entre Joinville et le couvent.

Dans un mémoire adressé par des religieux de ce couvent à Bertrand de Bordes, évêque d'Alby, légat du Saint-Siège, nous trouvons de graves accusations contre Joinville : « Vol à son instigation de certaines chartes concernant leurs libertés et leurs immunités, et qu'il aurait fait brûler publiquement dans son château; violences, molestations, etc.; » accusations invraisemblables, du moins pour ce qui regarde le vol des chartes. Quoi qu'il en soit, les grands jours de Troyes, le 24 septembre 1310, le condamnèrent à payer deux cents livres de petits tournois

---

[1] J. Delaborde, *Catalogue des actes des seigneurs*, p. 404.

pour les dégâts commis dans les prieurés de Saint-Jacques et de Sainte-Anne, et à jurer de ne plus exciter les hommes de Saint-Urbain, ni aucun autre adversaire, contre les religieux[1].

De ces longs démêlés Joinville semble n'avoir gardé aucune rancune contre le couvent de Saint-Urbain. Nous le voyons, en 1315, lui céder en don perpétuel d'abord cinq cents arpents de la forêt de Mathons, et ensuite cent quatre-vingts arpents avec tous les droits, la chasse exceptée (*excepta chacia*)[2].

Avec les autres monastères et églises de sa seigneurie, les relations de Joinville furent beaucoup plus pacifiques. Nous trouvons cependant dans une charte que « comme discorde fut entre lui d'une part et le chapitre de Saint-Laurent d'autre part, sur ce que le doyen et le chapitre disaient que Jean de La Coste de Joinville et son fillastre, l'enfant de sa femme Hersante, était leur homme pour faire le service de l'église de Saint-Laurent; et je disais, dit Joinville, qu'il était mon homme taillable; à la parfin, par œuvre de bonnes gens, et pour l'amour de Dieu et de monseigneur saint Laurent, je leur ai donné et quitté le devant dit Jean de La Coste pour sonner les cloches et nettoyer le moustier de Saint-Laurent, et Hersante, sa femme, franc et quitte de mon service toute leur vie »[3].

---

[1] Delaborde, p. 156.

[2] Charte de Louis X qui autorise cette donation. — Didot, *Études sur Joinville*, p. 200.

[3] Champollion-Figeac, *op. cit.*, Document n° ii.

II

> On sait ce qu'il en coûte à plaider aujourd'hui.
> Comptez ce qu'il en reste à beaucoup de familles...
> Il ne reste aux plaideurs que le sac et les quilles [1].

Il en coûtait moins lorsque, comme le faisait souvent Joinville, on recourait à l'arbitrage.

Nous l'avons vu comparaître devant le bailli de Chaumont. C'était le tribunal de son suzerain, auquel ressortissait la seigneurie de Joinville. Mais, à cette époque « chaque baron étant souverain dans sa baronnie », selon l'expression de Beaumanoir, Joinville exerçait le pouvoir judiciaire sur les possesseurs de fiefs, les paysans et les communes de sa seigneurie, dont il était le juge en même temps que le chef militaire. Dans une *Histoire de la principauté de Joinville,* écrite en 1632, il est appelé « chevalier excellent, et en armes et aux lois » : *par ingenium castrisque togæque* [2].

C'est dans la grande salle de son château qu'il tenait la *cour du plaid.*

Aux jours où se plaidaient les procès de ses vassaux nobles, chacun devant être jugé par ses pairs, d'après le droit féodal, on la voyait se remplir de chevaliers qui avaient leurs fiefs dans la seigneurie, et de tout le per-

---

[1] La Fontaine.
[2] Champollion-Figeac, *op. cit.,* Document n° IV.

sonnel judiciaire : avocats, hommes de loi, greffiers, notaires, etc. La sentence était portée par les pairs du justiciable; et le seigneur qui les présidait devait en assurer l'exécution.

Ces chevaliers juges n'avaient pas seulement, comme nos jurés, à se prononcer sur le fait. Ils devaient prononcer aussi sur la loi et sur la peine, exprimer leur opinion en public devant l'accusé, qui avait le droit de les interpeller. C'était pour eux une pénible corvée, une lourde charge à laquelle ils cherchaient à se soustraire, se laissant peu à peu supplanter par des hommes qui, sous le nom de *légistes,* devaient bientôt exercer une si funeste influence. Il est à croire que si ces hommes, « au maintien discret, à la douce et matoise figure, ces renards royaux, affublés de si blanche et si douce hermine, pour surprendre les lions et les aigles féodaux[1], » furent en faveur à la cour de Philippe le Bel, il n'en fut pas de même à celle de Joinville. Sa loyauté chevaleresque et son esprit de foi devaient lui faire repousser ces *renards,* qui voulaient faire entrer leurs embûches dans le droit féodal, l'esprit du paganisme dans les lois chétiennes.

Joinville n'aurait pas pu juger par lui-même tous les procès de sa seigneurie. Pour ceux des roturiers, il déléguait ses pouvoirs à un prévôt ou bailli, qui rendait la justice dans les villages, assisté par les pairs du justiciable. Telle était la coutume au moyen âge.

« D'anciennes chartes portaient que le représentant du seigneur tiendra le plaid et redressera les torts d'après

---

[1] Michelet.

l'avis des juges pris sur les lieux, et avec l'assentiment
du peuple de l'endroit. Quelquefois tous les paysans
avaient le droit de siéger au plaid; d'autres fois ils éli-
saient plusieurs d'entre eux pour remplir ce devoir[1]. »

Nous lisons dans les *Établissements de saint Louis*[2] :
« Les prévôts appelleront *gens suffisants* qui ne seront
pas des parties... Et les juges doivent loyalement juger,
et ne doivent rien juger selon la face, et doivent avoir
Dieu devant les yeux. »

Ces *gens suffisants*, qui devaient prononcer non seulement sur le fait, mais encore sur la loi et sur la peine,
étaient souvent, non pas de savants légistes, des magistrats de carrière, mais des notables du pays, de simples
paysans.

> Ces *juges-paysans* étaient de très bons juges...
> Ils avaient du bon sens, le reste vient ensuite.

« Nous possédons des milliers d'arrêts rendus par ces
cours villageoises, dit Fustel de Coulanges (*loc. cit.*). Ils
nous donnent presque toujours l'idée du calme et de
l'esprit d'équité qui y régnait. Les lois variaient de village
à village; mais chaque village connaissait minutieuse-
ment les siennes. On y trouvait des règles précises sur
les droits et les devoirs de chacun : les redevances des
paysans, les droits seigneuriaux, ce qui était délit et ce
qui était crime, quelle peine était encourue par chaque
coupable. »

Les peines encourues par les coupables étaient alors
rigoureuses, parfois même cruelles. A cette époque, voi-

---

[1] Fustel de Coulanges. — *Revue des Deux-Mondes*, 15 mars 1871.
[2] Édit. Viollet, t. II, p. 375.

sine des temps barbares, l'Église n'avait pas eu encore le temps d'y apporter les adoucissements qu'elle devait faire pénétrer peu à peu dans le code pénal aux siècles suivants. Cette sévérité avait bien son bon côté : intimider les méchants.

C'est pour cela que saint Louis voulait « que toute justice fût faite des malfaiteurs par tout son royaume, en appert et devant le peuple », et qu'il rejeta la requête de certains gentilshommes de la terre de Nesle, qui voulaient détruire un « mal homme en lieu secret ». Il le fit pendre *en appert,* pensant que ce *mal homme*

> Pour l'exemple pendu instruirait les passants.

Nous n'avons pas de renseignements sur la manière dont Joinville rendait la justice. Mais nous pouvons supposer que, formé à l'école de saint Louis, comme lui il aimait à « la faire bonne et raide », et qu'il ne manquait pas de faire pendre *en appert,* à la potence de son château, les malfaiteurs qui l'avaient mérité.

Conformément à l'ordonnance de saint Louis de 1254, il devait éviter « de grever ses sujets en tenant une trop grande quantité de sergents ou de bedeaux, ou en transportant les assises de lieu en lieu. Ses baillis devaient entendre les officiers au lieu où ils ont en coutume de les entendre, en sorte que les sujets ne renoncent pas à poursuivre leur droit pour cause de fatigues ni de dépenses ». On évitait alors aux sujets les fatigues et les dépenses en multipliant les lieux où « l'on entendait les affaires », et on ne les *grevait* pas d'une longue prison préventive. « L'emprisonnement préventif était rare. Souvent, même dans les cas graves, on accordait aux personnes la liberté sous caution[1]. »

La justice seigneuriale ne jugeait qu'en premier ressort; et on pouvait toujours faire appel de ses jugements au tribunal du comte, ou du duc, ou du roi.

Une grande partie des causes qui sont aujourd'hui du ressort des tribunaux civils étaient alors du ressort des tribunaux ecclésiastiques : causes qui regardent les clercs, les veuves, les orphelins, etc.; causes matrimoniales, causes testamentaires, etc.

Ce n'était pas seulement pour l'administration de la justice que l'Église venait en aide aux seigneurs dans le gouvernement de leur petit État; elle les déchargeait aussi de tout ce qui regarde l'instruction et l'assistance publique.

D'un autre côté, les communes s'administraient elles-mêmes avec des degrés d'autonomie très variés, qui d'ordinaire laissaient peu de chose à faire aux seigneurs suzerains ou à leurs représentants.

Ce qui leur donnait beaucoup d'occupation, et souvent d'embarras, c'était l'administration de leurs finances. Ils ne parvenaient pas toujours à équilibrer leur budget. Nous voyons Joinville obligé, en 1268, d'emprunter au comte de Champagne cinq cent vingt-huit livres, et de lui engager en échange ses appointements de sénéchal et la rente de deux cents livres qu'il tenait du roi de France. En 1277, il emprunte quarante livres tournois au chapitre de Saint-Laurent, et lui donne pour gages des ornements d'église.

Il serait intéressant de remonter à la source de ces

[1] Boutaric, *Alphonse de Poitiers*, p. 364.

difficultés financières; de nous rendre compte des revenus, des charges et des dépenses; de dresser, en un mot, le budget du seigneur de Joinville. Malheureusement nous n'avons pour le faire que des données bien incomplètes. Essayons cependant de nous en faire une idée.

La richesse des seigneurs était surtout territoriale : la richesse mobilière n'avait alors qu'une importance secondaire. L'or monnayé restait improductif au fond des coffres, et n'en sortait que pour payer les grosses dépenses, les rançons, les dots. La monnaie de billon circulait pour les dépenses de chaque jour. La vaisselle d'or et d'argent était une réserve pour les cas extraordinaires.

Joinville tirait principalement ses revenus de l'exploitation de son domaine direct, et des droits qu'il percevait comme seigneur féodal sur les terres de ses vassaux et de ses tenanciers. Il nous donne lui-même le chiffre des revenus de ses terres au moment où il partit pour la croisade, et nous dit « qu'il ne tenait pas mille livres (une centaine de mille francs, valeur actuelle) de rente en terres, car madame sa mère vivait encore ». Selon l'usage, elle avait en douaire l'usufruit de la moitié des biens immobiliers de son mari. A sa mort, en 1260, il hérita d'elle de plusieurs domaines, et retint dans sa mouvance ceux qui furent donnés à son frère Geoffroy de Vaucouleurs.

La fortune de Joinville s'accrut considérablement lorsqu'il épousa en secondes noces (1261) Alix de Reynel, héritière de la riche seigneurie de Reynel, en Bassigny, qu'il réunit à la seigneurie de Joinville. En 1263, il arrondit cette seigneurie en échangeant ses biens de Cirey-les-Marcilles contre ceux que l'abbaye de la Crête possédait à Bettoncourt.

Au retour de la croisade, Joinville trouva les revenus de ses terres bien diminués : « Les sergents du roi de France et du roi de Navarre m'avaient tellement détruit et appauvri mes gens, nous dit-il lui-même, que le temps ne serait jamais où moi et eux n'en valussions pis. »

Ces pertes ne furent pas cependant sans quelque compensation. « En 1252, par un acte daté du camp de Joppé, en reconnaissance du service fourni par son cher et fidèle Jean, seigneur de Joinville, saint Louis lui accorda, à lui et à ses héritiers, deux cents livres tournois (une vingtaine de mille francs) de revenu annuel en fief et hommage-lige, à percevoir tous les ans dans les coffres royaux en la fête de la Toussaint, sans préjudice de la fidélité qu'il devait au comte de Champagne et au comte de Bar[1]. »

En 1257, le roi de Castille, pour récompense des secours par lui faits à la foi chrétienne au voyage d'outre-mer, lui fit don de mille marcs d'argent au grand marc, et lui en fut envoyé la patente authentique par l'archidiacre du Maroc[2].

En 1258, quelques possessions furent ajoutées à ses fiefs pour la récompense d'avoir négocié le mariage d'Isabelle, fille du roi, avec Thibaut V de Champagne.

Ses fonctions de sénéchal à la cour du comte de Champagne lui assuraient un revenu annuel qui devait être assez considérable, à en juger par le traitement des simples baillis, qui était de vingt-cinq mille francs (valeur actuelle) en 1285.

En 1331, Philippe VI de Valois régla ainsi les droits du sénéchal de Champagne. « Toutes les fois que cet officier

---

[1] Bibliothèque nationale, man. 1054.
[2] Champollion-Figeac, Document n° IV.

se trouvera auprès du roi, il recevra vingt sols (vingt francs environ) par jour, une livre de chandelle de cire et un septier de vin de bouche; les jours de fête, le double, et en outre cent sols pour son mantel; douze grosses pièces de grasse chair, douze pièces de poulaille et soixante pains [1]. »

Pendant quelques années il eut même la régence du comté de Champagne, et, en qualité de gouverneur, présida les grands jours de Troyes. Au bas de plusieurs jugements nous lisons : « Ce fut jugé par monseigneur Jean de Joinville, qui lors gardait la Champagne. »

Comme gouverneur, ses honoraires étaient de quarante sous par jour, soit par an quatorze mille francs de notre monnaie, équivalant à soixante-treize mille francs d'aujourd'hui [2].

A ces divers revenus il faut ajouter les droits qu'il percevait chaque année sur ses vassaux et ses tenanciers.

Nous avons vu que chaque habitant de la ville de Joinville, en vertu de la charte qui lui fut donnée en 1258, devait au seigneur chaque année six deniers (cinquante centimes environ) pour chaque livre de ses biens meubles, et douze deniers pour chaque livre des biens immeubles (la charte donnée en 1325 à Joinville par Anseau, fils de Jean, porte deux deniers au lieu de douze).

Cette taxe annuelle sur les biens meubles et immeubles variait selon les communes. D'après la charte accordée à Vaucouleurs par Geoffroy, frère de Joinville, les gens de Vaucouleurs étaient tenus de rendre chaque année à leur seigneur, pour chaque livre vaillant de leur héri-

---

[1] J. Colin, *Tablettes historiques de Joinville*, p. 23.

[2] Glasson, *Hist. du droit et des institutions de la France*, t. IV, p. 552.

tage, douze deniers le jour de la Saint-Remy, et douze deniers le lendemain de Pâques.

A la mort de ses vassaux, Joinville percevait sur leurs héritiers le droit de *relief* (qui était ordinairement d'une année de revenu dans le nord de la France). Sur les terres qu'ils vendaient avec sa permission, il avait le droit de *quint* (qui s'élevait parfois à trois années de revenu).

Les habitants de Joinville devaient lui payer, d'après la charte de 1258, pour les *lods* et *ventes,* vingt-quatre deniers (deux francs) par livre (douze pour l'acheteur, et douze pour le vendeur), ce qui équivalait à dix pour cent environ.

Dans celles de ses terres qui étaient soumises à la loi de Beaumont, le taux était beaucoup plus faible. Le vendeur et l'acheteur n'ont à payer qu'un denier au maire et aux jurés. Il n'est pas question de droit de succession.

Le droit de *gîte* assurait aux seigneurs le logement et la subsistance dans ses voyages, pour lui et pour sa suite, pendant trois jours d'ordinaire, et trois fois par an. En 1283, nous voyons Joinville renoncer au droit de gîte qu'il avait à Dammartin (arrondissement de Vassy), moyennant un *moiton* d'avoine que chaque habitant de Dammartin lui devra tous les ans à la Saint-Martin[1].

Le droit de *four* et de *moulin banal* devait être pour lui une source assez importante de revenus. Dans les communes soumises à la loi de Beaumont, de vingt setiers qu'on apportait à ses moulins il en prenait un, et un pain sur vingt-quatre pour le four. Les *amendes* contri-

---

[1] Delaborde, *Catalogue des actes des seigneurs de Joinville*, p. 368.

buaient aussi à grossir son budget. Au moyen âge, elles occupaient dans la pénalité bien plus de place que de nos jours. Le tarif en était fixé avec beaucoup de soin dans les chartes. Celle qui fut octroyée en 1258 aux habitants de Joinville porte que « les amendes seront au seigneur de Joinville et à ses hoirs, et le maire et les échevins les compteront à lui ou à son représentant, huit jours après la requête, bien et loyaument ».

Pour l'exploitation de son domaine, il avait droit aux *corvées,* qui répondaient à nos *prestations.* Ces corvées étaient rigoureusement déterminées, pour le nombre et la durée, par la coutume et les contrats, comme nous l'avons vu pour les habitants de Joinville (charte de 1258).

En 1314, Joinville donne des lettres de non-préjudice aux bourgeois de Joinville, qui avaient fait à titre gracieux des corvées auxquelles ils n'étaient pas tenus [1].

Au droit de *corvée* s'ajoutait le droit de *guet* ou de *garde,* c'est-à-dire l'obligation de monter la garde de jour et de nuit au château du seigneur.

La perception de droits si multiples, si variés, si compliqués, devait être d'une grande difficulté, et donner lieu à de fréquentes contestations. Un document, tiré des archives de la Meuse [2], nous en fournit un exemple. Joinville « fait savoir à tous que comme un désaccord existait entre lui et l'abbé, et le couvent d'Escurez, de l'ordre de Cîteaux, sur plusieurs griefs, dont une partie se dolait de l'autre; spécialement sur ce que le sire de Joinville se tenait grevé du dit abbé et couvent de ce qu'ils

---

[1] Delaborde, *Catalogue des actes,* p. 412.
[2] Bibliothèque de l'École des chartes, 6⁰ série, t. III, p. 604.

avaient acheté porcs et mis en passon (fait paître) dans
la forêt de Moutiers avec les porcs de leur élevage, Joinville prétendant qu'ils ne pouvaient faire cela que pour
les porcs qu'ils avaient élevés; et sur ce que le dit abbé et
couvent le poursuivaient de longtemps d'une partie de
moulin, sis sous la ville de Chevillon, qu'il leur avait
vendue, lequel ils disaient qu'il était déchu et anéanti,
parce que, depuis la vente, Joinville avait fait un moulin
à Chevillon, et y faisait aller ses hommes, qui devaient
aller moudre au moulin qu'il leur avait vendu; et disaient
encore qu'à tort il leur avait ôté deux pièces de vigne,
séant au finage de Chevillon, que madame Amongars de
Chevillon leur avait aumônée; à la parfin, par le conseil
de Dieu et de bonnes gens, la paix est faite en telle
manière : Joinville leur octroie qu'ils mettent par toute
la forêt de Moutiers-sur-Saut, paisiblement et franchement, chaque an, à tous jours, en la paisson de la dite
forêt, cent porcs dès la saint Remi en avant, à leur
volonté, et tels comme il leur plaira, soit de leur élevage,
soit d'achat. Et pour échange et récompensation des dites
vignes et de la partie du moulin dessus dit, que l'abbé et
le couvent lui ont quittées, ainsi qu'un moulin qu'ils
tenaient en la ville de Chevillon, Joinville promit, pour
lui et pour ses héritiers, de payer ou faire payer au dit
abbé et couvent, ou à leur commandement, chaque année,
à tous jours, en ses terrages de Gourson et du finage, dix
setiers de blé, moitié froment, moitié avoine, à la mesure
de Joinville. Et de plus, il bailla et délivra au dit abbé et
couvent tout ce de bois qui était du finage de Moutiers-
sur-Saut, joignant au propre bois de leur église de Gon-
semars, sans rien retenir, et sans tous usages ou ser-

vages avoir en dit bois, sauf la vaine pâture à ses hommes, et le garde à lui et à ses héritiers ».

Les revenus et redevances ordinaires dont nous avons parlé jusqu'ici étaient pour le budget de Joinville ce que les contributions directes sont pour nos budgets d'État. Pour avoir l'actif de sa fortune, il faut y ajouter *l'aide féodale* (impôt extraordinaire prélevé sur ses vassaux quand il armait son fils aîné chevalier, mariait ses filles et partait pour la croisade, ou avait une rançon à payer) et les droits qu'il percevait sur l'étalage et la circulation des marchandises : péages, droits de marché correspondant à nos contributions indirectes.

En 1274, Joinville déclare que bien qu'il ait fait *gagier* ses bourgeois pour la chevalerie de son fils, ce *gaigement* ne doit pas être considéré comme une coutume; il leur accorde en compensation quelques menues libertés[1].

En 1302, il déclare « que pour le mariage de sa fille Alix, dame d'Arcis, pour le cinquantième que le roi lui avait donné à lever sur les bourgeois de Joinville, et pour l'expédition de Flandre, les dits bourgeois lui ont donné deux cents livres petits tournois »[2].

A cette époque, le commerce et l'industrie ne contribuaient pas autant que de nos jours à grossir les budgets des gouvernements. Pour les denrées et les choses nécessaires à la vie, chaque pays se suffisait à peu près à lui-même. Le paysan produisait et consommait sur place presque tout ce dont il avait besoin. Les objets d'un usage ordinaire se fabriquaient au village, les autres dans les bourgs et villes voisines.

---

[1] Delaborde, *Catalogue des actes*, p. 395.
[2] *Id., ibid.*

Ces objets et les denrées de toute sorte se vendaient
dans des foires et marchés sur lesquels les seigneurs percevaient certains droits.

Dans un temps où les besoins factices de notre luxe
moderne étaient encore inconnus, chacun se contentait
ainsi, ordinairement, des produits de la terre et de la
petite industrie locale. Les seigneurs eux-mêmes n'avaient
guère pour fournir leur table que les denrées de leur
domaine et le gibier de leurs forêts; et n'étaient tribu-
taires de l'étranger que pour ce qui servait à alimenter
un luxe naissant : objets de toilette, ameublements, etc.

Mais si la récolte venait à manquer dans une province,
les voisines venaient à son secours. Dans les ordonnances
de 1254 et 1256, saint Louis « ordonne aux baillis de ne
plus interdire le transport du blé, du vin et des autres
marchandises hors de leur territoire que s'il y a urgente
nécessité, et de ne prononcer et ne lever cette inter-
diction que sur le conseil de prud'hommes ».

En temps de disette, la liberté du commerce et de la
circulation était assez garantie pour assurer la subsistance des paysans, lorsque les approvisionnements et les
réserves que les dîmes et les *champarts* entassaient dans
les granges et les celliers des châteaux et des abbayes
étaient épuisés.

Chargés de l'entretien et de la sécurité des routes, les
seigneurs percevaient en compensation des droits de passage et de péage sur les marchandises.

Un auteur du temps nous représente le marchand qui
« va par les cités, les castels, les bors et par les foires du
pays, et achète les marchandises de diverses manières,
les trousse en divers fardels; en l'un le vair et en l'autre

le gris, en l'autre les conins (fourrures), en l'autre le lange (drap), en l'autre les fustaniers (objets en bois) de divers semblans. Mais quand il a troussé et lié ses fardels, et les a amenés de diverses terres par longues voies; comme il vient vers sa cité, ô merveilleuse joie! parce qu'il espère moult gagner, il lui advient quelquefois tout autrement qu'il ne cuidait; car il est guêté par les robeors en un destroit ou en un bois, et est dérobé de toutes ses richesses ».

Les seigneurs devaient veiller pour rendre ces mésaventures aussi rares que possible, et étaient même souvent condamnés à réparer les dommages subis par les marchands sur leurs terres. « Anciennement, dit Beaumanoir (coutume de Beauvoisis), fut fait un établissement comment on maintenoit la largesse des voies et des chemins, tellement que le peuple pût aller de ville à autre, de castel à autre, et que marchandise pût aller partout, et courir sauvement par le pays en la garde des seigneurs. Et pour garder et garantir les marchands, furent établis li travers (droit de transit). Et moult doivent mettre grand peine les seigneurs qu'ils pussent aller sauvement, car moult aurait le peuple de soufreté si marchandises n'allaient par terre. »

Le réseau de belles et larges voies dont les Romains avaient couvert la Gaule existait encore en grande partie au XIII.º siècle. La guerre de Cent ans ne tarda pas à les faire disparaître.

Pour le transport des marchandises à l'intérieur, nos pères ne négligeaient pas les rivières, *ces chemins qui marchent,* dont la Providence a si richement doté la France. Des flottes marchandes abordaient aux ports de

la Méditerranée, apportant les produits de l'Orient. De là
ces marchandises étaient expédiées aux villes commer-
çantes. Par le cours du Rhône et de la Saône elles arri-
vaient aux fameuses foires de Champagne.

Les marchands de cette époque étaient obligés de *courir
après la fortune,* au péril de leur vie, au lieu de *l'attendre
dans leur lit,* comme la plupart de nos négociants, qui
traitent les affaires par écrit et par intermédiaires. « Les
pèlerins de la richesse, dit Michelet, passent leurs belles
années sur les routes périlleuses, dans les comptoirs loin-
tains, à Tyr, à Londres, à Novogorod. Seuls et céliba-
taires, enfermés dans des quartiers fortifiés, ils couchent
en armes sur leurs comptoirs, parmi leurs dogues
énormes... Ce n'était pas chose facile de commercer alors.
Le marchand qui avait navigué heureusement d'Alexandrie à Venise sans mauvaise rencontre n'avait rien fait.
Il lui fallait, pour vendre à bon profit, s'enfoncer dans le
Nord. Il fallait que la marchandise s'acheminât par le
Tyrol, par les rives agrestes du Danube, vers Augsbourg
ou Vienne, qu'elle descendît sans encombre entre les
forêts sombres et les sombres châteaux du Rhin, qu'elle
parvînt à Cologne, la ville sainte. C'était là que le marchand rendait grâces à Dieu. Là se rencontraient le Nord
et le Midi. Les gens de la *Hanse* y traitaient avec les
Vénitiens. Ou bien encore il appuyait à gauche, il péné-
trait en France, sur la foi du bon comte de Champagne;
il déballait aux vieilles foires de Troyes, de Lagny, de
Provins[1]. »

A côté de ces marchandises apportées de l'Orient, des

---

[1] *Histoire de France,* t. III, p. 172.

marchands venus de nos différentes provinces *déballaient*
les produits de notre agriculture et de notre industrie
nationale. Joinville pouvait facilement s'y approvisionner
de tout ce qu'il ne trouvait pas sur ses terres : draps et
tissus précieux, fourrures, épices, etc.

Il devait y être attiré aussi par la curiosité. Ces grandes
foires, qui se succédaient sans interruption, chacune durant quarante-huit jours, étaient comme les *expositions
universelles* de l'époque. On y voyait circuler les turbans
et les caftans des marchands du Caire, d'Alep, de Bagdad,
les pelisses des marchands de Novogorod, de Samarcande,
autour de milliers de tentes qui abritaient les marchandises les plus variées. Des sergents à pied et à cheval
maintenaient l'ordre dans cette foule bigarrée. De nombreux changeurs étaient assis à leur table, avec une paire
de balances et des sacs remplis de lingots ou de monnaies.

Des colporteurs, après s'être approvisionnés dans ces
foires ou dans d'autres de moindre importance qui se
tenaient dans un grand nombre de villes et de localités,
s'en allaient de village en village, de château en château,
débiter leur menue mercerie. Au foyer du baron comme
à celui du paysan, le colporteur, comme le pèlerin, était
toujours le bienvenu. Il avait couru le monde, savait des
nouvelles, des recettes merveilleuses, de pieuses légendes,
de joyeuses chansons. Il se chargeait de commissions
pour les amis et les parents résidant en pays lointain.
C'était à la fois le journal et la poste de cette époque[1].

Dès cette même époque le commerce était déjà favorisé par divers instruments de crédit : lettres de change,

___

[1] H. Pigeonneau, *Hist. du commerce de la France*, t. I.

banques, sociétés commerciales. Les seigneurs, intéressés à la prospérité des foires de leur territoire, s'efforçaient d'attirer les étrangers par la protection et les avantages que des mesures de police et une sage législation leur assuraient. Si le moyen âge ne connaissait pas encore la fièvre de spéculation qui s'est emparée de nos sociétés contemporaines, le commerce y était assez développé pour suffire aux besoins des populations.

Nous venons de parcourir les principales sources de recettes sans pouvoir, faute de documents, en fixer le chiffre. Celles que le seigneur faisait sur son domaine particulier devaient être considérables, presque tout étant bénéfice dans cette exploitation dont beaucoup de frais, grâce aux travaux de corvée, n'étaient pas à sa charge.

Joinville devait retirer de ses bois, et du droit de *gruerie* sur ceux de ses vassaux, de beaux revenus. D'après A. Lefèvre[1], les douze mille arpents que les comtes de Champagne possédaient dans le bailliage de Chaumont leur rapportaient douze mille livres (plus d'un million de notre monnaie) par coupe.

En 1229, Thibaut IV vendit aux templiers la gruerie de leurs bois en Champagne pour dix mille livres[2].

La France avait alors beaucoup de forêts. Nos pères avaient la sagesse de les conserver, au grand profit de l'agriculture. Les propriétaires n'étaient pas les seuls à en bénéficier. Nous lisons dans la loi de Beaumont que le seigneur Guillaume de Champagne accorda aux habitants de cette commune le libre usage des eaux et des bois,

[1] *Les Finances de la Champagne aux* XIIIᵉ *et* XIVᵉ *siècles.* — Bibliothèque de l'École des chartes, 4ᵉ série, t. IV.

[2] D'Arbois de Jubainville, *Hist. des comtes de Champagne*, t. IV, p. 849.

en se conformant seulement à de sages règlements qui avaient pour but la conservation des forêts. « On doit se garder de la destruction des bois, par espécial en mars, avril et may ; car le dommage pourrait venir contre le bien public... L'on ne pourra couper arbres portant fruit, comme chesnes, faulx, pommiers, etc., si ce n'est par la délivrance des jurés. »

Dans ces bois, si bien conservés et mis à la disposition de tous, le pauvre trouvait, outre le chauffage et l'éclairage, l'huile à manger (fruit du hêtre), de quoi construire et meubler sa maison. Il pouvait chasser partout, excepté dans les bois et les garennes du seigneur[1].

Il fallait aux seigneurs de cette époque de grands revenus pour faire face aux dépenses et aux charges qui grevaient leur budget. Si ce budget était allégé d'une partie des frais de nos administrations modernes (instruction publique, assistance, guerre, pour laquelle les vassaux fournissaient des hommes armés, équipés, nourris à leurs frais pendant quarante jours) ; si, au lieu d'avoir une armée de fonctionnaires comme nos gouvernements, ces seigneurs se contentaient d'un petit nombre, ils avaient cependant à leur charge le personnel de la police et de la justice, et le personnel considérable qui composait leur *maisnée :* membres de la famille, intendant, maître d'hôtel, sommelier, panetier, cuisiniers, valets de chambre, veneurs, gardes des châteaux, gardes des forêts, messagers, sans compter le personnel de l'exploitation agricole, les ouvriers de professions diverses, etc.

Nous n'avons pas les comptes des dépenses du château

---

[1] Defourny, *la Loy de Beaumont.*

de Joinville; mais les comptes de l'hôtel de la comtesse Mahaut (1302-1329), sa contemporaine pendant la dernière partie de sa vie, pourront nous aider à nous en faire une idée[1].

Pour les choses nécessaires à la vie, les châtelains avaient peu à dépenser; elles étaient à bon marché, et d'ailleurs produites presque toutes par leurs domaines. Mais si le nécessaire était à bon marché, le luxe était cher, et la place qu'il occupait dans la vie des seigneurs devait occasionner de grandes dépenses.

Pour la cuisine et la table, on faisait une grande consommation d'épices, qui étaient alors d'un prix élevé. Dans les comptes de la comtesse d'Artois, nous trouvons la somme de cent quatre-vingt livres (une quinzaine de mille francs), pour prix d'épices achetées en 1299 à la foire de Lagny.

Dans un compte de 1318 nous trouvons le poivre à quatre sous (quatre francs, équivalant à une quinzaine de francs) la livre, la cannelle à trois sous, le gingembre à cinq sous.

Dans d'autres comptes, on trouve le sucre tantôt à huit sous, tantôt à cinq sous la livre; la noix muscade à douze sous, les clous de girofle à seize sous, le safran à vingt-quatre sous.

La comtesse d'Artois dépensait beaucoup pour les vins. En 1302 nous trouvons onze cents livres (une centaine de mille francs) pour l'achat de sept tonneaux et vingt et une pipes de vin d'Anjou, et cinquante-deux tonneaux de vin de Gascogne.

---

[1] *Mahaut, comtesse d'Artois*, par J.-M. Richard.

En pays de vignobles, Joinville avait moins à dépenser.
Mais s'il voulait faire figurer sur sa table les crus de
Bourgogne à côté de ses crus de Champagne, il lui en
coûtait cher. La comtesse d'Artois, en 1317, paye cinquante et une livres (cinq mille francs) quatre tonneaux
de vin blanc de Bourgogne.

Pour les étoffes et les vêtements, la mercerie, la brode-
rie, tout ce qui servait au luxe des dames, les dépenses
étaient considérables De grandes quantités de draps et
d'étoffes de toute sorte étaient achetées chaque année
pour les besoins de la famille et pour la *livrée* qu'on distribuait aux grandes fêtes à tous ceux qui étaient attachés
au service du châtelain et de la châtelaine. Ces draps et
ces étoffes étaient en général payés fort cher : une centaine de francs l'aune, quelquefois davantage pour les
draps de luxe. A l'occasion des fêtes de la Pentecôte, la
comtesse d'Artois paye à son tailleur, pour une robe de
drap camélia blanc de Bruxelles, plus de deux mille
francs. Pour trois cendaux (espèce de taffetas) noirs pour
fourrer ladite robe, cinq ou six cents francs. Pour un
chaperon de velours violet, plus de cent francs.

Les gants de peau sont d'un prix élevé. Une paire de
gants de cerf pour Robert d'Artois sont payés une quarantaine de francs. Des estivaux (bottes) de cordouan, pour le
même, une trentaine de francs.

Certaines fourrures (hermine, gris, menu vair, etc.)
étaient fort chères. Un pelisson de petit gris pour la comtesse coûte sept à huit cents francs. D'autres sont à bon
marché. Un surcot de bourgeois fourré d'écureuil ne
coûte qu'une centaine de francs.

Les ceintures, bourses, chapeaux, qu'on distribuait en

présents, étaient fournis par les merciers et les brodeurs. Jean Loste vend pour trente-six sous (plus de cent francs) « deux bourses de soie d'œuvre eslevée pour Madame », c'est-à-dire ornées de broderies en bosse. Un autre mercier reçoit vingt livres « pour un fermaillet d'or à perles, deux émeraudes assises en or, six ceintures d'argent et quatre bourses de soie ».

Si la toilette des dames était coûteuse, l'équipement de guerre des chevaliers ne l'était pas moins, comme nous le voyons par les dépenses du comte d'Artois pour son costume militaire, ses armures, le harnachement de ses chevaux de bataille.

Les chevaux de bataille, les grands destriers, étaient fort chers, jusqu'à vingt et trente mille francs. On dépensait aussi beaucoup en harnais. Les selles, véritables œuvres d'art, brodées, dorées, « houssées, garnies de cordouan vermeil, » coûtaient quelquefois un millier de francs.

Les voyages exigeaient alors beaucoup de chevaux. Les dames voyageaient en voiture, en litière ou sur les palefrois. Dans les comptes d'Artois nous trouvons un « palefroi tout morel (noir) », acheté quatre ou cinq mille francs ; deux sambues (selles de dame), trois ou quatre cents francs chacune. Pour le *fust* (bois) et la façon d'une litière, un millier de francs. Pour le fust et la façon d'un char, une douzaine de mille francs. Pour un *roncin* morel, douze cents francs.

La vénerie et la fauconnerie entraînaient aussi beaucoup de dépenses. Un fauconnier a quatre sous par jour pour ses gages et deux deniers par jour par oiseau. Les faucons coûtent des centaines, quelquefois un millier de francs. Le veneur reçoit pour ses gages trois sous quatre deniers (une douzaine de francs d'aujourd'hui) par jour « lorsqu'il est hors de la cour pour chasser ».

On ne saurait sans doute égaler le luxe de Joinville à celui de la petite-nièce de saint Louis. Mais, en tenant compte de la différence de la fortune et de la situation, les dépenses de l'hôtel de la comtesse d'Artois peuvent nous servir à nous faire une idée de celles du sénéchal de Champagne.

Aux dépenses ordinaires dont nous venons de parler, il faut ajouter celles des fiefs (rentes, tantôt héréditaires, tantôt viagères, payées par les seigneurs à certains personnages) et des aumônes (rentes payées à des églises). D'après M. d'Arbois de Jubainville[1], ces dépenses s'élevaient pour le comte de Champagne, en une seule année, à près d'un million de notre monnaie.

Signalons enfin la brèche faite à la fortune des seigneurs à l'occasion du mariage de leurs enfants.

La sagesse des lois et coutumes de cette époque avait trouvé le moyen d'assurer la prospérité et la continuité des familles sans sacrifier l'intérêt des individus.

« Baronie ne départ (se divise) mie entre frères, mais l'aîné doit faire avenant bienfait aux puînés, » disent les Établissements de saint Louis[2]. « Gentis hom ne puet doner à ses enfanz puisnez que le tiers de son héritage; mais il peut bien doner les achaz (acquets) auquel qu'il voudra[3]. »

Le droit d'aînesse, partout en vigueur pour les biens

---

[1] *Histoire des comtes de Champagne*, t. IV, p. 845.
[2] Édit. Viollet, t. II, p. 36.
[3] *Id.*, p. 19.

nobles, n'avait pas partout la même extension. A cause des droits politiques qui y étaient attachés, les fiefs de dignité : duchés, comtés, baronnies, étaient indivisibles. Une ordonnance de Thibaut (1224), acceptée par ses grands vassaux, consacre l'indivisibilité des fiefs pour la Champagne.

La coutume la plus générale, celle qui formait en quelque sorte le droit commun, divisait les fiefs en deux parts, donnant la plus forte à l'aîné et l'autre aux puînés. Celle de Paris réservait à l'aîné le manoir principal, et les deux tiers des fiefs s'il n'avait qu'un frère, la moitié s'il en avait plusieurs[1].

Pour assurer la conservation de biens dans la famille, au droit d'aînesse on ajoutait le *retrait lignager,* droit par lequel la famille du vendeur peut reprendre la terre vendue des mains de l'acheteur, en lui en remboursant le prix d'achat.

C'est ainsi que, par la conservation de leur fortune, se maintenaient au milieu des populations du moyen âge ces grandes familles qui, fidèles aux bons instincts et aux anciennes traditions de leur race, pouvaient par leurs exemples exercer autour d'elles la meilleure influence.

La famille de Joinville resta riche et puissante, quoique le sénéchal eût un grand nombre d'enfants à pourvoir.

De sa première femme, Alix de Grandpré, il avait eu les deux fils dont il parle lors de son départ pour la croisade. D'Alix de Reynel, sa seconde femme, il eut quatre fils et deux filles, dont la dernière, Alix, fut mariée en 1300 à Jean d'Arcis et de Chacenay. Joinville lui

---

[1] E. Glasson, *le Droit de succession au moyen âge.*

constitua une dot de trois mille livres tournois (trois cent mille francs environ de notre monnaie) et trois cents livres de rente en terre, du consentement de ses fils, Jean, seigneur d'Ancerville, et Anseau, seigneur de Rimaucourt, et donne pour garants ses neveux, Gautier de Vaucouleurs et Gui de Sailly[1].

Anseau, qui succéda à son père dans la seigneurie de Joinville, fut plus riche que lui. Aux revenus de ses seigneuries de Joinville et de Reynel, et de la dot de sa seconde femme, Marguerite de Vaudemont (terre de Bleurville et quatre mille cent livres tournois), il sut ajouter diverses rentes.

En récompense de ses services, Philippe le Long lui donna six mille livres tournois (six cent mille francs d'aujourd'hui).

Une enquête adressée au roi en 1331 par la Chambre des comptes, et dont nous avons encore le texte[2], nous apprend qu'Anseau avait réclamé une foule de droits comme sénéchal de Champagne ; qu'il avait touché vingt sous tournois (équivalant à une centaine de francs) par jour de gages quand il était de sa personne à la cour, tandis que, avant le roi Philippe, les sires de Joinville ne prenaient comme sénéchaux que dix sous par jour ; que quant à l'article de la vaisselle d'argent, qu'il demandait à avoir aux fêtes annuelles, on ne trouve rien dans le passé, sinon qu'à la fête de la Toussaint 1319, à Rosnay en Champagne, Anseau avait pris possession de l'argenterie (six écuelles et deux plats en argent), que le roi fit

[1] Delaborde, *Catalogue des actes*, p. 391.
[2] Pulbié par Didot. *Études sur Joinville*, p. 201.

racheter soixante et une livres parisis. Mais comme la
Chambre ne trouvait pas que cette argenterie appartînt
audit seigneur, et que ni lui ni ses prédécesseurs en
eussent jamais rien pris, on lui en avait réclamé la
valeur.

Une ordonnance royale fixa exactement les droits du
sénéchal de Champagne. Anseau vendit au roi pour deux
mille deux cent quarante livres la rente de cent soixante-
quatre livres attachée à sa fonction, avec une autre rente
de soixante livres sur un fief de Vaudemont[1].

La descendance masculine de Joinville s'éteignit en 1365.
Le nom et la seigneurie passèrent dans la maison de Lorraine par le mariage de Marguerite, héritière du comté
de Vaudemont et de la seigneurie de Joinville avec Ferry
de Lorraine.

[1] Delaborde, p. 182.

VI

La vie de Joinville étant *enchâssée* dans celle de saint Louis, selon l'expression d'un vieil historien, son œuvre historique nous présente, réfléchie comme dans un miroir, avec une égale fidélité, la figure de l'historien et celle de son héros. Il s'y peint tout entier, nous révélant avec sa naïve candeur la beauté de son âme, les qualités de son esprit et de son cœur, son caractère et ses vertus, et aussi ses faiblesses.

L'homme nous est donc suffisamment connu par le tableau qu'il nous en a tracé lui-même. Aussi n'est-ce pas simplement le tableau des qualités et des vertus de Joinville que nous avons l'intention de reproduire ici : nous voudrions remonter aux sources, étudier quels en ont été les facteurs, quelle a été la part d'influence de la race, du milieu social, moral et religieux, montrer en Joinville un des plus aimables et des plus parfaits exemplaires du gentilhomme tel que ces siècles de chevalerie chrétienne savaient le façonner.

La province qui a donné le jour à Joinville est féconde en illustrations et en célébrités de tout genre, dont quelques-unes du premier ordre (Jeanne d'Arc, Turenne,

Racine, la Fontaine, Colbert, Gerson, Mignard, Girardon,
Mabillon, Diderot, etc.). Mais cette *naïve* et *maligne* Champagne a toujours et surtout donné à la France des esprits
fins et délicats, des conteurs spirituels, des poètes et des
écrivains habiles à manier l'ironie : Thibaut IV, Chrétien
de Troyes, Guyot de Provins, le Ménestrel de Reims, le
cardinal de Retz, les auteurs de la *Satire Ménippée,*
Racine, et surtout la Fontaine, qui personnifie si bien la
bonhomie maligne de ses compatriotes.

Joinville, dont saint Louis aimait le *sens subtil,* a sa
place dans cette lignée, à côté de la Fontaine, avec
quelque chose de plus jeune, de plus ingénu, de plus
enfantin. Aux qualités brillantes et gracieuses il unissait
ce ferme bon sens, ce jugement solide que représentent
si bien, parmi ses compatriotes illustres, Villehardouin,
Turenne et Colbert.

La haute stature et la forte constitution que nous avons
constatées en lui sont des qualités de race. La population de la Champagne est fortement mélangée d'éléments germaniques : Kymris-Belges, Francs, Bourguignons dans certaines parties. Le département de la Haute-
Marne, où se trouve Joinville, se rattache, pour la haute
taille des conscrits, aux départements bourguignons, chez
lesquels la moyenne est si élevée.

L'influence de l'élément germanique se fait aussi sentir
dans le tempérament et le caractère des Champenois.
Calmes, raisonnables, positifs, éloignés des extrêmes en
tout, s'ils sont railleurs, c'est sans fiel et sans méchan-
ceté, et ce qui domine en eux c'est la franchise, la dou-
ceur, la bonté, la bienveillance.

Cette aimable gaieté, cette raillerie innocente, nous la

trouvons dans Joinville, comme aussi ce côté positif, cet empire de la raison sur l'imagination et sur l'enthousiasme. L'esprit chevaleresque n'excluait nullement en lui l'esprit pratique. Pendant toute sa vie nous le voyons se conduire en homme très avisé, toujours prompt à défendre ses intérêts et ses droits. A la croisade, pendant son séjour en terre sainte, il nous raconte comment il réglait son train de maison, ménageant avec soin les ressources qu'il tenait de la libéralité du roi, s'approvisionnant à bon marché, etc. Sur le champ de bataille, en face du danger et de la mort, il se conduisit en héros chrétien. Mais quand le roi et les seigneurs partirent pour la seconde croisade de Tunis, il sut résister à tous les entraînements et aux vives sollicitations de son saint ami, parce qu'il croyait qu'il était alors de son devoir de rester dans ses foyers.

Saint Louis ne comptait pas moins sur son ferme bon sens et son jugement que sur son courage, et s'il aimait à lui confier les missions délicates et périlleuses, il n'aimait pas moins à prendre son conseil dans les graves circonstances. Joinville le lui donnait avec une noble indépendance, eût-il tous les autres conseillers contre lui, comme dans la délibération sur le séjour en Palestine, où il fut presque seul à lui conseiller de rester. Obéissant à la même inspiration chrétienne, leurs deux cœurs s'étaient entendus.

La sûreté de jugement, la force de caractère que Joinville fit admirer en lui étaient sans doute des dons naturels, des qualités de race, mais singulièrement perfectionnés et développés par les fonctions qu'il avait à remplir, par le rôle qu'il avait à jouer dans l'organisation politique

et sociale de son temps. La France n'était pas alors soumise au mécanisme administratif de notre centralisation
moderne. Le *self-government* y était partout pratiqué, et
mettait sur la tête des seigneurs, avec une part considérable de l'autorité, une grande responsabilité.

La seigneurie était une petite patrie dans la grande,

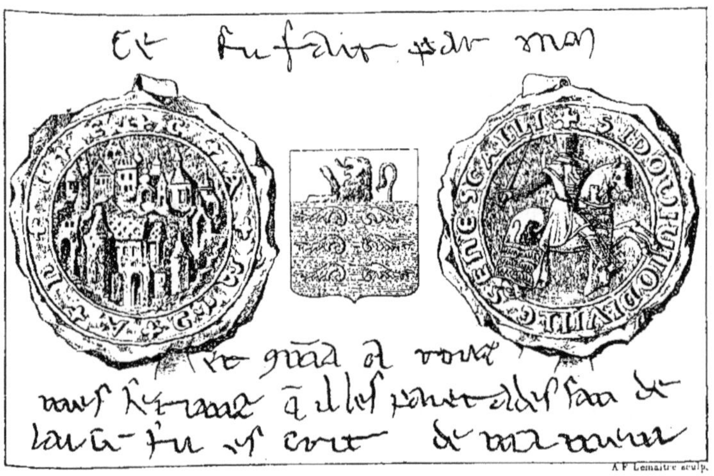

A F Lemaitre sculp.

Sceau, blason et écriture de Jean, sire de Joinville.
(Tiré des *Études sur la vie et les travaux de Joinville*. Paris, Firmin Didot.)

habituée depuis longtemps à vivre sous le gouvernement
d'une famille puissante, née en quelque sorte de la terre,
et qui l'avait créée au milieu du chaos féodal en y faisant
régner l'ordre et la prospérité. En communication intime
avec ses sujets, vivant de la même vie, dévouée à leurs
intérêts qui étaient en même temps les siens, elle était
parfaitement au courant de leurs usages et de leurs
besoins, et savait les secourir par des lois et des règlements administratifs bien appropriés. Providence de la
contrée où elles faisaient toujours leur résidence, dépen-

sant à son profit les impôts qu'elles prélevaient, compatissant aux maux dont elles étaient témoins, les grandes familles féodales jouissaient de l'estime, du respect et de l'affection de tous. On était fier de son seigneur, on le saluait avec sympathie, on l'acclamait quand il passait en brillante cavalcade dans les rues de son village.

C'était la règle générale, et au temps de saint Louis on aurait rarement trouvé des seigneurs de l'espèce de ceux dont parle la Bruyère, « qui distribuaient en détail dans la province l'air de hauteur, de fierté et de commandement qu'on livrait en gros aux premiers de la cour, » ou de ceux dont parlait Mirabeau à la veille de la Révolution : « On sait à quel point était l'habitude et pour ainsi dire la manie des présents continuels que les habitants faisaient à leur seigneur. J'ai vu de mon temps cette habitude cesser et à bon droit. Les seigneurs ne leur sont plus bons à rien, il est tout simple qu'ils en soient oubliés comme ils les oublient. Personne ne connaissant plus le seigneur dans ses terres, tout le monde le pille, et c'est bien fait. »

Si le pillage était de trop, l'oubli était bien mérité.

Bien différents devaient être les sentiments des sujets de Joinville. A la cour et à l'école de saint Louis il n'avait appris ni les airs de hauteur et de fierté, ni l'oubli et l'indifférence pour ses inférieurs. Le souvenir des leçons et des exemples du modèle des rois ne contribua pas peu à faire de lui un des meilleurs seigneurs de son temps.

Dans sa propre famille il trouvait aussi des souvenirs et des traditions qui devaient naturellement lui assurer les qualités et lui inspirer les vertus d'un bon gouverneur.

« Le fils au chat doit bien prendre souris, » disait un proverbe du moyen âge. Les états et les professions étaient généralement héréditaires, et la transmission naturelle des aptitudes développées par l'éducation multipliait partout, dans les métiers comme dans l'administration, les hommes capables.

Si, d'une manière générale, la coutume favorisait la stabilité et la prospérité de la famille, source de la vie et de la prospérité de la nation, c'était surtout vrai des familles féodales. Tout se réunissait pour y conserver et développer les qualités physiques et morales, les instincts de race, les vertus aussi.

Pour mieux assurer la transmission des trésor héréditaires de ces familles, on avait soin d'empêcher qu'une indigne alliance

Ne fît en *leurs* enfants dégénérer leur sang.

On ne connaissait pas encore ces tristes mésalliances que la cupidité, le désir de reconstituer une fortune compromise, ont rendues plus tard si fréquentes.

Noblesse oblige. Chacun restait alors fixé au sol natal. La vie se passait au foyer paternel, près du tombeau des aïeux, au milieu de populations prêtes à mêler leurs voix accusatrices à celles des ancêtres, contre ceux qui auraient déshonoré leur nom. On était moins exposé à forligner, quand on n'avait pas, comme dans notre siècle nomade, la facile ressource d'aller cacher sa honte et son déshonneur loin du pays qui en a été témoin.

C'est ainsi que, restant étroitement uni au centre héréditaire de la famille, où les générations successives avaient amassé un riche capital de vertu, d'honneur, de qualités intellectuelles et morales, chacun des membres pouvait puiser à ce trésor. C'était la meilleure école pour préparer les jeunes seigneurs aux fonctions du gouvernement.

Ces fonctions elles-mêmes étaient propres à développer et à fortifier les bonnes qualités qu'ils tenaient de l'hérédité et de l'éducation. Isolés dans leur domaine, chargés de faire obéir, de maintenir dans l'ordre, de protéger et de défendre de nombreux sujets et vassaux, ayant peu à compter sur les pouvoirs publics et beaucoup sur eux-mêmes, de si graves devoirs, de si hautes responsabilités ne pouvaient que tendre tous les ressorts de leur âme, mettre en jeu toutes ses puissances, donner à leur intelligence toute son activité, à leur volonté toute son énergie, et faire naître en eux un grand sentiment de dignité personnelle.

Mais cette indépendance, cette puissance si peu limitée par les institutions féodales, auraient donné occasion aux plus grands abus si les seigneurs n'avaient été retenus par le frein de la religion. Les sentiments de charité et de justice qu'elle leur inspirait valaient mieux que toutes les garanties que l'on demande aux constitutions politiques. Ce frein était efficace dans un temps où la foi était si vive et la religion si généralement pratiquée, et les quelques exceptions qui pouvaient se produire sur tel ou tel point du territoire n'empêchaient pas l'ensemble de la population de jouir d'un bon gouvernement.

Joinville avait le bonheur de vivre dans un temps où le tempérament religieux et moral des fidèles n'avait pas encore subi les atteintes de la triste anémie qui ravage les âmes aux époques de décadence.

Si la santé et la vigueur des corps a sa source dans le milieu physique, la salubrité du climat et de la nourriture, la pureté de l'air qu'ils respirent, la santé des âmes

ne dépend pas moins du milieu moral où elles vivent, de
l'atmosphère qu'elles respirent, de la manière dont s'alimente leur vie intellectuelle et morale.

Au temps de saint Louis l'atmosphère morale était saine et vivifiante pour les âmes. L'Église, qui jouissait alors de tous ses droits et de toutes ses libertés, et dont l'action avait toute son efficacité, réussissait, avec l'appui et le concours des pouvoirs civils, à écarter les éléments malsains et les principes morbides et délétères.

Et d'abord tout ce qui aurait pu porter atteinte à l'intégrité de la foi de ses enfants. Pour eux, toutes les sources de la vérité étaient ouvertes, celles de l'erreur fermées.

Tombe de Joinville, découverte en 1629.

(Tiré des *Études sur la vie et les travaux de Joinville.* Paris
Firmin Didot.)

Point de place pour les *chaires de pestilence,* dans un
temps où, selon l'expression du pape Clément IV, l'évêque

est le *suprême chef de l'étude,* où personne ne peut enseigner sans la licence du chancelier ou de l'écolâtre, où tout enseignement, l'enseignement philosophique et scientifique comme l'enseignement religieux, se donne sous la surveillance et le contrôle de l'Église.

L'État ne se donnait pas alors la « mission de former les jeunes générations suivant un certain type intellectuel et moral ». Les rois très chrétiens savaient que c'est à l'Église que Dieu a confié la mission de donner aux hommes leur *type moral* en les formant à la vertu, et leur *type intellectuel* en mettant les vérités révélées à la base de l'édifice des connaissances humaines.

C'est ainsi qu'en exerçant son autorité souveraine sur l'éducation de ses enfants, l'Église veillait sur la vie surnaturelle qu'elle leur avait donnée au baptême, pour la conserver, la développer, la protéger contre toute mauvaise influence et contre tout danger, dans la famille comme dans l'école, dans la vie publique comme dans la vie privée. Et comme la foi est la racine et le fondement de cette vie surnaturelle, rien n'était négligé pour la conservation d'un trésor si précieux. Les fidèles étaient mis à l'abri de tout contact avec l'erreur et l'hérésie par la surveillance et le contrôle exercés non seulement sur l'enseignement oral, mais encore sur les livres et les écrits. Les libraires ne pouvaient vendre ou louer que les livres préalablement examinés par l'autorité ecclésiastique[1]. Pour son libelle contre les ordres mendiants, condamné par le pape, Guillaume de Saint-Amour se vit interdire l'enseignement, la prédication, et même le séjour en France.

[1] V. Leclerc, *Histoire littéraire de la France,* t. XXIV.

Saint Louis n'entendait pas que ses sujets pussent impunément tout dire et tout écrire. L'ordonnance de 1269 porte que « il sera crié par les villes, par les foires et par les marchés, chaque mois une fois au moins, que nul ne soit si hardi qu'il jure par aucun des membres de Dieu, de Notre-Dame ni des saints, ni ne dise vilaine parole qui tourne à despit (mépris) de Dieu, ni des saints, et si il le fait, on en prendra vengeance[1] ».

Les peines indiquées sont l'*échelle,* sorte de pilori, la prison et les verges.

En fait de scandale, les particuliers n'étaient pas plus tolérants que le roi. Un chevalier fut traduit devant son tribunal pour avoir, d'un coup de poing, brisé la mâchoire d'un bourgeois qu'il avait rencontré blasphémant sur un pont de Paris. « Seigneur, dit-il au roi, vous êtes mon roi terrestre : si j'entendais quelqu'un vous dénigrer ou vous dire des sottises, je ne pourrais me contenir, et je vengerais votre injure. Eh bien! celui que j'ai frappé outrageait mon roi céleste. Comment serais-je resté impassible? » Et le roi, qui n'aimait pas les blasphémateurs, le laissa aller en liberté.

D'autres scandales, plus dangereux peut-être pour la foi que celui du blasphème, étaient épargnés aux fidèles de ce temps : c'est l'exemple de l'indifférence ou du mépris de la religion donné par ceux qui gouvernent ou par ceux qui, dans les académies et les corps savants, forment l'élite intellectuelle de la nation. A tous les degrés de la hiérarchie administrative, depuis les grands dignitaires de la cour jusqu'aux plus modestes fonctionnaires,

____

[1] Isambert, *Recueil des ordonnances.*

on ne trouvait que des chrétiens pratiquant fidèlement
leur religion et donnant aux représentants de Jésus-Christ
les plus grandes marques de respect. Les évêques faisaient
leur entrée dans les villes portés dans une chaise recou-
verte d'étoffes précieuses. Les porteurs étaient les quatre
plus grands seigneurs du diocèse ou les quatre plus
nobles bourgeois s'il était seigneur de la ville [1]. Aux
assemblées d'État et à la table des grands il avait la pré-
séance sur tous les seigneurs, siégeant et signant immé-
diatement après les princes de la famille royale [2].

Quant aux représentants de la science, voici comment
Jean de Jeandun parle de ceux qui donnaient le haut
enseignement à la Sorbonne : « Dans la pacifique rue de
Sorbonne, vous pourrez admirer de vénérables pères et
seigneurs que j'oserais nommer de célestes et divins
satrapes, qui, heureusement élevés au comble de la perfection humaine, joignent la grandeur morale à l'intelligence... Tous ces professeurs, qui enseignent avec génie la
vérité, n'ont qu'un but définitif, c'est de faire connaître,
aimer la Trinité sainte, etc. »

Choisis sous le contrôle de l'Église, les autres professeurs de l'Université *joignaient aussi la grandeur morale
à l'intelligence.*

Mise ainsi à l'abri de tout ce qui aurait pu l'affaiblir et
l'ébranler, la foi se conservait vive et entière au cœur des
fidèles. Le *Credo* enseigné par l'Église était à peu près
sans exception celui de tous les Français, depuis saint
Louis jusqu'au dernier paysan de ses terres, depuis saint
Thomas d'Aquin jusqu'à Rutebeuf, le poète *bohème,* un

---

[1] Viollet-le-Duc, *Dictionnaire d'architecture,* t. V, p. 154.
[2] Hurtès, *Mœurs du moyen âge,* t. I, p. 319.

des plus médiocres chrétiens de ce temps, très hardi
contre les *moines blancs* et *noirs,* mais gardant toujours
le respect pour les vérités de la foi, pour

> Sainte Eglise la noble, qui est fille de roi,
> Espose (épouse) de Jésus-Christ, escole de la loi.

« On croyait alors à son roi, on croyait surtout à son
Dieu; on y croyait non pas en général, et de cette manière
un peu vague et abstraite, dans ce lointain où la science
moderne le fait de plus en plus reculer, mais dans une
pratique continuelle et comme si Dieu était présent dans
les moindres occurrences de la vie. Le ciel au-dessus était
ouvert, peuplé en chaque point de figures vivantes, de
patrons attentifs et manifestes, d'une invocation directe
et faciles à intéresser. Le plus intrépide guerrier marchait
dans ce mélange habituel de crainte et de confiance
comme un tout petit enfant. A cette vue, les esprits les
plus émancipés d'aujourd'hui ne sauraient s'empêcher de
dire en tempérant leur sourire par le respect : *Sancta
simplicitas!* L'esprit naturel avait ses échappées d'enjouement, ses subtilités et ses hardiesses toujours renais-
santes; mais tout cela ne jouait encore que dans le cercle
tracé et venait s'arrêter à temps devant tout objet vénéré
et redoutable [1]. »

Ce n'est pas avec un *sourire tempéré par le respect,*
mais avec des larmes de regret que les *émancipés d'aujourd'hui* devraient considérer cette *sainte simplicité* de
la foi de nos pères. Notre-Seigneur n'a promis l'entrée du
royaume des cieux qu'à ceux qui se rendraient semblables
aux enfants par leur docilité et la simplicité de leur foi.

---

[1] Sainte-Beuve, *Causeries du lundi,* t. VIII, p. 532.

En caractérisant si bien la foi des chrétiens du XIII° siècle, ne semble-t-il pas que Sainte-Beuve ne faisait que nous dépeindre celle de Joinville telle qu'elle éclate dans toute sa vie ? Lui aussi il marchait devant Dieu, qu'il voyait présent partout, avec un *mélange de crainte et de confiance, comme un tout petit enfant,* comptant sur sa providence *qui ne lui faillit jamais,* toujours prêt à croire à son intervention miraculeuse quand il en avait des marques manifestes sous les yeux.

De la simplicité et de la pureté de sa foi il nous a laissé en outre un beau monument dans son commentaire du *Credo,* où il a « peint et écrit les articles de notre foi par lettres et par images, comme on peut peindre selon l'humanité de Jésus-Christ et selon la nôtre. Car la Divinité et la Trinité et le Saint-Esprit, nul ne les peut peindre, car c'est si grand'chose qu'œil ne les peut voir, ni oreille ouïr, ni langue raconter, pour les péchés et ordures dont nous sommes pleins et chargés en cette mortelle vie, qui nous privent de voir la clarté souveraine. »

Joinville nous apprend lui-même qu'il fit faire d'abord ce *Credo* en Acre, après que les frères du roi en furent partis, et avant que le roi allât fortifier Césarée. En 1287, il en fit faire une autre édition, celle dont on trouvera le texte entier en appendice, à la fin du volume.

En ajoutant des *images* à son commentaire si exact et si pieux du *Credo* des Apôtres, Joinville obéissait autant à un penchant naturel qu'à l'usage de son temps qui aimait à orner de miniature l'histoire sainte, la Bible, la vie des saints ; son éducation à la brillante cour des comtes de Champagne avait favorisé en lui le développement du sentiment de l'art. Les formes et les couleurs faisaient sur lui une vive impression, et il conservait dans sa mémoire une image fidèle des objets qu'il avait vus, comme l'attestent ses *Mémoires*.

Avant son départ pour la croisade il avait fait peindre sur les vitraux de l'église de Blécourt l'histoire de la sainte Vierge. Nous avons vu qu'après son retour il fit représenter, en sa chapelle de Joinville et sur les verrières de la même église de Blécourt, le miracle de Notre-Dame de Vauvert, dont il avait été témoin pendant la traversée.

Dans l'intention de Joinville, les miniatures du *Credo* ne sont pas un simple ornement destiné à plaire aux yeux, mais un complément de l'œuvre, un commentaire figuratif du texte qui a pour but, en frappant les yeux du lecteur, de faire entrer la vérité dans son cœur.

Parmi ces miniatures, il en est une qui a de plus un caractère historique et archéologique : c'est celle où, à propos du dogme de la Résurrection, Joinville, rappelant la scène où les croisés prisonniers étaient sur le point d'être massacrés, nous représente, à côté des guerriers sarrasins qui ont les épées tirées, « un vieux petit homme infidèle, appuyé sur sa crosse, avec sa barbe et ses cheveux chenus, qui dit aux prisonniers qu'ils ne doivent pas se plaindre s'ils sont pris, battus et blessés pour le Dieu qui a été battu et blessé pour eux, et qui, ayant eu le pouvoir de se ressusciter, aura celui de les délivrer quand il lui plaira. »

Parmi les croisés représentés nu-tête, on en voit un couvert d'un capuchon. On a voulu y voir Joinville lui-même, qui nous dit qu'étant prisonnier on lui permit de se revêtir d'une couverture que lui avait donnée madame sa mère, et d'un *chaperon* que quelqu'un alla lui chercher. Mais d'autres chevaliers pouvant être coiffés de la même manière, cette identification laisse des doutes.

Ce qui n'est pas douteux, c'est que ce passage du *Credo* nous fournit une des principales preuves de son authenticité. Le récit que nous y lisons reproduit exactement, à très peu de choses près, le récit du même fait dans les *Mémoires* de Joinville.

Au commencement du commentaire du *Credo* nous trouvons une fort bonne définition de la foi, « vertu qui fait croire fermement ce que l'homme ne voit ni sait, excepté par ouï-dire, ainsi que nous croyons nos pères et nos mères de ce qu'ils disent que nous sommes leurs fils, et pourtant nous n'en avons pas d'autre certitude. Donc nous devons croire plus fermement que nulle autre chose terrestre les points et les articles lesquels nous sont témoignés et enseignés de la bouche du Tout-Puissant par tous les saints du vieux Testament et du nouveau. »

Joinville ne fait ici que reproduire les enseignements de saint Louis, qui « s'efforça de tout son pouvoir, par ses paroles, de le faire croire fermement en la loi chrétienne que Dieu nous a donnée. Il me demanda, dit-il, comment mon père avait nom. Et je lui dis qu'il avait nom Simon. Et il me demanda comment je le savais. Et je lui dis que j'en pensais être certain et le croyais fermement, parce que ma mère m'en était témoin. Alors il me dit : « Donc vous devez croire fermement tous les articles « de la foi dont les apôtres témoignent, ainsi que vous « l'entendez chanter le dimanche au *Credo*[1]. »

A l'école de saint Louis Joinville devint non seulement

---

[1] *Histoire de saint Louis.*

un ferme croyant, mais encore un apôtre de la foi. Ayant
entendu dire à Henri le Tyois, qui fut très grand clerc,
que nul ne pouvait être sauvé s'il ne savait son *Credo,*
« pour exciter les gens à croire ce dont ils ne se pouvaient dispenser, il fit premièrement faire cette œuvre (le
commentaire illustré du *Credo*) en Acre, après que les
frères du roi en furent partis. »

Ainsi commentés et illustrés par Joinville, les articles
du *Credo* devenaient une prédication éloquente pour les
fidèles pendant leur vie et surtout au moment de la mort.

C'est surtout en ce moment, « alors que le félon s'efforcera pour mettre les fidèles en quelque tentation contre
la foi ou d'autre manière, que sera bien convenable le
livre français, avec les images des points de notre foi,
afin que l'ennemi n'apparaisse par aucune mauvaise
vision ; et faisons aussi lire devant le malade le livre
français, qui explique et enseigne les points de notre foi,
en sorte que par les yeux et les oreilles l'on rende le
cœur du malade si plein de la vraie connaissance, que
l'ennemi ni là ni ailleurs ne puisse rien mettre dans le
malade du sien. »

La première miniature représente Dieu, le Père tout-
puissant, assis sur son trône, tenant le globe du monde
dans sa main, et précipitant les anges dans l'enfer. « De
si beaux et si glorieux qu'ils étaient, il les fit si laids et
si hideux. »

Dans les articles suivants, après nous avoir parlé de la
naissance de Jésus-Christ et des « affronts et vilenies qu'il
souffrit débonnairement pour nous pendant sa passion »,
il nous le montre ressuscitant le troisième jour de la mort
à la vie, et il ajoute : « En sa résurrection le prud'homme

doit prendre exemple. Car dans le troisième jour que l'on tombe en péché, on s'en doit ressusciter en se confessant au plus tôt que l'on peut; car bien fou est qui en péché s'endort. Et pour cela les saints disent que ce n'est pas merveille quand le prud'homme tombe, mais que c'est merveille quand aussitôt il ne se relève pas, à cause de l'ordure là où il gît. »

Il nous représente ensuite Jésus-Christ monté au ciel et assis à la droite du Père tout-puissant « jusqu'à ce que Dieu mette ses ennemis sous ses pieds ». « Or nous voyons que si nous connaissions bien comment nous sommes sous les pieds de Jésus-Christ, et le grand pouvoir qu'il a sur nous, nous ne ferions jamais le mal; mais les affaires de ce monde ne nous laissent pas aussi bien connaître que cela nous serait nécessaire. Mais à ce jour où il viendra du ciel pour juger les vivants et les morts, alors nous connaîtrons sa grande puissance clairement et à découvert, car il n'y aura alors ni saint ni sainte qui ne tremble de peur à sa venue. »

Appliquant à la *vie éternelle* la parabole des vierges sages et des vierges folles, il dit « que les saints et les prud'hommes viendront avec leurs lampes allumées, par lesquelles nous pouvons entendre vies nettes; et la porte du paradis leur sera ouverte, et ils entreront aux noces du Fils de Dieu. Et parce qu'alors les noces seront pleines, les portes du paradis seront closes, en sorte que jamais nul n'y entrera. Mais Dieu dira à tous les autres ce que l'Époux dit aux vierges folles, quand elles huchèrent à la porte : « Je ne vous connais pas! » Hé! Dieu, quel mauvais mot! Car ils ne trouveront hôtel où ils se puissent héberger, hors en enfer seulement; car tout sera brûlé et consumé : terre et mer, et toute autre créature terrestre, hors les bons et les mauvais. Et parce qu'alors il n'y aura que ces deux sortes de gens : les bons qui ne pourront empirer, les mauvais qui jamais n'amenderont, Dieu ne laissera que deux hôtels, dont l'un est le douloureux hôtel d'enfer (dont Dieu nous garde par sa grâce, et nous-mêmes gardons-nous-en, et nous agirons en sages), et l'hôtel de paradis, où puissions-nous nous efforcer d'habiter, et nous agirons plus qu'en sages. Et Dieu nous l'octroie par la prière de sa douce Mère ».

Pour faire son salut, éviter l'*hôtel douloureux d'enfer* et habiter l'*hôtel de paradis,* il ne suffit pas de croire. « Il est nécessaire que nous tenions à deux bras Dieu serré contre nous. Ces deux bras sont la ferme foi et les bonnes œuvres. L'un ne vaut rien sans l'autre. »

Mais les bonnes œuvres seront d'autant plus abondantes, les saintes pratiques et les austères obligations de la religion chrétienne d'autant mieux observées, que la foi est plus vive et plus entière.

Sur le fondement d'une foi conservée dans son intégrité, les contemporains de saint Louis élevaient des vies chrétiennes riches de vertus et de bonnes œuvres. Les *vérités* n'étant pas *diminuées* pour eux, leurs vertus ne l'étaient pas non plus. L'Évangile était accepté tout entier, avec ses préceptes et ses enseignements tels que l'Église les interprète et les propose.

L'autorité de l'Église était pleinement reconnue. Tous reconnaissaient avec Joinville « que nous devons croire la sainte Église de Rome, et devons croire aux commandements que le pape et les prélats de la sainte Église nous font, et faire les pénitences qu'ils nous enjoignent ».

« Ne li enfant sunt pas bon, dit Beaumanoir, qui désobéissent à leur mère, et sainte Église est nostre mère espirituellement; si devons obéir à li et en ses enseignements et en ses commandements qu'ele nos fit por la sauveté de noz âmes. »

Cette mère était honorée, respectée et obéie par ses enfants; et pour les fidèles de ce temps n'existait pas le scandale permanent de la violation générale de ses prescriptions (jeûnes, abstinences, loi du dimanche, etc.), non seulement par les incroyants, mais encore par les croyants inconséquents.

La vigueur des âmes s'unissant à celle des corps, les lois de la pénitence étaient courageusement mises en pratique. On observait les jeûnes dans leur rigueur primitive, sans les adoucissements que la mollesse ou la faiblesse y ont introduits dans les âges suivants.

Étienne de Bourbon[1] nous dit que « beaucoup jeûnaient la veille de toutes les fêtes de Notre-Dame, même au pain et à l'eau »; et Jacques de Vitry ajoute que « beaucoup de jeunes filles jeûnaient tous les samedis en son honneur ».

Les jours d'abstinence étaient aussi bien plus multipliés que maintenant (trois par semaine en moyenne). Le trait de Joinville averti qu'il mangeait gras par mégarde un vendredi, pendant qu'il était captif en Égypte, et se condamnant pour cet oubli à jeûner tous les vendredis du carême suivant au pain et à l'eau, nous donne une idée du respect qu'on avait alors pour cette loi de l'Église.

---

[1] *Anecdotes historiques*. Édit. Lecoy de la Marche, p. 102.

Ce n'était pas seulement par le courage à pratiquer la pénitence que la foi se manifestait, c'était aussi par l'assiduité à la prière et aux offices de l'Église. Nombreux étaient les jours chômés; et nos pères ne se plaignaient pas qu'on les *ruinât en fêtes*. Profitant avec joie de ces jours de repos et de prière, ils fermaient leurs boutiques et leurs ateliers, et accouraient en foule aux églises pour assister au service divin, et entendre le sermon « du preudome qui enseigne la voie de vérité ».

On prêchait non seulement les dimanches et tous les jours de l'avent et du carême, mais encore à l'occasion de tous les actes importants de la vie sociale et privée, dans les parlements, sur les champs de bataille, dans les tournois, dans les foires, aux noces et aux funérailles; et si grande était l'affluence des auditeurs, que souvent le prédicateur était obligé de prêcher en plein air aux multitudes qui encombraient les places et les toits des maisons voisines[1].

Des générations si assidues à entendre la parole de Dieu, si instruites de la religion, si souvent mises en présence de leurs devoirs et de leurs fins dernières, ne pouvaient être que des générations profondément chrétiennes.

Parmi les recommandations de saint Louis à sa fille nous trouvons celle-ci : « Chère fille, oyez volontiers le service de sainte Église. Gardez que vous ne musiez pas et que vous ne disiez vaines paroles. Dites vos oraisons en paix, par bouche et par pensée, et spécialement quand le cors de Jésus-Christ sera présent à la messe[2]. »

[1] Humbert de Romans, *De eruditione prædicatorum*.
[2] Confesseur de la reine Marguerite.

La pratique recommandée par saint Louis était passée dans les mœurs. « Cent textes de nos chansons de geste, dit M. L. Gautier [1], montrent que l'usage de *la messe quotidienne* était universel à cette époque. » Nous avons vu comment Joinville, en Orient, assistait tous les jours au service divin dans sa tente. Il ne tolérait pas qu'on y musât et dît de vaines paroles. La veille de la bataille de la Mansourah l'un de ses bannerets, Hugues de Landricourt, fut mis en terre. « Comme il était en bière dans ma chapelle, dit-il, six de mes chevaliers étaient appuyés sur des sacs pleins d'orge; et parce qu'ils parlaient haut dans ma chapelle, et qu'ils faisaient du bruit au prêtre, je leur allai dire qu'ils se tussent, et leur dis que c'était vilaine chose que des chevaliers et des gentilshommes qui parlaient tandis qu'on chantait la messe. Et ils commencèrent à rire, et me dirent en riant qu'ils lui remariaient sa femme. Et je les réprimandai, et leur dis que de telles paroles n'étaient ni bonnes ni belles, et qu'ils avaient bientôt oublié leur compagnon. Et Dieu en tira telle vengeance que le lendemain fut la grande bataille de Carême prenant, où ils furent tués ou blessés à mort, à cause de quoi leurs femmes durent se remarier toutes six. »

Mille autres pieuses pratiques aidaient à conserver la foi au cœur des fidèles. Mais avec la foi vivaient aussi dans ces cœurs de fortes et violentes passions, tristes restes des temps de barbarie dont on sortait à peine. Pour ceux qui y succombaient, la foi surnageait au milieu des orages de la vie comme une planche de salut; on avait

---

[1] *Chevalerie*, p. 366.

violé par faiblesse les préceptes de la religion; mais on croyait à sa vérité et à son autorité.

La crainte du « grant jour du juis (jugement) » conduisait tôt ou tard au repentir, et le coupable se relevait « de l'ordure où il gisait ».

Ce qui devait rendre les chutes moins fréquentes pour les chrétiens de ce temps, c'est le soin qu'on prenait d'épargner autant que possible à leur vertu les dangers de la vie publique. Sans doute, pour ces chrétiens fortement trempés par une éducation sérieusement chrétienne, ils eussent été moins redoutables que pour ceux de nos jours; mais on se gardait bien de les y exposer. Saint Louis faisait son devoir de roi en s'efforçant de mettre ses sujets à l'abri des scandales publics, et de fermer pour eux toutes les sources de corruption et de péché.

Heureux temps que celui où les fidèles ne rencontraient pas à chaque pas des tentations pour leur foi et pour leur vertu dans la presse, les théâtres, les cabarets, les maisons de débauche, etc.

Dans une de ses ordonnances saint Louis prescrit d'exterminer (*prorsus exterminare*), dans les villes et au dehors, les mauvaises maisons, dont la présence déshonore et souille le peuple fidèle, et qui sont pour plusieurs une occasion de perdition : *prostibula quæ fidelem populum sua fœditate maculant et plures protrahunt in perditionis interitum.*

Dans les *Établissements* [1] nous lisons : « Si aucuns est qui n'ait rien, et soit en ville sans rien gagner, et volontiers soit en la taverne, la justice le doit bien prendre et

---

[1] Livre I, chap. XXXVIII.

demander de quoi il vit. Et si on entend qu'il mente et qu'il soit de mauvaise vie, on le doit bien jeter hors de la ville; car il appartient à l'office du prévôt de *nettoyer* sa juridiction et sa province des mauvais hommes et des mauvaises femmes. »

Saint Louis se gardait bien de laisser se former les bataillons de la fainéantise et du vagabondage, qui ne servent qu'à grossir l'armée du vice et du crime.

Pour la même raison il faisait la guerre aux joueurs de profession et aux piliers de taverne. L'ordonnance de 1256 porte : « Item que la forge des dez (dés) soit deffendue par tout nostre royaume; et tout homme qui sera trouvé jouant aux dez communément, ou par commune renommée fréquentant taverne, soit réputé pour infâme et débouté de tout témoignage de vérité. »

Il restreignait autant que possible le nombre des cabarets, ne voulant pas exposer ses sujets à y perdre leur argent, leur santé et leurs mœurs. Il n'en tolérait que pour le besoin des voyageurs, et les faisait fermer à ceux qui demeuraient dans la localité : *Nullus præterea recipiatur ad moram in tabernis faciendam, nisi sit transiens viator, vel in ipsa villa non habeat aliquam mansionem,* est-il dit dans une ordonnance de 1254.

Quant au théâtre, on sait ce qu'il était à cette époque. Avec ses drames liturgiques ou semi-liturgiques il n'offrait au public que des spectacles édifiants, dont ces populations profondément chrétiennes étaient si avides, que pendant les représentations les maisons demeurées désertes devaient être confiées à des gardiens chargés de veiller à la sûreté des propriétés. La délicatesse des bienséances chrétiennes ne permettait pas alors aux femmes

Théâtre au moyen âge.

de paraître sur la scène; leurs rôles étaient tenus par des jeunes gens dont le costume long et flottant différait peu à cette époque du costume féminin. Les rôles des apôtres et des anges étaient réservés aux clercs; et les prêtres faisaient parfois un sermon, pour réveiller la piété et la dévotion des acteurs et des spectateurs, avant la représentation des mystères.

Une voix accusatrice semble cependant s'élever contre les mœurs de cette époque : c'est celle des fabliaux si licencieux, qui tiennent une place importante dans sa littérature.

Remarquons d'abord que ces fabliaux n'étaient pas un produit de ces âges chrétiens. On les retrouve en grande partie dans les plus anciennes littératures de l'Orient. C'est de la vieille corruption païenne qu'est sorti ce courant impur qui a traversé le moyen âge, mais enfermé entre des digues étroites, et sans répandre au loin ses souillures dans la société. Quelques lettrés libertins eurent le tort de versifier ces vilains contes, qui n'étaient lus que d'un petit nombre. Les manuscrits qui nous en restent sont peu nombreux en comparaison des manuscrits des poésies sacrées et épiques[1].

La foule aimait les saines et bonnes lectures, et ses préférences étaient pour les chansons de geste, les lais celtiques, les complaintes religieuses.

Comme le théâtre, la sculpture et la peinture étaient au service de la religion. Elles servaient à embellir le culte divin, à élever les âmes vers Dieu par des œuvres toutes chrétiennes, toujours chastes, où la recherche de la forme

---

[1] Lecoy de la Marche, *Treizième siècle littéraire*, p. 216.

était subordonnée à l'expression de la foi et de la piété. S'élevant au-dessus des choses de la matière et des sens, épurant et agrandissant leur sens esthétique par la contemplation de la beauté parfaite dans sa source et dans ses plus belles images, les anges et les saints, les artistes de cette époque ne se contentaient pas de charmer le regard par la reproduction de la nature matérielle ou l'expression de la beauté humaine, ils faisaient de l'art une prédication.

A une époque où la piété et la vertu étaient entourées de tant de bons exemples, où les moyens de sanctification abondaient, les obstacles, les occasions, les dangers étaient soigneusement écartés, il n'est pas étonnant que la France ait produit tant de forts et généreux chrétiens. L'air qu'ils respiraient était sain, et n'avait pas encore été vicié par les poisons du libéralisme, du rationalisme, du sensualisme, dont l'influence, mortelle pour beaucoup, énervante et débilitante pour tous, ne laisse subsister qu'un christianisme appauvri et rachitique.

Les vertus chrétiennes que nous avons admirées dans Joinville sont dues en grande partie à cette heureuse influence du milieu où il a vécu. Mais outre cet avantage commun à ses contemporains, il eut le privilège d'être l'ami de saint Louis. Et qui pourrait dire de quel profit furent pour lui les conversations familières, les conseils, les exemples du saint roi? Dans le chapitre de Joinville à la cour, nous avons vu comment le saint roi profitait de toutes les occasions pour lui faire la morale et le former à la *prud'homie,* cette chose si bonne, que saint Louis disait à Robert de Sorbon : « Je voudrais bien avoir le renom de prud'homme, pourvu que je le fusse; et tout le reste je vous le laisserai. » Elle comprenait à la fois les vertus du chrétien et du chevalier, et le savoir-vivre de l'*homme comme il faut*.

Du prud'homme, saint Louis n'avait pas seulement le renom; il en avait au plus haut degré toutes les vertus et les qualités. Joinville n'avait qu'à imiter un si beau modèle et à mettre à profit les leçons qu'il lui donnait à l'occasion. Il nous en rapporte quelques-unes : « Gardez-vous de faire ou de dire à votre escient nulle chose dont, si tout le monde le savait, vous ne pussiez faire l'aveu et dire : « J'ai fait ceci, j'ai fait cela. » Pour mettre en pratique ce conseil, Joinville n'avait qu'à imiter saint Louis, qui « fut, dit-il, modéré dans ses paroles; car jamais de la vie je ne l'ouïs médire de personne, ni jamais je ne l'ouïs nommer le diable, lequel nom est bien répandu par le royaume; ce que, je crois, ne plaît pas à Dieu ».

« C'est un grand péché de langage, dit-il ailleurs, quand on approprie au diable l'homme ou la femme, qui sont donnés à Dieu dès qu'ils furent baptisés. En l'hôtel de Joinville, qui dit une telle parole, il reçoit un soufflet ou une tape; et ce mauvais langage y est presque tout détruit. »

A l'exemple de saint Louis, Joinville était *modéré dans ses paroles* et fuyait la médisance. La bonté était un des traits de son caractère. Prompt à pardonner les torts qu'on avait envers lui, la charité chrétienne tempérait sa malice champenoise, et le rendait indulgent pour les défauts des autres. S'il avait eu l'humeur atrabilaire et rancuneuse, et la dureté janséniste de Saint-Simon, tout autre eût été la couleur du tableau qu'il nous a laissé de la cour de saint Louis. En face de ce qu'il désapprouve

il a son franc parler; mais c'est sans fiel et sans méchan-
ceté. Il avait à essuyer les rudesses du chevalier de
Beaumont; il en cite quelques-unes, mais ne s'en plaint
pas. En arrivant à Acre, dans un piteux état, il rencontre
un homme qui se met à son service avec beaucoup de
savoir-faire et de dévouement. Mais au bout de quelque
temps il s'aperçoit que ce précieux serviteur lui a fait
tort de plus de dix livres tournois. « Je lui donnai congé,
dit-il, et lui dis que je lui donnais ce qu'il me devait, car
il l'avait bien mérité. »

Racontant la bataille de la Mansourah, il parle de
quelques chevaliers qui prirent la fuite devant l'ennemi.
Mais par une discrétion délicate il tait leurs noms.

Quant à lui, il fut toujours un chevalier *sans reproche,*
sinon *sans peur.* Avec sa franchise ordinaire il avoue
qu'en face du danger il n'était pas à l'abri de la peur.
Mais s'il n'avait pas un tempérament de héros, il avait la
fermeté inébranlable du chevalier chrétien qui ne recule
jamais devant le devoir. Nous l'avons vu, couvert de
blessures, affronter tous les dangers, et dans sa captivité,
lorsque le Sarrasin lève sa hache danoise sur sa tête,
prêt à mourir martyr, dans la sérénité de son âme,
comme sainte Agnès, sans avoir songé à se confesser,
parce qu'il ne se souvenait pas de péché qu'il eût fait.

C'est ainsi que dans des récits Joinville nous révèle
ingénument la beauté de son âme. C'est sans préjudice
de sa modestie qu'il nous montre ses qualités et ses
vertus. De l'homme comme de l'écrivain on peut dire
qu'il a

> L'art de plaire et de n'y penser pas.

Comme écrivain, c'est bien le seul art qu'on puisse lui attribuer; et il lui suffit pour charmer le lecteur et se l'attacher par une irrésistible sympathie. L'expression simple et naïve des pensées, des sentiments, des émotions de son âme si droite, si noble et si pure fait plus que tous les artifices d'une littérature raffinée.

Son compatriote la Fontaine nous a laissé des œuvres d'une incomparable perfection littéraire. Richement doué d'imagination et de sensibilité comme lui, comme lui il nous charme par son naturel et sa bonhomie. Mais qu'il y a loin d'une âme à l'autre ! Que de choses dans la vie et dans l'œuvre du grand écrivain du xviie siècle nous empêchent d'avoir pour lui la sympathie que nous avons pour l'ami de saint Louis !

Joinville n'a pas à son service, comme la Fontaine, une langue assouplie et enrichie par les plus beaux génies du xvie et du xviie siècle. Sa langue est celle d'une civilisation simple et primitive, qui ne se prête pas aux artifices d'une littérature savante et raffinée. Mais elle a déjà les principales qualités qui distinguent notre langue nationale, la construction logique et la clarté; elle a même beaucoup de mots charmants, vifs, courts, pittoresques, pleins de saveur, vraiment français, que nous n'avons plus, et que la Fontaine, qui aimait à puiser dans les *vieilleries gauloises*, n'a eu garde de négliger. Si la littérature du xiiie siècle a l'inexpérience, la gaucherie, les ignorances de l'enfance et de la jeunesse, elle en a aussi la naïveté, la spontanéité, les libres et franches allures, la vivacité et la fraîcheur d'imagination.

Si dans ses récits militaires Joinville n'a pas la savante régularité de composition des historiens classiques; si,

comme la guerre à cette époque, il marchait un peu au
hasard, sans ordre et sans méthode, en revanche, comme
il rencontre souvent d'inspiration des beautés que les
plus habiles n'auraient pas trouvées! Avec quelle fidélité
et quelle vivacité, après un demi-siècle, ses souvenirs
revivent, ses impressions, ses émotions se réveillent; de
quelles fraîches couleurs ils se teignent sous sa plume!
Que de traits sobres et expressifs, de scènes admirables,
de charmants tableaux! que d'originalité pittoresque, de
relief, de saveur dans ce style! que d'esprit caché sous la
candeur, de gaieté, de grâce dans les propos, de piquant
et de charmante brusquerie dans les saillies! Si à tout
cela on ajoute cette belle humeur inaltérable qui l'accom-
pagne partout, ne doit-on pas reconnaître en Joinville un
des types les plus parfaits de l'esprit français et de la
nature française agrandie et ennoblie par le christianisme?

Nous ne saurions mieux terminer l'éloge de Joinville
qu'en citant une belle page de M. Fr. Delaborde, qui a
eu l'heureuse idée d'associer au souvenir de notre sénéchal celui de Jeanne d'Arc, née sur une terre qui avait
fait partie des domaines des seigneurs de Joinville. « La
Pucelle, dit-il, avait pour saint Louis un culte qui n'était
pas inférieur à celui que lui avait voué le sénéchal. Ne
dit-elle pas plusieurs fois que c'était à la prière du saint
roi que Dieu l'avait envoyée? Au milieu des vagues dé-
chaînées par la tempête, l'intercession implorée par Joinville pour le salut du roi de France était celle du saint
vénéré auprès de Varangeville, dans ce sanctuaire de
Saint-Nicolas-du-Port, où, durant une autre tempête
qui menaçait non seulement le roi, mais la France tout

entière, déjà plus qu'à moitié submergée sous le flot de
l'invasion anglaise, Jeanne d'Arc voulut aller prier. Comme
Jean, elle vit sa prière exaucée : ce fut à son retour qu'elle
obtint enfin de Baudricourt l'autorisation d'aller se révéler
à Charles VII. C'est en vue des tours de Joinville, dans
l'abbaye de Saint-Urbain, au lieu même où le sénéchal
partant pour la croisade n'osait lever les yeux sur ce
beau chastel où il laissait ses deux petits enfants, que
Jeanne partant pour sa croisade à elle fit sa première
halte. On sait maintenant quelle part le mouvement fran-
ciscain eut à la piété de Jeanne d'Arc : Joinville, que
l'on peut dire, au point de vue de la dévotion, le fils
spirituel de saint Louis, du grand protecteur des Fran-
ciscains, Joinville ne cache pas l'admiration qu'il ressentit
pour l'un des propagateurs de ce mouvement en France,
frère Hugues de Barjols. Enfin cet esprit si français, ce
bon sens irrésistible, cette gaieté qui éclate jusque dans
les circonstances les plus graves, ne sont-ce pas là des
traits communs au sénéchal et à la Pucelle ? Bien plus,
il nous semble que toutes les qualités de Joinville, la
sincère piété, la pureté des mœurs, la loyauté, le courage, l'amour du roi, la pitié pour ce qu'il appelle « le
« menu peuple de Notre-Seigneur », étaient précisément
celles que Jeanne prisait le plus, et que, s'il eût vécu de
son temps, elle l'aurait compté parmi ses amis, à côté
de Dunois, de Gaucourt et du duc d'Alençon. »

CREDO DE JOINVILLE

I. Au non et en l'enor dou Père et dou Fil et dou Saint-Esperit, un Dieu tout-poissant. Poez veoir ci après poinz et escriz les articles de nostre foi par letres et par ymaiges, selonc ce que on puet poindre selonc l'umanitei Jhesu-Crit et selonc la nostre. Car la Déitei et la Trinetei et le Saint-Esperit ne puet poindre mains d'ome; car ce est si grans chose, si com sains Pous et li autre saint le tesmoignent, que iex ne puet veoir, ne oreille oïr, ne lengue raconter, por les pechiez et les ordorus don nous sumes plaïn et chargié en ceste mortel vie, qui nous tolent à veoir la clartei.

Or disons donc que foiz est une vertuz qui fait croire fermement ce que hons ne voit ne ne sait mais que par oïr dire, ensi com nous créons nos peres et nos meres de ce que il dient que nous sumes lor fil; et si n'en avons autre certainetei. Et donc devons nous croire plus fermement que nulle autre chose terriene les poinz et les articles liquel nous sont tesmongnié et enseigné de la bouche del Tout-Poissant, par tous les sainz du viel Testament et dou novel.

De croire ce que l'on ne voit, me dist li rois Loys (que Diex assoille!), une haute parole, que li cuens de Montfort, cil qui fu peres madame de Neele, avoit dite as Albijois. Cil dou païs

CREDO DE JOINVILLE

1. Au nom et en l'honneur du Père et du Fils et du Saint-Esprit, un seul Dieu tout-puissant. Vous pouvez voir ci-après peints et écrits les articles de notre foi, par lettres et images, comme on peut peindre selon l'humanité de Jésus-Christ et selon la nôtre. Car la Divinité et la Trinité, et le Saint-Esprit, main d'homme ne les peut peindre ; car c'est si grand'chose, comme saint Paul et les autres le témoignent, qu'œil ne la peut voir, ni oreille ouïr, ni langue raconter, pour les péchés et les ordures dont nous sommes pleins et chargés en cette mortelle vie, qui nous privent de voir la clarté souveraine.

Or disons donc que la foi est une vertu qui fait croire fermement ce que l'homme ne voit ni sait, excepté par ouï-dire, ainsi que nous croyons nos pères et nos mères de ce qu'ils disent que nous sommes leurs fils ; et pourtant nous n'en avons pas d'autre certitude. Donc nous devons croire plus fermement que nulle autre chose terrestre les points et les articles lesquels nous sont témoignés et enseignés de la bouche du Tout-Puissant, par tous les saints du vieux Testament et du nouveau.

Quant à croire ce qu'on ne voit pas, le roi Louis (que Dieu absolve !) me dit une haute parole que le comte de Montfort, celui qui fut père de madame de Nesle, avait dite aux Albi-

viendrent à li et li distrent qu'il venist veoir le cors Nostre-
Signour qui estoit venuz en char et en sanc. Et il lor dist :
« Alez le veoir, qui ne le créez ; car endroit de moi, le croi-je
bien desouz le pain et desouz le vin, ausinc come sainte
Esglise le m'enseigne. »

Et il li demanderent que il i perderoit se il le venoit veoir,
et il lor dist que si il le véoit face à face et il le créoit, point
de guerredon n'en averoit ; et dist que si créoit ce que Diex
et li saint li enseignoient, qu'il en attendoit plus grant guer-
don et plus grant corone ou ciel que de toutes autres bones
œuvres qu'il porroit faire en ceste mortel vie.

Or véons donc que dous choses sont qu'i nous covient à
nous sauver, ce est à savoir : bones euvres faire et fermement croire. En bones euvres faire, m'aprist li rois Loys que
je ne feisse ne ne deisse chose, se touz li mondes le savoit,
que je ne l'osasse bien faire et dire ; et me dist que ce soffi-
soit à l'onor dou cors et au sauvement de l'ame.

De croire fermement, me dist li rois, que li enemis s'efforce
tans com il puet à nous giter de ferme créance ; et me ensein-
gna que quant li enemis m'envoieroit aucune temptacion dou
sacrement de l'autel ou d'aucun autre point de la foi, que je
deisse : « Enemis, ne te vaut ; que jà, à l'aide de Dieu, de
la foi crestienne tu ne me osteras, nes se tu me feisses touz
les membres trancher. »

Et me dist li rois que ce estoit la ferme créance, laquel
créance Diex a ennorée de son non (car de Crist somes apelei
crestien), laquel Diex a fait profectisier et tesmoignier as
créans et mescréans (ce que onques autres lois ne fu), ensi
come il dit en un livre : « Aus sainz, as saiges, aus rois, fist
Diex porter son tesmoing ; as gens de diverses lois, que nus
n'en puet douter. »

II. Vous qui regardez cest livre, troverez le *Credo* en letres geois. Ceux du pays vinrent à lui et lui dirent qu'il vînt voir le corps de Notre-Seigneur, qui était venu en corps et en sang. Et il leur dit : « Allez le voir, vous qui ne le croyez pas ; car en mon endroit je le crois bien sous le pain et sous le vin, ainsi que sainte Église me l'enseigne.

Et ils lui demandèrent ce qu'il y perdrait s'il venait le voir, et il leur dit que s'il le voyait face à face et le croyait, il n'en aurait point de récompense, et il dit que s'il croyait ce que Dieu et les saints lui enseignaient, il en attendait plus grande récompense et plus grande couronne au ciel que de toutes autres bonnes œuvres qu'il pourrait faire en cette mortelle vie.

Or nous voyons donc qu'il y a deux choses qu'il nous faut pour nous sauver, c'est à savoir : faire de bonnes œuvres et croire fermement. Quant à faire de bonnes œuvres, le roi Louis m'apprit que je ne fisse ni disse rien, que si tout le monde le savait, je ne l'osasse bien faire et dire ; et il me dit que cela suffisait à l'honneur du corps et au salut de l'âme.

Quant à croire fermement, le roi me dit que l'ennemi s'efforce tant qu'il peut de nous ôter de la ferme croyance, et il m'enseigna que quand l'ennemi m'enverrait aucune tentation touchant le sacrement de l'autel ou aucun autre point de la foi, que je disse : « Ennemi, tu perds ta peine ; car, avec l'aide de Dieu, tu ne m'ôteras pas de la foi chrétienne, même si tu me faisais trancher tous les membres. »

Et le roi me dit que c'était la ferme croyance, laquelle croyance Dieu a honorée de son nom (car de Christ nous sommes appelés chrétiens), laquelle Dieu a fait prophétiser et témoigner aux croyants et aux mécréants (ce que jamais autre loi ne fut), ainsi qu'il dit en un livre : « Aux saints, aux sages, aux rois, Dieu fit porter son témoignage ; aux gens de diverses lois, si bien que nul n'en peut douter. »

II. Vous qui regardez ce livre, vous trouverez le *Credo* en vermeilles, et les propheties par euvres et par paroles en letres noires.

Freres Henris li Tyois, qui mout fu grans clers, dist que nus ne pooit estre saus se il ne savoit son *Credo*. Et je por esmouvoir les gens à croire ce de quoi il ne se pooient soffrir, fis-je premiers faire cest euvre en Acre après ce que li frere li roi en furent venu, et devant ce que li rois alast fermer la citei de Cesaire en Palestine. Et ces premieres letres dient :

III. — *Je croi en Dieu le Père Tout-Puissant, le creator dou ciel et de la terre.*

Sa grant poissance poez veoir en la creation dou monde que vous véez ci après pointe; car il n'est nus qui poit faire la plus petite de toutes ces créatures. Créerres est cil qui fait de noient ancune chose; il n'est nus qui ce poisse faire fors que Cil seulement qui fist le ciel et la terre, le soleil et la lune, et quant que il a et haut et bas. Sa grant poissance poons nous veoir par les anges qui ci-après sont point, qu'il trabucha dou ciel en enfer; et de si biaus et de si gloriex com il estoient, les fist-il si lais et si hideus.

Des prophecies n'a il nules sor cette premiere page, por ce qu'elle touche de l'encomencement dou monde, que cil fist qui est comencemens et qui durra sanz fin.

IV. — *Et en Jhesu-Crit, Nostre-Signor.*

En la seconde page dou *Credo* ci après si sont les prophecies de l'avenement dou Fil de Dieu, ce est à savoir que troi ange viendrent herbegier chiès Abraham, en mi desquex quenut Abraham, par la volontei Dieu, le Fil Dieu; et por ce que il sout que ce estoit cil qui le devoit rachater des poines d'enfer, il l'aora.

lettres vermeilles, et les prophéties par œuvres et par paroles en lettres noires.

Frère Henri le Tyois, qui fut très grand clerc, dit que nul ne pouvait être sauvé, s'il ne savait son *Credo*. Et moi, pour exciter les gens à croire ce dont ils ne se pouvaient dispenser, je fis premièrement faire cette œuvre en Acre, après que les frères du roi en furent partis, et avant que le roi allât fortifier la cité de Césarée en Palestine. Et ces premières lettres disent :

III. — *Je crois en Dieu le Père Tout-Puissant,
créateur du ciel et de la terre.*

Sa grande puissance, vous la pouvez voir en la création du monde que vous voyez ci-après peinte ; car il n'est nul qui pût faire la plus petite de toutes ces créatures. Créateur est celui qui fait de néant quelque chose, et il n'est nul qui cela puisse faire hors Celui seulement qui fit le ciel et la terre, le soleil et la lune, et tout ce qu'il y a en haut et en bas. Sa grande puissance nous la pouvons voir par les anges qui ci-après sont peints, qu'il précipita du ciel en enfer, et de si beaux et si glorieux qu'ils étaient, il les fit si laids et si hideux.

Pour des prophéties, il n'y en a aucune sur cette première page, parce qu'elle traite du commencement du monde, que fit Celui qui est commencement et qui durera sans fin.

IV. — *Et en Jésus-Christ son Fils, Notre-Seigneur.*

En la seconde page du *Credo* ci-après, sont les prophéties de l'avènement du Fils de Dieu, c'est à savoir que trois anges vinrent loger chez Abraham, au milieu desquels Abraham, par la volonté de Dieu, reconnut le Fils de Dieu ; et parce qu'il sut que c'était Celui qui devait le racheter des peines de l'enfer, il l'adora.

Moyses le vit et le quenut ausinc ou boisson qui sembloit que ardist, et si n'ardoit mie; et en ce fu senefiée la virginités dou cors la benoite Virge Marie, là où il descendit pour nous sauver. Et ces dous sont les prophecies de l'euvre, et de la toison ausi, là où la rosée dou ciel descendoit par merveillouse maniere, par la volontei Dieu.

V. — *Qui est conceuz dou Saint-Esperit.*

La prophecie de la parole, si est de Ysaïe le prophète que vous véez point ci-après, qui prophétiza que la Virge conceveroit.

VI. — *Nez de la Virge Marie.*

La prophecie Daniel le profète, qui desus est poinz, sor la nativitei dist as Juis que quant li sainz des sainz venroit, lor onctions faudroit. Et ce fu veritez que quant Diex vint en terre, il n'avoient ni roi ne avesque enoint; et n'avoient roi, mais que l'empereor de Rome, que pois estoit, et non pas de leur loi ne de leur créance. Nul evesque il n'avoient enoint, ainçois achetoient les eveschiés cil qui les voloient avoir, par années.

VII. — *Qui souffri desouz Ponce-Pylate.*

Et que soffri-il, biax sire? Il soffri estre venduz, bastuz et fustez, et li fit-on porter sa croix. Et molt d'autres viltez et vilenies li fit-on avant qu'il fust crucefiez, lesquex il soffri debonairement por l'amor de nous et por nous délivrer des mains de l'enemi.

La prophecie de l'evre de ce fait fu de Joseph lou fil Jacob, que vous orrez ci-après comment Judas, ses freres, le vendi pour trente pieces d'argent, autant com Judas li traitres vendi Jhesu-Crist.

Moïse le vit et le reconnut aussi dans le buisson qui semblait brûler, et pourtant ne brûlait pas ; et en cela fut signifiée la virginité du corps de la bénite Vierge Marie, là où il
descendit pour nous sauver. Et ces deux-là sont les prophéties
de l'œuvre, et celle de la toison aussi, là où la rosée du ciel
descendait de merveilleuse manière, par la volonté de Dieu.

V. — *Qui est conçu du Saint-Esprit.*

La prophétie de la parole, elle est d'Isaïe le prophète, que
vous voyez peint ci-après, qui prophétisa que la Vierge conce-
vrait.

VI. — *Né de la Vierge Marie.*

La prophétie de Daniel le prophète, qui est ci-dessus peint,
sur la nativité, dit aux Juifs que quand le saint des saints
viendrait, leur onction ferait défunt. Et ce fut vérité que
quand Dieu vint en terre, ils n'avaient ni roi ni évêque oint,
et ils n'avaient d'autre roi que l'empereur de Rome, qui était
païen, et non pas de leur loi ni de leur croyance. Ils n'avaient
nul évêque oint ; mais ceux-là achetaient les évêchés qui les
voulaient avoir, d'année en année.

VII. — *Qui souffrit sous Ponce Pilate.*

Et que souffrit-il, beau sire ? Il souffrit être vendu, battu
et flagellé, et on lui fit porter sa croix. Et on lui fit bien
d'autres affronts et vilenies avant qu'il fût crucifié, lesquels
il souffrit débonnairement pour l'amour de nous et pour nous
délivrer des mains de l'ennemi.

La prophétie de l'œuvre de ce fait fut de Joseph, le fils de
Jacob, dont vous entendrez ci-après comment Judas, son frère,
le vendit pour trente pièces d'argent, autant que Judas le
traître vendit Jésus-Christ.

Par molt de choses est senefiez Joseph à Jhesu-Crist, mais-
mement par la cote Joseph qui senefie la char Jhesu-Crist,
que ses peres li avoit fait (qui molt l'avoit chier) d'une pièce,
ainsi comme on fait les gans de laine. Par cela cote est senefiée la chars Jhesu-Crist, qui fu de la Virge seulement; et les
nos chars sont d'ome et de fame, ce est de dous pieces.

Li frere Joseph, quant il l'orent vandu, decouperent sa cote
et l'ensanglenterent et la porterent lour pere, et li firent anten-
dant que très pesmes bestes l'avoient devonrei.

La cote Joseph, ce est la beneoite chars Jhesu-Crist qui fu
decoupée quant il fu batus en l'estache des felons Juis, qui
devoient estre si frere. Et très pesmes bestes devourerent
Jhesu-Crist: ce fu anvie que li felon avoient seur lui. Et ainsi
poez veoir que l'estoire Joseph, qui devant est pointe, est la
prophecie de l'evre.

La prophecie de la parole, si est que li roys David dist qui
ci-après est poinz : « Li felon forgeront sur mon dos, et me
demonsterront lor felonie. »

VIII. — *Et fu crucefiez et mors.*

La prophecie de l'evre sur la croiz, ce est de Ysaac que
vous verrés ci-après point, qui fu obéissans a son père jusques
à la mort. A la mort fu livrés Nostre Sires Jhesu-Crist pour
les felons Juis, et ausi honteuse mort comme de la crois, la
ù il pandoient alors les larons, ausi comme on fait orandroit
les larons aus fourches. Entre deux larons le firent-ils pandre
en la crois, pour faire entendant au pueple que par son mes-
fait avoit mort deservi.

Heremies dist : « O vous qui passez par la voie, regardez
se il est dolours qui se preingne à la moie. » Nule dolours ne
se prist onques à la soe, car ce fu cil qui plus ot à soffrir en

Par beaucoup de choses Joseph est signe de Jésus-Christ, surtout par la cotte de Joseph, qui signifie la chair de Jésus-Christ, cotte que son père (qui l'aimait bien chèrement) lui avait faite d'une pièce, ainsi qu'on fait les bas de laine. Par cette cotte est signifiée la chair de Jésus-Christ, qui fut de la Vierge seulement, tandis que nos chairs sont d'homme et de femme, c'est-à-dire de deux pièces.

Les frères de Joseph, quand ils l'eurent vendu, découpèrent sa cotte et l'ensanglantèrent, et la portèrent à leur père, et lui donnèrent à entendre que de très mauvaises bêtes l'avaient dévoré.

La cotte de Joseph c'est la bénite chair de Jésus-Christ, qui fut découpée quand il fut battu au poteau des félons Juifs, qui devaient être ses frères. Et de très mauvaises bêtes dévorèrent Jésus-Christ; ce fut l'envie que les félons avaient contre lui.

Et ainsi vous pouvez voir que l'image de Joseph, qui est ci-devant peinte, est la prophétie de l'œuvre.

La prophétie de la parole, c'est que le roi David dit, qui ci-après est peint: « Les félons forgeront sur mon dos, et me démontreront leur félonie. »

VIII. — *Et fut crucifié et mort.*

La prophétie de l'œuvre sur la croix, c'est d'Isaac, que vous verrez ci-après peint, qui fut obéissant à son père jusqu'à la mort. A la mort fut livré Notre-Seigneur Jésus-Christ pour les félons Juifs, et à une mort aussi honteuse que celle de la croix, là où l'on pendait alors les larrons, ainsi qu'on fait maintenant des larrons aux fourches. Ils le firent pendre entre deux larrons sur la croix, pour faire entendre au peuple que par son méfait il avait mérité la mort.

Jérémie dit: « O vous, qui passez par la voie, regardez s'il est douleur qui se compare à la mienne. » Nulle douleur ne se compara jamais à la sienne, car ce fut celui qui eut le plus

cest monde, et ce li acroissoit ses dolours, que il ere touz
poissanz de l'amander, et tout soffroit paciamment.

La prophecie de l'euvre fut senefiée en Egypte par le sanc
de l'angnel, de quoi l'on seingnoit les antrées des ostiaux et
les frons des gens ; ce estoit d'une letre que li Juif apelait
Thau, qui est semblans à la croiz. Et ce faisoient li Juif pour
ce que li angle Nostre-Seignor ocioient les ainznes des ostiex
de ceuz qui ne estoient seingnié de cet seing. Et senefie que
tuit cil qui ne seront seingnié dou sing de la croiz et dou sanc
Jhesu-Crist, seront dampnei. Et ce est la prophecie de l'euvre.

La prophecie de la parole que David dist au sautier, que le
Fiz Dieu seroit semblans à un oisel que l'on apele pellican,
qui se occit et pierce ses costés pour raviver ses poucins.

La roine de Sabba vint voir le roi Salemon, et quenut le
fust de la croiz, qui estoit en Jherusalem, et lou dist à Salemon en prophetizant, et si n'iere pas dou pueple de Israël,
qui creoit Nostre-Seigneur.

Cayphas, qui lors estoit sovereinz evesques quant Diex fu
crucefiez, profetiza que il convenist que une hons morust por
le pueple sauver ; et encore fust-il des soverainz enemis de
Jhesu-Crist, si li fist Jhesu-Crist dire la veritei.

Abbacuc li profetes, qui ci-après est point, profetiza mil
anz devant, et dist ausi comme se il eust veu Jhesu-Crist
morir et crier en la croiz : « Sire, fait-il, je oï ta voiz et me
apoantai et m'en esbahi. » Cil qui ont entendement s'en
devoient bien espoanter et esbahir, quant les créatures qui
n'ont point d'antendement en furent esbahies. Car li solans en
perdi sa clartei, et ne vit on nule goute endroit l'ore de none
par tout le monde. La courtine du Temple s'en deschira, les
rochers des montaingnes en fendirent, la terre s'en ovri et
geta fors les mors qui furent veu en Jherusalem.

Et icelle ore, avoit en Jherusalem un riche ome qui avoit

à souffrir en ce monde, et ce qui lui accroissait ses douleurs, c'est qu'il était tout-puissant d'y remédier, et que pourtant il souffrait tout patiemment.

La prophétie de l'œuvre fut signifiée en Égypte par le sang de l'agneau, de quoi l'on marquait les entrées des maisons et les fronts des gens ; c'était d'une lettre que les Juifs appelaient *Thau*, qui est semblable à la croix. Et les Juifs faisaient cela parce que les anges de Notre-Seigneur tuaient les aînés des maisons de ceux qui n'étaient pas marqués de ce signe. Et cela signifie que tous ceux qui ne seront pas marqués du signe de la croix et du sang de Jésus-Christ seront damnés. Et c'est la prophétie de l'œuvre.

La prophétie de la parole, que David dit au psautier, est que le Fils de Dieu serait semblable à un oiseau que l'on appelle pélican, qui s'occit et perce ses côtés pour raviver ses poussins.

La reine de Saba vint voir le roi Salomon et reconnut le bois de la croix, qui était en Jérusalem, et le dit à Salomon en prophétisant : et pourtant elle n'était pas du peuple d'Is-raël qui croyait en Notre-Seigneur.

Caïphe qui était souverain évêque, alors que Dieu fut cru-cifié, prophétisa qu'il fallait qu'un homme mourût pour sauver le peuple ; et encore qu'il fût des souverains ennemis de Jésus-Christ, cependant Jésus-Christ lui fit dire la vérité.

Habacuc le prophète, qui est peint ci-après, prophétisa mille ans d'avance, et dit, tout comme s'il eût vu Jésus-Christ mourir et crier sur la croix : « Sire, fait-il, j'ouïs ta voix et m'épouvantai et m'en ébahis. » Ceux qui ont de l'entende-ment s'en doivent bien épouvanter et ébahir, quand les créa-tures qui n'ont point d'entendement en furent ébahies. Car le soleil en perdit sa clarté, et on n'y vit goutte vers l'heure de none par tout le monde. Le rideau du Temple s'en déchira, les rochers des montagnes s'en fendirent, la terre s'en ouvrit, et jeta dehors les morts, qui furent vus en Jérusalem.

A cette heure, il y avait à Jérusalem un riche homme qui

cent chevaliers desouz lui (centurio estoit apelés) qui profetisa quant il vit ces merveilles, et dist : « Vraiement, ciz estoit vrais Fiz Dieu. »

IX. — *Et fu ensevelis.*

La profecie de l'euvre de ce qu'il fu mis ou sépulcre, si est de Jonas, que vous véez ci-point, qui fu mis ou ventre de la balaine ; car antretant comme Jonas fu ou ventre de la balaine, tant fu le Fiz Dieu ou sepulchre.

La profecie de la parole si dist Diex meesmes as Juis qui le requeroient qu'il lour feist aucun signe ; et il lour dist qu'il ne lor donroit autre signe que de Jonas le profete ; et lour dist car autant com Jonas fu ou ventre du poisson, autretant serait-il au sépulchre.

Et entendez seurement que la déités ne morut pas en la crois, mais l'umanité qu'il prist en la Virge, pour la nostre humanitei délivrer des poines d'enfer.

La parole sor enfer brisié de parole, si dist Diex à Job lonc tans avant ce qu'il venist en terre : « Job, dist Diex, sauras-tu peure le dyable à l'aing si comme je ferai ? » Vous savez que quand li pechierres veut penre le poisson à l'aing, il cuevre lou fer de l'eche ; et li poissons cuide mangier l'eche, et li fer lou prent. Or véons que pour peure le dyable ansi comme à l'aing, couvri Diex sa déité de nostre humanitei ; et pour ce que dyable cuida que ce fust un hons, si li pourchasa sa mort pour remplir enfer ; et maintenant la déités lou prist, laquex descendi en anfer.

X. — *Il descendi en enfer.*

La profecie des portes d'anfer que Dieu brisa et en traist ses amis qui léens estaint, poez entendre (la profecie de l'euvre) par Sanson le fort, qui ouvri la bouche dou lion à force, et en traist braches de miel. Par les braches, qui avait cent chevaliers sous lui (il était appelé centurion), qui prophétisa quand il vit ces merveilles, et dit : « Vraiment, celui-là était vrai Fils de Dieu. »

IX. — *Et fut enseveli.*

La prophétie de l'œuvre de ce qu'il fut mis au sépulcre, est de Jonas, que vous voyez ici peint, qui fut mis dans le ventre de la baleine; car, autant que Jonas fut dans le ventre de la baleine, autant fut le Fils de Dieu dans le sépulcre.

La prophétie de la parole, Dieu même la fit aux Juifs qui le requéraient qu'il leur fît un signe, et il leur dit qu'il ne leur donnerait pas d'autre signe que celui de Jonas le prophète, et leur dit qu'autant que Jonas fut dans le ventre du poisson, autant serait-il dans le sépulcre.

Et entendez sûrement que la divinité ne mourut pas sur la croix, mais l'humanité qu'il prit en la Vierge, pour délivrer notre humanité des peines d'enfer.

La parole sur l'enfer brisé par la parole, Dieu la dit à Job longtemps avant qu'il vînt sur la terre : « Job, dit Dieu, sauras-tu prendre le diable à l'hameçon ainsi que je ferai ? » Vous savez que quand le pêcheur veut prendre le poisson à l'hameçon, il couvre le fer de l'appât, et le poisson pense manger l'appât, et le fer le prend. Or nous voyons que pour prendre le diable ainsi qu'à l'hameçon, Dieu couvrit sa divinité de notre humanité, et parce que le diable pensa que c'était un homme, il travailla à sa mort pour remplir l'enfer, et aussitôt la divinité le prit, laquelle descendit en enfer.

X. — *Il descendit en enfer.*

La prophétie des portes d'enfer que Dieu brisa et d'où il tira ses amis qui étaient dedans, vous la pouvez entendre (la prophétie de l'œuvre) par Samson le fort, qui ouvrit la bouche du lion de force, et en tira un rayon de miel. Par les

sont douces et profitables, sont senefié li saint et li prodome
que Diex traist d'anfer, liquel avoient menées en lor tens vies
douces et porfitables.

Por ce profetiza Osées le profeties qui dist : « O mors, je
serai ta mors, et tu, anfers, je morderai en toi. » Car ansi
comme cil qui mort en la pome, une partie enporte et l'autre
lait, ansi anporta il d'anfer les bons et les maus laissa.

XI. — *Et au tiers jour ressuscita de mort.*

Au tiers jour vraiement Nostre Sires resuscita de mort à vie
pour tenir covant à ses apostres et à ses deciples de sa resurrection, laquel nous devons croire fermement.

La prophétie par euvre de la resurrection Nostre-Seignor,
poez veoir par lou lyon qui resuscite son lioncel au tierz jour.

A sa resurrection doit penre prodom essample. Car dedans
le tiers jour que l'on chiet en pechié, s'en doit on resusciter
par lui confesser au plus tost qu'il puet ; car molt foux est
qui en pechié s'endort. Et pour ce dient li saint qu'il n'est
pas merveille quant prodom chiet, mais ce est merveille
quand tost ne se relieve, pour l'ordure lau ou il gist. Que
pechiez soit ordure, ce tesmoigne li paiens qui dist que se
pechiez estoit aumone, ne le feroit-il pas, car trop est vile
chose.

La profecie de la parole parla David, qui en la personne
dou Fil Dieu dist : « Ma chars reflorira par ta volontei. »

De sa resurrection vous dirai-je que je en oï en la prison
lou diemenche après ce que nous feumes pris, et ot on mis
en un paveillon les riches homs et les chevaliers portant
baniere par aus.

Nous oïmes un grant cri de gent. Nous demandames ce

rayons, qui sont doux et profitables, sont signifiés les saints et les prud'hommes que Dieu tira d'enfer, lesquels avaient mené en leur temps vie douce et profitable.

C'est pour cela que prophétisa Osée le prophète, qui dit : « O mort, je serai ta mort, et toi, enfer, je mordrai en toi. » Car ainsi que celui qui mord en la pomme emporte une partie et laisse l'autre, ainsi emporta-t-il d'enfer les bons et laissa les méchants.

XI. — *Et au troisième jour ressuscita de la mort.*

Au troisième jour vraiment, Notre-Seigneur ressuscita de la mort à la vie pour tenir promesse à ses apôtres et à ses disciples sur sa résurrection, laquelle nous devons croire fermement.

La prophétie par œuvre de la résurrection de Notre-Seigneur, vous la pouvez voir par le lion qui ressuscita ses lionceaux au troisième jour.

En sa résurrection le prud'homme doit prendre exemple. Car, dans le troisième jour que l'on tombe en péché, on s'en doit ressusciter en se confessant au plus tôt que l'on peut; car bien fou est qui en péché s'endort. Et pour cela les saints disent que ce n'est pas merveille quand le prud'homme tombe, mais que c'est merveille quand aussitôt il ne se relève, à cause de l'ordure où il gît. Que le péché soit ordure, c'est ce que témoigne le païen qui dit que si le péché était aumône, il ne le ferait pas, car c'est trop vile chose.

La prophétie de la parole, David la fit, lui en qui la personne du Fils de Dieu dit : « Ma chair refleurira par ta volonté. »

De sa résurrection je vous dirai ce que j'en ouïs en la prison le dimanche après que nous fûmes pris, et qu'on eut mis en un pavillon les riches hommes et les chevaliers portant bannière à part. Nous ouïmes un grand cri poussé par des gens. Nous demandâmes ce que c'était, et on nous dit que

que estoit, et on nous dist que ce estoient nostre gent que
om metoit en un grant parc tout clos de murs de terre. Ceus
qui ne se voloient renoier, l'on les ocioit; ceus qui se renioient,
on les laissoit.

En icelle grant paour de mort où nous estions, vindrent
à nous jusques à treize ou quatorze dou conseil dou soudan,
trop richement appareillié de dras d'or et de soie, et nous
firent demander (par un frère de l'Ospital qui savoit sarrazi-
nois), de par le soudan, se nous vorriens estre delivre : et
nous deimes que oïl, et ce pooient il bien savoir.

Et nous distrent si nous donriens nus des chastiaus dou
Temple ne de l'Ospital pour nostre delivrance. Et li bons cuens
Pierres de Bretaigne leur répondit que ce ne pooit estre, pour
ce que li chasteleins juroient sur sainz, quant om les i metoit,
que pour delevrance de cors d'ome ne les renderoient. Et ils
nous demanderent après se nous leur donriens nus des chas-
tiaux que baron tenoient ou réaume de Jherusalem, pour
nostre delivrance. Et li cuens de Bretaingne dist que nanil;
que li chastel ne estoient pas dou fié dou roy de France.

Quant il oïrent ce, il nous dirent que puisque nous ne
voliens faire ne l'un ne l'autre, il s'en iroient et nous amen-
roient ceus qui joueroient à nous des espées. Et li cuens de
Bretaigne lor dist que legiere chose estoit de occire celui que
on tient en sa prison.

Quant il s'en furent alei, une grans foisons de jeunes gens
sarrazins entrerent ou clos là ou l'on nous tenoit pris, les
espées traites, desquiex je cuidais vraiement qu'il venissent
por nous occire; mais non feisoient, ançois nous envoia Diex
notre confort entre aus.

Car il amenerent un petit home si vieil, par semblant,
comme home poist estre; et le tenoient, par semblant, celle
jeune gent pour fol, et distrent au conte de Bretagne, qu'i
le feissent oïr, ce que c'estoit um des plus prodomes de lor
loi. Et lors s'apoia li viex petiz home sur sa croce, et atout

c'étaient nos gens qu'on mettait en un grand parc tout clos de murs de pierre. Ceux qui ne voulaient pas renier, on les tuait ; ceux qui reniaient, on les laissait.

Dans cette grande peur de mort où nous etions, vinrent à nous jusqu'à treize ou quatorze du conseil du soudan, très richement parés de draps d'or et de soie, et ils nous firent demander (par un frère de l'Hôpital qui savait le sarrasinois) de la part du soudan, si nous voudrions être délivrés, et nous dîmes que oui, et ils le pouvaient bien savoir.

Et ils nous demandèrent si nous donnerions aucuns des châteaux du Temple ou de l'Hôpital pour notre délivrance. Et le bon comte Pierre de Bretagne leur répondit que ce ne pouvait être, parce que les châtelains juraient sur reliques, quand on les y mettait, que pour délivrance de corps d'homme ils ne les rendraient pas. Et ils nous demandèrent après si nous leur donnerions aucuns des châteaux que les barons tenaient au royaume de Jérusalem pour notre délivrance. Et le comte de Bretagne dit que non ; car les châteaux n'étaient pas du fief du roi de France.

Quand ils ouïrent cela, ils nous dirent que puisque nous ne voulions faire ni l'un ni l'autre, ils s'en iraient et nous amèneraient ceux qui joueraient avec nous des épées. Et le comte de Bretagne leur dit que c'était chose facile d'occire celui qu'on tuait en sa prison.

Quand ils s'en furent allés, une grande foison de jeunes gens sarrasins entrèrent dans le clos là où l'on nous tenait prisonniers, les épées tirées, dont je pensai vraiment qu'ils venaient pour nous occire ; mais non, au contraire, Dieu nous envoya notre confort parmi eux.

Car ils amenèrent un petit homme aussi vieux, semblait-il, qu'homme pût être ; et ces jeunes gens le tenaient, semblait-il, pour fou ; et ils dirent au comte de Bretagne, pour qu'ils le fissent ouïr, que c'était un des plus prud'hommes de leur loi. Et alors le vieux petit homme s'appuya sur sa

sa barbe et ses treces chenues, et dist au conte que il avoit
entendu que li crestiens créoient un Dieu qui avoit été pris
pour aus, batus pour aus, mors pour aus, et au tiers jour
estoit resuscitez.

Et tout ce lui otroia li cuens; et lors redist le viex hom
que donc ne vous devez vous mie plaindre si vous avez estei
pris pour li, batu por li, navrei por li, car ausi avoit il estei
pour vous, ne encore n'avez pas la mort sofferte pour li,
ainsi comme il avoit fait pour vous. Et après nous dist que
« se vostre Diex avoit eu pooir de lui resusciter, et donc
vous avoit il bien pooir de delevrer quant li plairoit. »

Et vraiement encore croi-je que Diex le nous anvoia, car il
tarda molt pou après ce qu'il s'en fu alei, que li consaus
le soudan revint, qui nous dist que nous envoissiens quatre
de nous parler au roi, liquiex nous avoit (par la grace que
Diex li avoit donnei) tous seuz pourchacié nostre delivrance.
Et sachiez que voirs estoit; car ausi saigement l'avoit pourchacié li rois, par la grace Dieu, com se il eust tout le conseil de la crestientei avec lui.

XII. — *Il monta es cieus.*

La prophesie de l'uevre, si est le ravissemens de Helye
que vous véez ci-desuz point, qui monta es cieus par la volontei Nostre-Seignor, et demourra jusques à la venue Antecrist; et lors Nostre Sires l'anvoiera pour conforter lou
pueple, par quoi il ne croient en Antecrist ne en ses huevres.

La prophecie de la parole est de ce que Diex meismes dist
à ses apostres quand il lor dist : « Je monterai à mon Père
et lou vostre. » Et li angles meismes qui desus est point lour
dist, car ausi com il montoit, revenroit il au jour dou jugement.

La profecie de l'uevre de cele y jornée que nostre huma-
nités fu assise à la destre Dieu le Pere, fu la cote Joseph,

béquille, avec sa barbe et ses cheveux chenus, et dit au
comte qu'il avait appris que les chrétiens croyaient en un Dieu
qui avait été pris pour eux, battu pour eux, mis à mort
pour eux, et au troisième jour était ressuscité.

Et tout cela le comte le lui accorda; et alors le vieil homme
reprit la parole et dit : « Donc vous ne vous devez pas
plaindre si vous avez été pris pour lui, battus pour lui, blessés
pour lui; car il l'avait été aussi pour vous, et vous n'avez
pas encore souffert la mort pour lui, ainsi qu'il avait fait
pour vous. » Et il nous dit après : « Si votre Dieu a eu le
pouvoir de se ressusciter, il a donc bien le pouvoir de vous
délivrer quand il lui plaira. »

Et vraiment je crois encore que Dieu nous l'envoya; car il
se passa bien peu de temps après qu'il s'en fut allé, quand
les conseillers du soudan revinrent, qui nous dirent que
nous envoyassions quatre des nôtres parler au roi, lequel
nous avait (par la grâce que Dieu lui avait donnée) tout seul
négocié notre délivrance. Et sachez que c'était vrai; car le
roi l'avait aussi sagement négocié, par la grâce de Dieu, que
s'il eût eu tout le conseil de la chrétienté avec lui.

XII. — *Il monta aux cieux.*

Le prophète de l'œuvre c'est le ravissement d'Élie que vous
voyez peint ci-dessus, qui monta aux cieux par la volonté de
Notre-Seigneur, et demeurera jusques à la venue de l'Ante-
christ; et alors Notre-Seigneur l'enverra pour conforter le
peuple, afin qu'ils ne croient pas à l'Antéchrist ni à ses œuvres.

La prophétie de la parole est ce que Dieu même dit à ses
apôtres quand il leur dit : « Je monterai à mon Père et au
vôtre. » Et l'ange même qui est peint ci-dessus leur dit
qu'ainsi qu'il montait, ainsi reviendrait-il au jour du jugement.

La prophétie de l'œuvre de cette journée, où notre humanité fut assise à la droite de Dieu le Père, fut la cotte de

que vous véez ci-pointe, la cote Joseph présentée à Jacob son
pere depecée et ensanglantée; et ausi fu la char Jhesu-Crist à
Dieu le Pere. Et que fist Jacob? Il dessira la soie cote; et en
icele memoire poons nous dire que Diex le Pere redessira la
soie cote.

Par la cote Nostre-Seignor poons antendre la loy des Juis;
car ansi comme la cote Jacob estoit plus près de lui que nus
de ses autres vestements, ansi estoit lors la loys des Juis
plus près de Nostre-Seignor que nule des autres loys qui
lors fust. Et maintenant que il orent crucifié son Fil, il les
dessira de lui. En la manière que li hom bien correciez
dessire sa cote en dous mains, et si en giete une piece çà,
et autre là, par mautalent dessira Nostre Sires les Juis d'au-
tor lui. Les pieces en a gité par lou monde, une partie çà et
autre là.

Par molt d'autres pechcz qui furent en la vieille loi furent
mis en chetivoisons, et adès lor donoit Nostre Sires terme
de lour delivrance de cent anz en aval. Or a jà mil CC.IIII.XX
et sept qu'il sont en chetivoisons en diverses regions sanz
nul terme certain de lour délivrance. Et pour ce que il n'a
de lor delivrance ne terme ne mesure, por ce pert il bien
qu'il ont pechié outre mesure.

XIII. — *Et siet à la destre dou Père Tout-Poissant.*

La profecie de la parole dist David : « Mes Sires dist à
mon Signor : « Sié toi à ma destre jusques je mete tes ene-
« mis sous ton pié. »
Or véons donc que se nous connoissions bien comment
nous sommes desous les piez Jhesu Christ, et le grant pooir
qu'il a sor nous, nous ne ferions jamais mal; mais les
besoignes de ce monde ne le nous laissent pas si bien que
noistre comme besoing seroit à nous. Mais à celui jour que

Joseph que vous voyez ici peinte, la cotte de Joseph présentée à son père Jacob, dépecée et ensanglantée; et la chair de
Jésus-Christ le fut aussi à Dieu le Père. Et que fit Jacob?
Il déchira sa propre cotte; et en mémoire de cela nous pouvons dire que Dieu le Père à son tour déchira sa propre
cotte.

Par la cotte de Notre-Seigneur, nous pouvons entendre la
loi des Juifs; car ainsi que la cotte de Jacob était plus près
de lui que nul de ses autres vêtements, aussi était alors la loi
des Juifs plus près de Notre-Seigneur que nulle des autres
lois qui fût alors. En aussitôt qu'ils eurent crucifié son Fils, il
les déchira de lui. Et la manière que l'homme bien courroucé
déchire sa cotte à deux mains, et puis en jette une pièce çà
et l'autre là, par haine Notre-Seigneur déchira les Juifs
d'autour de lui. Il en a jeté les pièces par le monde, une
partie çà et l'autre là.

Pour beaucoup d'autres péchés qui furent en la vieille loi
ils furent mis en captivité, et toujours Notre-Seigneur leur
donnait le terme de leur délivrance à cent ans de là. Maintenant il y en a déjà mille deux cent quatre-vingts et sept
qu'ils sont en captivité en diverses régions, sans nul terme
certain de leur délivrance. Et parce qu'il n'y a ni terme ni
mesure pour leur délivrance, à cause de cela il paraît bien
qu'ils ont péché outre mesure.

XII. — *Et il est assis à la droite du Père Tout-Puissant.*

La prophétie de la parole c'est David qui dit : « Mon Seigneur dit à mon Seigneur : « Sieds-toi à ma droite jusqu'à
« ce que je mette tes ennemis sous tes pieds. »

Or nous voyons donc que si nous connaissions bien comment nous sommes sous les pieds de Jésus-Christ, et le grand
pouvoir qu'il a sur nous, nous ne ferions jamais le mal; mais
les affaires de ce monde ne nous le laissent pas aussi bien
connaître que cela nous serait nécessaire. Mais à ce jour où

il vanra dou ciel por jugier les vis et les mors, lors conoisterons nous se grant poissance clerement et apertement; car il n'i aura jà ne saint ne sainte qui ne tramble de paour à sa venue.

Cele venue et cele jornée avoit bien Job ou cuer; car encore fust-il li plus grant amis que Diex eust a son tens en terre, si dotait-il tant celle jornée qu'il dist à Dieu : « Sire, où me responderai-je au jor del jugement que je ne voic l'ire ta face? »

XIV. — *Et venra au jour dou jugement jugier les mors et les vis.*

La profecie de l'uevre, si est li jugement que vous véez ci-après point, que Salemons fist des dous fames, qui nous senefient la vieille loi et la nouvele. Noble chose et honorable et porfitable a en droit jugement; car Salemons dist que joistise et drois jugemens plait plus à Nostre-Seignor que offrande ne autres dons. Et pour ce vous en toucherai un petit pour enseignier ceus a cui joustice apartient.

Et disons que l'espée qui tranche de dous pars senefie la droite justice. Ce que l'espée tranche ausi bien devers celui qui la tient com devers les autres, nous donne à antendre que nous devons faire droite joustice ausi bien de nous comme d'autrui, et ausi de nos amis com de nos anemis. Et sachiez que li princes qui einci lou feroit serait amés et dotez dou peuple, ansi com la Bible dist que Salemons fu loez et douté dou pueple dou droit jugement qu'il ot fait a dous fames.

XV. — *Je croi ou Saint-Esperit, et si croi en sainte Eglise.*

Au Saint-Esperit devons-nous croire, car par lui nous

il viendra du ciel pour juger les vivants et les morts, alors
nous connaîtrons sa grande puissance clairement et à découvert; car il n'y aura alors ni saint ni sainte qui ne tremble
de peur à sa venue.

Cette venue et cette journée, Job les avait bien en son
cœur; car encore qu'il fût le plus grand ami que Dieu eût de
son temps sur terre, pourtant il redoutait tant cette journée
qu'il dit à Dieu : « Seigneur, où me cacherai-je au jour du
jugement, pour que je ne voie pas la colère de ta face? »

XIV. — *Et il viendra au jour du jugement juger les morts
et les vivants.*

La prophétie de l'œuvre c'est le jugement que vous voyez
ci-après peint, que Salomon fit des deux femmes, qui nous
signifiait la vieille loi et la nouvelle. Il y a quelque chose de
noble et d'honorable et de profitable dans le droit jugement;
car Salomon dit que justice et droit jugement plaisent plus
à Notre-Seigneur qu'offrandes ni autres dons. Et à cause de
cela, je vous en parlerai un peu pour enseigner ceux à qui
la justice appartient.

Et disons que l'épée qui tranche de deux côtés signifie la
droite justice. De ce que l'épée tranche aussi bien devers
celui qui la tient que devers les autres, cela nous donne
à entendre que nous devons faire droite justice aussi bien de
nous que d'autrui, et aussi bien de nos amis que de nos
ennemis. Et sachez que le prince qui ainsi le ferait serait
aimé et redouté du peuple, ainsi que la Bible dit que Salomon fut loué et redouté du peuple à cause du droit jugement
qu'il avait rendu à deux femmes.

XV. — *Je crois au Saint-Esprit, et aussi je crois
en la sainte Église.*

Au Saint-Esprit nous devons croire, car par lui nous

viennent tout li bien : ce est la grace de Dieu le tout poissant.

La profecie de l'uevre sor le jour de Pentecoste, si est de Heli le profete, cui Diex envoia le feu dou ciel qui se espandoit sor les sacrefices ; et fu senefiance que Diex envoieroit lou Saint-Esperit en semblance de feu, le jour de la Pentecouste, à ses apostres.

La profecie de la parole, si est de Johel, qui dist com cil qui parloit pour Dieu le Père, et dist : « Je respanderai mon Esperit sor mes serjans.

XVI. — *Et ou pardon des pechiez qui nous est faiz par les sacrements de sainte Eglise.*

Nous devons croire la sainte Eglise de Romme, et devons croire es commandemens que li apostoiles et li prelat de sainte Eglise nous font, et faire les penitances qu'il nous enjoignent.

Nous devons croire es communs sacremens de sainte Eglise qui ci après sont point ; ce est à savoir en baptesme, ou sacrement de l'autel ; en mariage, ou pardon des pechiez, et es autres sainz sacremens que sainte Eglise nous ensaigne à croire. Et ausi comme je vous ai dit devant, si fermement i devons croire que riens terriene ne nous poisse deseuvrer, ne habundance ne pestilence.

Nostre Sires nous a donné les sacremens desus diz par lesquiex nous serons roy coronei ou réaume dou ciel, qui jamais ne nous faura. Et de ce dist David et profetiza ausi com se il fust de la loi crestienne, et dist : « Ha! Diex sires, que te renderai-je pour tous les biens que tu m'as fait? »

La profecie de l'uevre sor les noveles graces que je vous ai touchié, si est de Jacob, cui on amena les dous fils Joseph por ce que il leur donast sa benéisson ; et li mist on l'ainznei devers sa destre main, et le moinsnei devers la senestre. Et li viennent tous les biens; c'est la grâce de Dieu le tout-puissant.

La prophétie de l'œuvre sur le jour de la Pentecôte, elle est d'Élie le prophète, à qui Dieu envoya le feu du ciel qui se répandait sur les sacrifices : et cela signifia que Dieu enverrait le Saint-Esprit sous l'apparence de feu, le jour de la Pentecôte, à ses apôtres.

La prophétie de la parole, elle est de Joël, qui parla comme celui qui parlait pour Dieu le Père et dit : « Je répandrai mon Esprit sur mes serviteurs. »

XVI. — *Et au pardon des péchés qui nous est fait par les sacrements de la sainte Église.*

Nous devons croire la sainte Église de Rome, et devons croire aux commandements que le pape et les prélats de la sainte Église nous font, et faire les pénitences qu'ils nous enjoignent.

Nous devons croire aux communs sacrements de la sainte Église qui sont peints ci-après : c'est à savoir au baptême, au sacrement de l'autel, au mariage, au pardon des péchés, et aux autres saints sacrements que la sainte Église nous enseigne à croire. Et ainsi que je vous ai dit devant, nous devons y croire si fermement, que rien au monde ne nous en puisse séparer : ni abondance ni pestilence.

Notre-Seigneur nous a donné les sacrements dessus dits par lesquels nous serons couronnés rois au royaume du ciel, qui jamais ne nous fera défaut. Et sur cela David dit et pro-phétisa comme s'il eût été de la loi chrétienne, et dit : « Ah ! Seigneur ! que te rendrai-je pour tous les biens que tu m'as faits ? »

La prophétie de l'œuvre, sur les nouvelles grâces dont je vous ai parlé, elle est de Jacob, à qui on amena les deux fils de Joseph pour qu'il leur donnât sa bénédiction; et on lui mit l'aîné devers sa main droite, et le puîné devers sa main

prodome croisa ses bras et mist sa main destre sor le moinsnei et la senestre sor l'ainznei. Et ce fu senefeance et profecie que Diex osteroit sa benéiçon de la loi des Juis, qui
ançois fu faite que la nostre; et meteroit sa benéiçon sor la
nostre loi crestienne : et ce est tout cler; car il n'ont ne rois
ne evesques enoinz, et nous les avons.

XVII. — *Et si croi la resurrection de la char.*

En la resurrection de la char devons croire fermement;
car tuit cil sont fors de la foi qui n'i croient. Car se li mort
ne resuscitoient, Diex ne seroit pas an cest androit droi-
turex. Et ce poez vous veoir tout cler par les sains et les
saintes qui furent, dont li cors soffrirent tant de tormens
pour l'amour de Nostre-Seignor, que se Diex ne randoit le
guerredon aus cors qui ces tormans ont soffert, malvais service auroient fait.

Et or revéons d'autre part lou contraire, c'est à scavoir
dou cors aus pecheors, que Diex a soffert ausi con toute lour
aise en ce monde; que des prosperités que Diex lour avoit
prestées il ont guerroyé Nostre-Seignor.

Là ne ne seroit pas la balance Nostre-Seignor droite, se li
cors de ceus ne resusciteroient pour atandre lou jugement
et la joustice que Diex lour a appareillée en anfer, si com il
meismes lou tesmoigne de sa bouche.

Et lour maus vengera Diex seur les armes et seur les cors
d'aus en l'autre siècle, pour ce que Diex ne fist nule van-
gence d'aus en ce siècle.

Boneurée iert la resurrections des mors qui es euvres
Dieu morront, si com dist sainz Jehans en l'Apocalipse; car
lour joies et lour bieneurtez lour doubleront, ce est à savoir
en cors et en arme, et aus malvais desuz diz redoubleront
lour poignes et lour maleurtés en cors et en armes.

Et à ceus profetize Zophonias, que vous véez ci-joint, et

gauche. Et le prud'homme croisa ses bras, et mit sa main droite sur le puîné et la gauche sur l'aîné. Et ce fut pour signifier et prophétiser que Dieu ôterait sa bénédiction de la loi des Juifs, qui fut faite avant la nôtre, et mettrait sa bénédiction sur la loi chrétienne : et c'est tout clair, car ils n'ont ni rois ni évêques sacrés, et nous les avons.

XVII. — *Et aussi je crois la résurrection de la chair.*

A la résurrection de la chair nous devons croire fermement; car tous ceux-là sont hors de la foi qui n'y croient pas. Car si les morts ne ressuscitaient pas, Dieu en ce point ne serait pas juste. Et vous pouvez voir cela clairement par les saints et les saintes d'autrefois, dont les corps souffrirent tant de tourments pour l'amour de Notre-Seigneur, que si Dieu ne rendait la récompense aux corps qui ont souffert ces tourments, ils auraient fait mauvais service.

Et maintenant nous voyons encore d'autre part le contraire : c'est à savoir par le corps des pécheurs à qui Dieu a souffert presque toutes leurs aises en ce monde, en sorte que des prospérités que Dieu leur avait prêtées ils ont guerroyé Notre-Seigneur.

Là ne serait pas droite la balance de Notre-Seigneur, si les corps de ceux-là ne ressuscitaient pour attendre le jugement et la justice que Dieu a préparés en enfer, ainsi que lui-même le témoigne de sa bouche. Et leurs péchés, Dieu les vengera sur leurs âmes et leurs corps en l'autre siècle, parce que Dieu ne tira aucune vengeance d'eux en ce siècle.

Bienheureuse sera la résurrection des morts qui mourront dans les œuvres de Dieu, ainsi que dit saint Jean en l'Apocalypse, car leur joie et leur bonheur leur doubleront : c'est à savoir en corps et en âme; et aux mauvais dessus dits redoubleront leurs peines et leur malheur en corps et en âme.

Et c'est à eux que prophétisa Sophonias, que vous voyez

dist que celle jornée iert à aus dure et de misere et de pleurs et de chativités, à ceus encore qui en iront en anfer.

Et dist sainz Augustins, que vous véez ci-point : « Que vaut à l'ome se il conquiert tout le monde à tort, qui maintenant li foura, et il en conquiert anfer et la mort, qui touz jours durra? »

XVIII. — *Et la vie pardurable. Amen.*

Nous devons croire fermement que li saint et les saintes qui trespassei sont, et li prodome et les prodefames qui ores vivent, averont vie et joie pardurable es cieus là sus auront et seront à la table Nostre-Seignor : laquel joie vous verrez pointe ci-après un petit selonc ce que l'Apocalipse le devise.

La profecie de l'uevre poez veoir et par les cinc saiges et par les cinc folles, que vous veez ci-devant jointes, qui senefient les cinc senz de l'ome.

Par les cinc senz dou preudome, entendons nous les cinc saiges virges, par lesquiex li saint et li preudome sont senefié, parce que il gardent lour cinq senz et lour vies netement; et parce qu'il netement les gardent en cest siecle, n'iert par lor lumière estainte par pechié. Et pour ce qu'il venront atout lor lampes emprises, par lesquiex nous poons antendre netes vies, la porte de paradis lors sera overte, et antreront as noces lou Fil Dieu, qui nous est senefiez par l'angnel.

Et pour ce que lor seront les noces plainnes, et seront closes les portes de paradis, que jamais nus n'i anterra; ançois dira Diex à tous les autres, aussi comme li espouz dist as foles vierges, pour ce qu'elles avoient les lumières estaintes; lour dist quant elles huchierent à la porte : « Je ne vous conois. — Je ne vous conois, » fera Dieu à tous les malvais. Hé! Diex, com mal mot! Car ostel ne troveront où il se puissent hebergier, fors en anfer seulement; car tout ici peint. Et il dit que cette journée leur sera dure et de misère, et de pleurs et d'affliction, à ceux encore un coup qui s'en iront en enfer.

Et saint Augustin que vous voyez ci-peint dit : « Que vaut à l'homme s'il conquiert à tort tout le monde, qui maintenant lui fera défaut, et qu'ainsi il conquière l'enfer et la mort, qui toujours lui durera? »

XVIII. — *Et la vie éternelle. Amen.*

Nous devons croire fermement que les saints et les saintes qui sont trépassés, et les prud'hommes et les femmes de bien qui vivent maintenant auront une vie et une joie éternelles dans les cieux, là-haut, et seront à la table de Notre-Seigneur, laquelle joie vous verrez peinte ci-après un peu selon que l'Apocalypse l'explique.

La prophétie de l'œuvre vous la pouvez voir et par les cinq vierges sages, par lesquelles les saints et les prud'hommes sont signifiés parce qu'ils gardent leurs cinq sens et leur vie nettement; et parce qu'ils les gardent nettement en ce siècle, leur lumière ne sera pas éteinte par le péché. Et parce qu'ils viendront avec leurs lampes allumées, par lesquelles nous pouvons entendre vies nettes, la porte du paradis leur sera ouverte, et ils entreront aux noces du Fils de Dieu, qui nous est signifié par l'agneau.

Et parce qu'alors les noces seront pleines, les portes du paradis seront closes, en sorte que jamais nul n'y entrera. Mais Dieu dira à tous les autres, ainsi que l'époux dit aux vierges folles, parce qu'elles avaient leurs lumières éteintes; il leur dit quand elles huchèrent à la porte : « Je ne vous connais pas. — Je ne vous connais pas, » fera Dieu à tous les mauvais. Hé! Dieu, quel mauvais mot? Car ils ne trouveront hôtel où ils se puissent héberger, hors en enfer

iert ars et brui, terre et mers, et toute autre créature ter-
rienne, fors que li bon et li malvais.

Et pour ce lors ne seront que ces dous manieres de gens,
li bon qui ampirier ne porront, li malvais qui jamais n'amenderont, ne laira Diex que dous ostiex, dont li uns ce est li
dolerex ostiex d'anfer (dont Diex nous garde par sa grace,
et nous meismes nous en gardons), et li ostiex de paradis,
ouquel nous nous travaillons à habiter, se ferons nous plus
que saige. Et Diex le nous octroie par la priere de sa douce
Mère !

Nous trouvons qu'il fu un preudome en la vieille loi qui ot
à non Jacob, à cui Diex s'aparut; et maintenant que Jacob
le vit, il l'ambraça, et tant le tint embracié que Diex li
changea son non, et li mist non Israel. Et la glose vaut
autant de *Jacob* com *combaterres* ou *luiterres,* et senefie que
preudome en cest siecle doivent estre combatcour ou luiteor.

Tuit preudome se doivent combatre contre l'enemi et
contre les malvais deliz de la char; car par chevalcric covient
conquerre lou regne des ciex; dont Job dist que la vie dou
preudome est chevaleric sor terre.
Luiteour doivent estre tuit preudome; car il doivent tenir
Dieu a dous bras, sanz partir de lui tant qu'il lor ait donei
lor benéiçon et changié lor nons ausi comme il fist Jacob,
cui il mist non Israel, qui vaut comme *cil qui voit Dieu.*
A ce mot poons antendre que nus n'est seurs en cest monde
qu'il ait la benéiçon Diex droitement jusque en l'autre siecle,
là où nous verrons Dieu face à face.

Et pour ce nous est mestiers que nous tenons à dous bras
Dieu joint en nous, tant com nous serons en ceste mortel
vie, par quoi li enemis ne se puisse metre entre nous et lui.

seulement : car tout sera brûlé et consumé, terre et mer, et toute autre créature terrestre, hors les bons et les mauvais.

Et parce qu'alors il n'y aura que ces deux sortes de gens : les bons, qui ne pourront empirer, les mauvais, qui jamais n'amenderont, Dieu ne laissera que deux hôtels, dont l'un est le douloureux hôtel d'enfer (dont Dieu nous garde par sa grâce, et nous-mêmes gardons-nous-en, et nous agirons en sages) et l'hôtel de paradis, où puissions-nous nous efforcer d'habiter, et nous agirons plus qu'en sages. Et Dieu nous l'octroie par la prière de sa douce Mère !

Nous trouvons qu'il fut un prud'homme en la vieille loi qui avait nom Jacob, à qui Dieu apparut, et aussitôt que Jacob le vit il l'embrassa et le tint embrassé jusqu'à ce que Dieu lui changeât son nom, et lui donnât le nom d'Israël. Et le glose de Jacob veut dire *combattant* ou *lutteur*, et signifie que les prud'hommes, en ce siècle, doivent être des combattants et des lutteurs.

Tous les prud'hommes doivent combattre contre l'ennemi et contre les mauvais plaisirs de la chair; car c'est en guerroyant qu'il faut conquérir le royaume des cieux; à cause de quoi Job dit que la vie du prud'homme est de guerroyer sur terre.

Tous les prud'hommes doivent être des lutteurs, car ils doivent tenir Dieu à deux bras, sans le lâcher, jusqu'à ce qu'il leur ait donné sa bénédiction, et changé leurs noms ainsi qu'il fit à Jacob, à qui il donna le nom d'Israël, qui veut dire *celui qui voit Dieu.* Par ce mot nous pouvons entendre que nul n'est sûr en ce monde qu'il ait la bénédiction de Dieu positivement jusqu'en l'autre siècle, là où nous verrons Dieu face à face.

Et pour cela il nous est nécessaire que nous tenions à deux bras Dieu serré contre nous tant que nous serons en cette mortelle vie, afin que l'ennemi ne puisse se mettre entre

Li dui bras de quoi nous devons tenir Dieu embracié, si sont ferme foiz et bones huevres; ces dons nous convient ensemble se nous volons Dieu retenir, car li uns ne vaut rien sanz l'autre.

Et ce poez vous veoir par les dyables, qui croient fermement tous les articles de nostre foi; et riens ne lour vaut por ce qu'il ne font nulles bones euvres. Le contraire poons nous veoir es Sarrazins et es bougres parfaiz, qui font molt de grans penances; et riens ne leur vaut, car il est escrit que cil qui ne croiront seront dampnei.

Or poons veoir que il covient avoir ensamble ferme foi et bonnes huevres; et pour nous oster ou de l'un ou de l'autre, se combatent li anemi à nous touz les jours; et plus s'en traveilleront à nous au darrien jour qu'il ne font ore, çe est à antendre au jour de la mort, là où Diex et sa Mère et si saint et ses saintes nous veillent aidier!

Au jour darriein verra li fels qu'i ne nous porra tolir les biens que nous averons fait; et verra que nul mal ne vous porra fair, pour ce que tous li pooirs dous cors nous iert faillis. Lors nous assaura d'autre part, et se traveillera et fera son pooir de nous metre en aucune temptation contre la foi ou en autre maniere, par quoi il nous poisse faire morir en aucune molvaise volontei, dont Diex nous gart!

Et lors sera touz propres li romans ces ymaiges des poinz de nostre foi jusques euz en la mort, pour ce que li anemis nen apere par aucune malvaise avision; et devant lou malade façons lire le romant qui devise et enseigne les poinz de nostre foi, si que par les eux et par les oreilles mete l'on lou cuer dou malade si plain de la verraie cognoissance, que li anemis ne là ne aillours ne puis riens metre ou malade dou sien, douquel Diex nous gart à celle journée de la mort et aillors!

nous et lui. Les deux bras de quoi nous devons tenir Dieu embrassé, ce sont la ferme foi et les bonnes œuvres; les deux nous sont nécessaires ensemble si nous voulons retenir Dieu, car l'un ne vaut rien sans l'autre.

Et cela vous le pouvez voir par les diables, qui croient fermement tous les articles de notre foi; et cela ne leur sert à rien parce qu'ils ne font nulles bonnes œuvres. Le contraire, nous le pouvons voir aux Sarrasins et aux hérétiques parfaits, qui font beaucoup de grandes pénitences; et cela ne leur sert à rien, car il est écrit que ceux qui ne croiront pas seront damnés.

Or nous pouvons voir qu'il faut avoir ensemble ferme foi et bonnes œuvres; et pour nous retirer ou de l'un ou de l'autre, les ennemis combattent contre nous tous les jours; et ils se donneront pour cela plus de peine contre nous au dernier jour qu'ils ne font maintenant, c'est-à-dire au jour de la mort, là où Dieu et sa Mère, et ses saints et ses saintes nous veuillent aider!

Au dernier jour le félon verra qu'il ne nous pourra ôter les biens que nous aurons faits, et il verra qu'il ne nous pourra faire nul mal, parce que tout le pouvoir du corps nous fera défaut. Alors il nous assaillira d'autre part, et s'efforcera et fera tout son possible pour nous mettre en quelque tentation contre la foi ou d'autre manière, par quoi il nous puisse faire mourir en quelque mauvaise volonté, dont Dieu nous garde!

Et c'est alors que sera bien convenable le livre français avec les images des points de notre foi jusque dans la mort même, afin que l'ennemi n'apparaisse par aucune mauvaise vision. Et faisons aussi lire devant le malade le livre français qui explique et enseigne les points de notre foi, en telle sorte que par les yeux et les oreilles l'on rende le cœur du malade si plein de la vraie connaissance que l'ennemi, ni là ni ailleurs, ne puisse rien mettre dans le malade du sien : duquel Dieu nous garde à cette journée de la mort et ailleurs !

Devisié vous ai au mielz que je sai comment nous devons tenir Dieu embracié à dous bras, ce est à savoir en bras de ferme foi et en bras de bonnes huevres. Car en grant péril sont cil que li enemis puet esloigner de lui; car Diex les menace qu'il les ferra de son glaive, et les menace qu'il lor traira de ses suietes. Et de ce n'ont garde si ausi, qui à lui sont joint et qui embracié lou tienent.

Or ne le guerpissons pas, si ferons que saige; et nous joinnons à lui tant qu'il nous ait donnei sa benéiçon, et tant qu'il nous ait changié le nom de *Jacob*, qui vaut autant comme *luterres* et *combaterres*, à *Israel*, qui vaut autant com *cil qui voit Dieu*. Liquiex Diex nous gart et nous otroit que nous le puissions veoir face à face, à la sauvetei des ames et des cors; et ce nous poisse il otroier à la prière de sa douce Mère, et monseignor saint Michiel, et touz sainz et toutes saintes! Amen.

Je vous ai expliqué du mieux que je le sais comment nous devons tenir Dieu embrassé à deux bras; c'est à savoir avec le bras de la ferme foi et le bras des bonnes œuvres. Car en grand péril sont ceux que l'ennemi peut éloigner de lui; car Dieu les menace de les frapper de sa lance, et les menace de leur tirer de sa flèche. Et de cela n'ont garde ses amis, qui sont serrés contre lui et qui le tiennent embrassé.

Or ne le lâchons pas, et nous agirons en sages; et serrons-nous contre lui jusqu'à ce qu'il nous ait donné sa bénédiction, et qu'il nous ait changé le nom de *Jacob*, qui veut dire *lutteur* et *combattant*, en *Israël*, qui veut dire *celui qui voit Dieu*. Lequel Dieu nous garde et nous octroie que nous le puissions voir face à face pour le salut des âmes et des corps; et cela nous puisse-t-il octroyer par la prière de sa douce Mère, et de monseigneur saint Michel, et de tous les saints et toutes les saintes ! Amen.

APPENDICE

CHARTES ET DOCUMENTS[1]

Moi Thibault, comte de Champagne et de Brie, comte palatin, fais savoir que telles conventions ont été faites en ma présence, entre Simon, seigneur de Joinville, sénéchal de Champagne, et Marie, comtesse de Grandpré, qui se sont engagés au mariage de Jean, fils aîné de Simon et de son épouse B., avec Alaïs, fille de ladite comtesse, à la condition que ladite comtesse et son fils Henri donneront à Jean et à Alaïs trois cents livrées de terre, en monnaie de Paris, en sorte que les prénommés, Jean et Alaïs, ne pourront désormais rien réclamer ni de l'héritage de leur père, ni de celui de leur mère. Et s'il arrivait que le mariage ne se fît pas, ladite Alaïs serait rendue en lieu sûr et libre à ladite comtesse et à Henri son fils, et ledit Jean serait tenu de doter ladite Alaïs selon les us et coutumes de Champagne.

Je Jehans, sire de Joinville, sénéchal de Champagne, fais à savoir à tous ceux qui ces lettres verront que j'ai juré mon très cher sei-

---

[1] *Biblioth. de l'École des chartes*, 6e série, t. III.

gneur Thibaut, par la grâce de Dieu roi de Navarre, comte palatin de Champagne et de Brie, et promis, comme à mon seigneur lige, sur la foi que je lui dois, que je ne m'allierai au comte de Bar ni par mariage ni par autre chose, ni à lui ni à aucun contre lui, et nommément je ne prendrai à femme la fille du comte de Bar, si ce n'est par l'octroi de monseigneur devant dit; et je lui serai aidant contre toutes gens qui puissent vivre ni mourir; et si j'allais contre ces conventions devant dites, messire le roi devant dit pourrait assener (frapper, atteindre) à tout le fief que je tiens de lui, et le pourrait tenir tant que je lui eusse amendé le méfait à l'égard de sa cour. En témoignage de cette chose, j'ai fait ces lettres sceller, en l'an de l'incarnation de Notre-Seigneur Jésus-Christ mil et deux cents et trente-neuf, le premier jour de mai.

1255. Mars.

Je Jehans, sire de Joinville et sénéchal de Champagne, fait savoir à tous ceux qui sont et qui seront que messire Aubers de Sainte-Livière, messire Rogiers de Chatonru et messire Aubers de Rage-cort, chevalier, seigneur de Fronville, et établis en ma présence, ont repris en fief et en hommage, pour eux et pour leurs hoirs de l'église de monseigneur de Saint-Urbain, tout ce qu'ils ont en la ville de Fronville et en finage, et tout ce qu'ils peuvent attendre en hommes, en bois, en eaux, en terres, en prés et en toutes autres choses. Mêmement messire Rogiers de Chatonru, chevalier devant dit, a repris de la devant dite église de Saint-Urbain l'es-cheoite (succession) qu'il attend de la femme de monseigneur Jehan le Bouchu, son neveu qui fut. Cette chose a été faite par mon los (consentement) et octroi, et l'abbé et le couvent de la devant dite église de Saint-Urbain ont mis toutes ces choses devant dites en ma garde et en ma voerie (avouerie). Et pour que ce soit chose ferme et stable, j'ai mis mon sceau en ces présentes lettres, à la requête des parties devant dites. Ce fut fait en l'an de grâce mille et deux cents et cinquante et cinq ans, au mois de mars.

(Archives de la Haute-Marne, abbaye de Saint-Urbain.)

Avril 1252. Acte daté du camp de Joppé, par lequel saint Louis fait donation à Joinville d'une rente annuelle de deux cents livres.

Ludovicus, Dei gratia Francorum rex, notum facimus quod nos obtentu gratis accepti servitii quod dilectus et fidelis noster Johannes dominus de Gienvilla, seneschalus Campagnie, nobis exhibuit in partibus terre sancte, dedimus et concessimus eidem et heredibus suis ex uxore sua desponsata, qui per tempora tenebunt dominium de Gienvilla, ducentas libras turonenses annui reditus in feodum et hommagium ligium, a nobis et heredibus nostris percipiendas annuatim, in festo Omnium Sanctorum, in coffris nostris; et de hoc homagium ligium nobis fecit contra omnes homines qui possunt vivere aut mori, salva fidelitate comitis Campagnie et comitis Barii, et hoc similiter heredes ipsius predicti facere tenebuntur nobis et heredibus nostris. Quod ut ratum et stabile permaneat, presentem paginam sigilli nostri fecimus impressione muniri.

(Manuscrit nᵒ 1054 de la Bibliothèque nationale.)

1258. Septembre.

Je Jehans, sire de Joinville, sénéchal de Champagne, fait savoir à tous ceux qui verront ces lettres que messire Maheus de Tremble-cort, chevalier, en ma présence établi, a reconnu qu'il a mis en gage à frère Adant, abbé de Saint-Urbain par la grâce de Dieu, pour soixante livres de fors provenisiens, lesquels il a reçus du devant dit abbé en deniers comptants, sa partie du moulin de Saint-Amant de Pisson, et sa partie du porchet (corps de logis) qu'on prend au lais (à côté) du moulin, et sa partie de la dîme de Pisson en blé et en vin, lesquelles parties furent prisées, le blé cinq setiers par an, et le vin cinq muids; quatre muids en la dîme, et un muid que Thibaut Rates en payait chaque année à monseigneur Maheus de rente. Et s'il advenait par aventure que la dîme de blé ou la dîme de vin ne valût pas tant chaque année, le devant dit abbé ou ses comman-'dements prendrait la faute du vin en vin des vignes de monseigneur

Maheus, et la faute du blé, si elle y était, en assensies (cens) des hommes de monseigneur Maheus à Pisson.

Après il lui a mis en gage sa partie des prés qu'il tient à Pisson et en finage de Pisson. Et il lui a mis en gage demi-muid de blé, moitié froment, moitié avoine, à la mesure de Joinville, que messire Maheus prenait chaque année pour son charruage, ou son charruage, si ledit abbé le préfère. Et s'il advenait par aventure que l'abbé ne prît pas le charruage, ou ne pût avoir le demi-muid de blé de celui qui tiendrait le charruage, ledit abbé prendrait les défauts du blé en assensies des hommes de monseigneur Maheus à Pisson.

Et toutes ces choses que l'abbé prend en gage de monseigneur Maheus sont du fief de l'église de Saint-Urbain. Et est à savoir que l'abbé de Saint-Urbain ou ses commandements tiendront toutes ces choses devant dites jusques à tant que messire Maheus aura rendu à l'abbé de Saint-Urbain les devant dites soixante livres entièrement. Et quand il les aura rendues entièrement, il reprendra sa chose devant dite toute quitte. Et pour que cette chose soit ferme et stable, j'ai mis mon sceau en ces lettres, à la requête des parties. Ce fut fait en l'an de grâce mille deux cent et cinquante et huit ans, au mois de septembre.

(Archives de la Haute-Marne; abbaye de Saint-Urbain.)

1261. 11 décembre.

Je Jehans, sire de Joinville et sénéchal de Champagne, fais savoir à tous ceux qui ces lettres verront et ouïront, que messire Gautiers, chevalier, sire de Rinel, en son bon sens et en bonne mémoire, a donné en aumône à l'église de Vaus en Ornoys, de l'ordre de Cîteaux, et aux frères qui y servent Notre-Seigneur, son moulin qu'il avait à Limeville, pour le remède de son âme et de ses ancêtres. Et cette aumône est faite par mon consentement et par mon octroi, et par le consentement et l'octroi d'Alix, ma femme, sauve ma garde et ma justice. Et en témoignage de cette chose, j'ai donné ces lettres aux frères devant nommés, scellées de mon sceau.

Ce fut fait en l'an que le milliaire de Notre-Seigneur courait par mil et cc et lx et un ans, le dimanche après la fête de saint Nicolas.

(Archives de la Meuse; abbaye de Vaux.)

1262. Lettre de Thibaut, comte de Champagne, au sujet d'une réclamation de Joinville.

Nous Thibaut, par la grâce de Dieu roi de Navarre, de Champagne et de Brie, comte palatin, faisons savoir à tous ceux qui ces lettres verront et ouïront que quand nous fîmes servir notre aimé et féal Jehan, seigneur de Joinville, sénéchal de Champagne, devant nous de l'escuelle, aux noces de monseigneur Philippe, fils aîné du roi de France, et à la chevalerie dudit Philippe, le sénéchal dessus nommé nous requit que nous lui fissions satisfaction pour les écuelles de quoi il avait servi devant nous, lesquelles devaient être siennes, si comme il disait : et nous lui répondîmes lors que les écuelles étaient au roi de France; et toutefois nous ne voulons pas que ces choses dessus dites puissent grever notre sénéchal dessus nommé, par la raison que nous et nos hoirs commanderons audit sénéchal ou à ses hoirs qui servent devant nous que toutes leurs droitures leur soient sauves par la raison de la sénéchaussée, ainsi comme devant. Et en témoignage de ces choses, nous avons fait sceller les présentes lettres de notre sceau, qui furent faites par nous à Beaune, le lundi prochain après les octaves de Pâques, en l'an de grâce MCCLXII.

1262, Juin.

Je Jehans, sire de Joinville et sénéchal de Champagne, fais savoir à tous que comme désaccord fut mis entre l'église de Saint-Mansui de Toul, d'une part, et Guillaume de Haute-Ville, écuyer, mon homme, d'autre part, de l'aumône que messire Henri, chevalier, père dudit Guillaume, fit à ladite église, c'est à savoir de trente setiers de blé, le tiers froment et les deux parts avoine, à prendre perpétuellement chaque année en tiers des dîmes de Lyzéville et de la Neuve-Ville; à la fin paix et accord fait entre les deux parties par devant moi, en telle manière que ledit Guillaume, pour Dieu et en aumône, approuve et octroie et confirme la même aumône, comme son père la fit. Et cette aumône (faite par le père dudit Guillaume et confirmée par ledit Guillaume, qui meut de mon fief), je l'ai approuvée et octroyée à ladite église à tenir perpétuellement. Et pour que ce soit ferme chose, à la requête dudit écuyer, j'ai mis mon sceau en ces lettres, qui furent faites en l'an que le milliaire courait par MCCLXII ans, au mois de juin.

(Bibliothèque nationale. Collection de Lorraine.)

1262. Janvier.

Je Jehans, sire de Joinville, sénéchal de Champagne, et je Alix, femme à devant dit Jehans, fille à noble baron Gautier, seigneur de Rinel, faisons connaître à tous ceux qui ces lettres verront et ouïront que nous avons échangé à l'abbé et au couvent de la Creste tout ce que nous avions et avoir pouvions et devions à Cireis et en finage de cette ville, en tout preus (profit) et en tout us, avec ce que l'abbé et le couvent de la Creste avaient et pouvaient avoir à Betoncourt, et au finage de cette ville, en tout preus et en tout us, en telle manière que nous et notre hoir, seigneur de Rinel, tiendrons permanablement à toujours tout ce qu'ils avaient et pouvaient avoir à Betoncourt et en finage de cette ville; et l'abbé et le couvent devant dit tiendront aussi permanablement tout ce que nous avions ou avoir pouvions ou devions à Cireis et en finage. Et de cet échange nous devons porter à l'abbé et au couvent devant dit loyale garantie envers tous ceux qui voudront aller contre. Et je Alix, devant dite, de l'héritage de laquelle la chose mouvait et meut, tout ce que nous avions et pouvions avoir en ladite ville et finage de Cireis, j'ai promis et convenu, par ma foi donnée corporellement, que je n'irai, par moi ni par autrui, ni ne souffrirai qu'on aille à mon pouvoir contre l'échange devant dit, ni mes hoirs aussi. Et s'il advenait que moi ou aucun de mes hoirs allions contre ces conventions, nous nous obligeons à ce que l'official de Langres, quel qu'il soit, ait pouvoir de nous excommunier et faire dénoncer pour excommuniés, en quelque lieu que nous soyons, et mettre notre terre en interdit à la requête de l'abbé et du couvent dit, toutes les fois qu'ils présenteront ces lettres. Et pour que ces choses soient fermes et stables, et que l'abbé et le couvent devant dit en jouissent en paix permanablement, je Jehans, sire de Joinville devant dit, par la volonté et par la requête d'Alix, ma femme devant dite, ai mis mon sceau en ces présentes lettres, et en suis tenu à porter loyale garantie contre ceux qui voudraient aller contre, par ma foi donnée corporellement. Et je Alix, devant dite, pour plus grande sûreté et confirmation permanable, y ai aussi mis mon sceau, parce que la chose, comme il a été devant devisé, mouvait et était de mon héritage; et en suis aussi tenu à porter loyale garantie par moi corporellement donnée, comme il est devant dit. Ce fut fait en l'an de l'incarnation de Notre-Seigneur mille et deux cents et soixante-deux, au mois de janvier.

(Bibliothèque nationale. Collection de Champagne.)

1262. Mars.

Je Jehans, sire de Joinville, sénéchal de Champagne, et je Alix, femme au devant dit Jehans, fille au noble baron Gautier, seigneur de Rinel, faisons savoir à tous ceux qui ces lettres verront et ouïront, que messire Aubers, chevalier de Ragecort, a reconnu par devant moi qu'il doit chaque année à tous jours pour la dîme de son charruage, lequel lui reste de son père et de sa mère, qui siet au finage de Raigecort, à l'église de Montierender, demi-muid de blé à la mesure du petit boisseau de Vassy, moitié froment, moitié avoine, à prendre chaque année en sa grange de Ragecort, au temps de la saint Remi, qui est en chef d'octobre, et s'il n'avait en la grange tant de blé, l'abbé de Montierender prendrait ledit blé en la moisson d'après sur les terres dudit charruage. Et cette chose a faite ledit Aubers, chevalier, par le consentement et l'octroi de Jehanneit, son fils. Et pour que cette chose soit ferme et stable, j'ai scellé ces lettres de mon sceau, à la requête dudit Aubert et de Jehanneit son fils (que le fief meut de moi), en l'an de grâce mil deux cents et soixante et deux, au mois de mars.

(Archives de la Haute-Marne; abbaye de Montierender.)

1263. Décembre.

Je Jehans, sire de Joinville, sénéchal de Champagne, fait savoir à tous ceux qui verront ou ouïront ces lettres, que notre aimé frère Geoffroi, par la patience de Dieu abbé de Saint-Urbain, chapelain de notre père l'Apostole (le pape), m'a octroyé à faire une chapelle nouvelle en la maison-Dieu de Joinville, par telle condition que les droits de l'église de Saint-Urbain et les droits de ses prieurés et de l'église paroissiale de Joinville y soient saufs. Et de quelque œuvre qu'on y établisse un prêtre pour chanter en cette chapelle, avant qu'il y soit établi, il est tenu de faire serment à l'abbé devant dit et à l'église de Saint-Urbain que toutes les offrandes, de quelque cause qu'elles viennent à sa main, en ladite église, toutes sans diminution, il est tenu de les rendre et rétablir entièrement au prieuré et à l'église paroissiale de Joinville, et le devant dit abbé ne retient rien de ce que l'on donnera pour aumône à l'œuvre de la maison-Dieu ni de la chapelle devant dite. La devant dite chapelle sera toujours sans cloche, excepté une petite clochette à main qu'on sonne à l'élévation du corps de Notre-Seigneur; et on n'y pourra pas faire de cimetière. Et à savoir est que le don et la présentation de ladite chapellenie demeure à toujours à moi et à mes successeurs, seigneurs de Joinville, sauf les droits en toutes choses et par toutes choses qui depuis longtemps appartiennent à l'église de Saint-Urbain et à ses prieurés, et à l'église paroissiale de Joinville. Ce fut fait à Joinville, en l'an de grâces M deux cents et soixante-trois ans, au mois de décembre.

(Archives de la Haute-Marne; chap. Joinville.)

M. Fériel a donné la copie du tableau sans date placé dans l'une des salles de cette maison-Dieu, et qui réglait ainsi les devoirs du gardien de cet hospice destiné aux pauvres passants :

« Le gardien dudit hôpital est obligé de recevoir en icelui tous les pauvres passants qui s'y présenteront sans aucun mal dangereux ni contagieux, suivant la visite et certificat du chirurgien dudit hôpital, et demanderont à y entrer et coucher pour l'honneur de Dieu, et ce pendant deux jours et deux nuits seulement, et leur fournir du bois pour leur chauffage, ensemble des pots, plats, écuelles et autres ustensiles dudit hôpital pour leur soulagement et nécessité ; même des herbages et autres fruits provenant du jardin d'icelui, avec le luminaire pour leur réfection et coucher en cas de nécessité, et généralement faire, tant de jour que de nuit, toutes les choses qu'il est obligé à l'endroit desdits pauvres pour leurs nécessités, soulagement et contentement, sans que pour l'entrée d'iceux audit hôpital, séjour ou sortie, ni pour leur dit chauffage, coucher, ustensiles, herbages, fruits, luminaire, soulagement et service, ni pour quelques autres choses et fournitures procédantes et dépendantes dudit hôpital, lesdits pauvres soient tenus de payer ni de donner aucune chose audit gardien ni à d'autres, suivant l'intention de Madame et du fondateur dudit hôpital.

1264. Juillet.

En nom du Père et du Fils et du Saint-Esprit. Amen.

Je Jehans, sire de Joinville et sénéchal de Champagne, et je Alix, dame de Joinville, faisons savoir à tous que comme discorde fut entre l'abbé et le couvent de Saint-Urbain d'une part, et nous d'autre, sur plusieurs entrepresures que nous requérions envers eux et eux envers nous, à la parfin, par le conseil de bonnes gens, fut accordé entre nous en telle manière que nous octroyâmes et consentîmes et assurâmes que nous garderions et tiendrions fermement à tous jours ce que messire Guerris, curé de Saint-Dizier, et messire Tierry d'Amele, chevalier, arbitre élu et nommé pour l'une partie et pour l'autre, diraient et ordonneraient sur tous les discors que nous avions ou pouvions avoir, ça en arrière jusqu'au jour que ces lettres furent faites les unes envers les autres. Et les deux arbitres dessus dits au nom de Dieu et par le conseil de bonnes gens ont ordonné en telle manière : Nous, au nom de Dieu, du conseil de bonnes gens, avons ordonné et ordonnons de telle manière, que messire de Joinville octroie, confirme et approuve et de ce fait ses lettres, que le sire de Joinville ni ses hoirs ne peuvent et ne doivent réclamer, ni par droit ni par coutume, nul charroi envers l'église, ni en la terre ni en hommes de Saint-Urbain, ni le sire de Joinville ni ses hoirs ne peuvent et ne doivent prendre homme ni femme de la terre de Saint-Urbain, sinon par l'abbé, à moins qu'il fût pris à présent forfait (crime). Et encore est ordonné que le sire de Joinville, ni ses hoirs, ni ses sergents ne peuvent ni ne doivent prendre en la terre de Saint-Urbain, ni en l'église, ni en hommes de la terre de Saint-Urbain, ni en leurs choses, tailles ni demandes, ni exactions, ni par force, ni par droit, ni par coutume. Et est à savoir que l'abbé de Saint-Urbain doit au prévôt de Joinville pour le seigneur de Joinville, à chacune des deux foires de Saint-Urbain, cinq sous, et de Parfonde-Fontaine, le jour de Noël, douze deniers, et de Mai-zières douze deniers ce même jour. Après pour les chiens, ni les veneurs de Joinville ni de ses hoirs, qui ont leur gîte une fois l'an en quelques villes où ledit abbé et le couvent ont part, les hommes de Saint-Urbain n'en doivent payer que ce qui leur en revient, selon ce qu'ils sont en la ville, et les veneurs doivent le lever raisonnable-ment et sans outrage, et s'ils faisaient outrage, le sire de Joinville le payerait, et ils n'ont point de dîner en la ville le lendemain. Après est ordonné que les hommes de Saint-Urbain ne doivent aller, ni par droit ni par coutume, faire le hourdement (hourd) à Joinville, et on ne doit ni ne peut les y contraindre. Ni le sire de Joinville ni ses hoirs ne peuvent et ne doivent retenir nuls des hommes de l'église de Saint-Urbain et ne peuvent ni ne doivent prendre nulle chose de l'église, ni de la terre, ni des hommes de Saint-Urbain, si ce n'est par la volonté de l'abbé de Saint-Urbain. Après, les hommes de la terre de Saint-Urbain qui sont en la garde du seigneur de Join-ville ne doivent point de péage en la terre du seigneur devant dit. Et l'abbé et le couvent de Saint-Urbain peuvent prendre pour refaire la tuilerie de Sonbru merrain au grand bois de Manston, par delà la voie Nuisant, à l'exception de ce qui est réservé à la Neuve-Ville, et derrière le château. Et la réserve de la Neuve-Ville dessus dite dure depuis la voie qui va du Val de la Roche jusqu'à la Neuve-Ville, et de la voie qui va de la Neuve-Ville jusqu'à la voie Sangnaire.

Et ils doivent et peuvent prendre le vanteis et les remasous (restes) en ce même bois pour afouer (chauffer) la tuilerie devant dite, et le bois bateis (foulé) tout à taille là où ceux de la ville de Saint-Urbain ont leur issouaire. Après, si l'abbé de Saint-Urbain et le couvent prennent la dîme des essarts qui seront faits en Manston, le sire de Joinville ni ses hoirs ne peuvent aller à l'encontre. Et voulons encore et ordonnons que l'abbé et le couvent de Saint-Urbain aient pour le cors de l'abbaye, pour les édifices et pour toutes les officines qui sont et seront au clos de ladite abbaye pour les moulins et pour les écluses de Watrignéville, pour l'uisement des moulins et des ventaux des-dits moulins, et pour le pont et pour la chapelle et pour ses édifices, et pour le pont qui est sur Marne devant la chapelle, pour la maison de Blécourt, pour la maison de Nonsecourt, pour la bergerie asonc la ville de Saint-Urbain, et pour toutes leurs aisances de tous leurs édifices qu'ils ont ou pourraient avoir en l'abbaye et en la ville de Saint-Urbain et dans les lieux devant dits, aient leur issuaire par toute Manston, excepté les réserves de Neuve-Ville et celles de der-rière le château. Et voulons encore et ordonnons que les hommes de la ville de Saint-Urbain aient leurs usages à toutes leurs aisances au bois batteis de Manston par devers Sonbru jusqu'à la voie Nuisant, et les fours de la ville de Saint-Urbain qui sont hors du clos de l'abbaye ne peuvent user, pour afouer, que de bois batteis, là où les hommes de la ville en usent. Et est à savoir que les sergents du sei-gneur de Joinville et les forestiers peuvent prendre et gager les gens de l'église de Saint-Urbain s'ils les trouvent dans les deux réserves devant dits, et en seraient crus aux us et coutumes du pays. Et si aucun des sergents jurés voulait dire contre les gens de l'église de Saint-Urbain qu'ils eussent mené ou fait mener bûche ni merrain du bois de Manston en autre lieu qu'en les lieux qui y ont leurs issuaires, comme il est devant dit, il n'en serait pas cru s'il n'avait le témoi-gnage de quelqu'un qui l'eût vu décharger. Encore est à savoir que l'église de Saint-Urbain ni les appartenances ne doivent prendre en la forêt de Manston ni chêne, ni poirier, ni pomier pour brûler, si remasan des (restes) ne sont, et s'ils veulent fou (hêtre) pour brûler, il convient qu'ils le prennent tout à taille et à aire (terre), gros et graille (grêle), comme il convient s'il n'y a pas de restes de merrain; et pour faire toutes les autres usines et aisances aux lieux devant dits, ils peuvent prendre toutes manières de bois en Manston et reste aussi, excepté aux deux réserves dessus dites. Et voulons et ordonnons que le prieuré de Saint-Amé ait son issouaire en toute Manston, excepté aux deux réserves devant dites, pour ces moulins de Saint-Amé, pour ces foulons, pour ces écluses et pour les ponts qui y sont. Et si le corps de l'abbaye usaient au plus près d'eux en une partie du bois, ou laissaient d'user partout, ils ne perdraient pas pour cela leur issouaire devant dit. Et si l'on prenait à tort la charrette de l'abbaye de Saint-Urbain au bois de Manston, le sire de Joinville serait tenu de les dédommager. Et ordonnons encore que les chartres de Saint-Urbain conservent le pouvoir qu'elles avaient le jour que nous prîmes la mise sur nous, excepté les articles qui sont nommés en cette lettre. Et toute cette ordonnance devant dite, le sire de Joinville confirme par sa lettre et promet par serment de la garder et en oblige lui et ses hoirs, et la fera octroier, et sceller, et jurer, et garder à sa femme et à ses enfants ; et pour cette chose même il se doit soumettre spécialement en la juridiction de l'évêque de Châlons et de l'évêque de Toul, en sorte que s'il défaillait en aucune de ces choses ou en toutes, ils le puissent excommunier et sa terre mettre en interdit, et agraver (punir) après, selon ce que le droit aporterait. Et toutes ces conventions doit l'abbé qui est maintenant et ceux qui après lui viendront jurer et faire jurer aux prieurs de Saint-Amé et à leurs commandements qui useront en la forêt. Et le sire de Joinville leur doit jurer et faire jurer à son prévôt et à ses forestiers. En témoignage de laquelle chose nous avons scellé ces lettres de notre sceau. Ce fut fait à Saint-Dizier en l'an de grâce mil deux cents et soixante-quatre, au mois de juillet. Et nous, Jehans et Alix devant dit, consentons et octroyons, confirmons et approuvons toutes ces choses dessus dites, et promettons de les tenir et garder fermement et loyalement, et ce nous avons juré sur saints et fait jurer notre prévôt et nos forestiers de Joinville et les seigneurs qui tiendront Joinville et leurs prévôts et forestiers feront ce serment aux abbés dans l'an. Et je Geoffroi et je Jehans, fils du seigneur de Joinville, avons juré ces choses à tenir et à garder fermement. Et pour ce que nous n'avions pas de sceau, je Geoffroi ai fait mettre le sceau de l'abbé d'Escurei, et je Jehans y ai fait mettre le sceau du doyen de Saint-Laurent de Joinville. Et je Jehans, sire de Joinville et sénéchal de Champagne et Alix, dame de Joinville, avons mis nos sceaux en ces présentes lettres, avec les sceaux des deux arbitres, et avec les

sceaux de l'abbé d'Escurei et du doyen de Saint-Laurent de Joinville, que lesdits Geoffroi et Jehans y ont fait mettre par notre
volonté.

Ce fut fait en l'an de grâce mil deux cents et soixante-quatre, au
mois de juillet devant dit.

(Archives de la Haute-Marne; abbaye de Saint-Urbain.)

1264. Novembre.

. Je Jehans, sire de Joinville, sénéchal de Champagne, et je Alix,
sa femme, faisons savoir à tous ceux qui verront et ouïront ces présentes lettres, que nous avons vendu et quitté à toujours à religieux
homme et sage Regnaut, par la grâce de Dieu abbé de Montiérender,
et au couvent de ce lieu, pour sept cents et trente et une livres et
neuf sous provenisiens, desquels nous avons en notre gré dudit
abbé en deniers comptants et nous tenons bien payé, toutes les
possessions et tous les héritages qui furent d'André de Domartin et
ses enfants, qui siéent en la rivière de Blaise, qui sont nommés et
écrits ci-après. C'est à savoir :

§. Deux jours de terre arable qui tournent sur la voie de Joinville,
prisés cent sous. §. Un journal qui fut d'Aubri, qui tourne sur la
dite voie, prisé cinquante sous, etc. etc. Et est à savoir que tous ces
héritages dessus nommés meuvent de l'église Saint-Pierre de Montiérender; et nous les quittons et avons quitté, à la dite église de
Montiérender, sauf tel droit que nous y devons avoir, et promettons
en bonne foi et loyalement que contre cette vente et ces héritages et
possessions nous n'irons pas et nous ne procurerons pas que d'autres
aillent dorénavant; et promettons et sommes tenus à tenir nous et
nos hoirs bonne et loyale garantie à l'abbé et au couvent devant dit
de tous ces héritages et possessions, aux us et coutumes de Champagne. Et la vente de toutes ces choses devant dites ont loué et
octroyé Geoffroi et Jehan, mes fils. Et pour que ce soit chose ferme
et stable à toujours, nous avons scellé la présente lettre de nos
sceaux. Et furent données et scellées à Saint-Urbain, en l'an de
grâce mil deux cents et soixante-quatre ans, au mois de novembre.

(Archives de la Haute-Marne; abbaye de Saint-Urbain.)

1264. Mars.

Je Jehan, sire de Joinville, fais savoir à tous ceux qui ces présentes lettres verront et ouïront que j'ai octroyé aux hommes de Saint-Urbain qui sont et seront demeurant à Chermes-la-Chapelle, en la rivière de Bliseron, leur affouage en une partie de mon bois de Maton, c'est à savoir de la voie Sonnaire jusqu'au Val de Brachei, et de Hendemarz jusqu'au champ de Chermes; et sauf le chêne et le fou (hêtre), et le poirier et le pommier, ils peuvent prendre tout l'autre bois pour leur brûler et pour leurs clôtures, et les restes aussi; et s'ils étaient pris au chêne, au hêtre, au poirier et au pommier, au lieu dessus nommé, je ne pourrai prendre d'amende que vingt sous. Et cet usage je leur octroie à toujours, et leur octroie le pâturage comme ils l'ont eu anciennement, duquel pâturage ils doivent le gîte à mes chiens; et pour ledit usage ils me doivent chaque année à toujours vingt setiers d'avoine à la mesure de Joinville, à payer le lendemain de la saint Martin en hiver, et de chaque feu de ceux qui y useront, une géline au dit terme. Et si tous les hommes de Saint-Urbain dessus nommés se voulaient accorder pour ne plus user du bois dessus dit, ils me payeraient l'avoine et les gélines à l'issue, et à partir de ce moment, rien. Et pour que cette chose soit ferme et stable, j'ai mis mon sceau en ces présentes lettres qui furent faites l'an de grâce mil deux cent soixante-quatre ans, au mois de mars.

(Archives de la Haute-Marne; abbaye de Saint-Urbain.)

1266. 27 août.

A tous ceux qui ces présentes verront et ouïront, Jehans, sire de Joinville et sénéchal de Champagne, salut en Notre-Seigneur. Sachant tous que comme discorde fut entre moi d'une part, et l'abbé et le couvent de Saint-Urbain de l'autre, sur plusieurs entrepresures que l'une partie et l'autre disaient qu'avait entrepris l'une partie contre l'autre, par le conseil de bonnes gens, je d'une part,

et l'abbé et le couvent devant dit de l'autre, nous sommes mis sous
religieux et homme sage Henri, abbé de Boulancourt, et maître
Andrieu, doyen de la chrétienneté de Bar-sur-Aube, en telle
manière que nous voulons et octroyons que les devant dit arbitres
nous puissent accorder par droit ou par paix de toutes les entrepresures devant dites, ou à leur volonté de haut et de bas, dedans
la quinzaine de la saint Remi qui vient, qui sera en chef d'octobre;
et si les devants dits deux arbitres n'avaient ces entrepresures accordé
et terminé, ou se descordaient dedans le dit terme de la dite quinzaine, messire Guerris, curé de Saint-Dizier, est élu moyen arbitre
par la volonté des parties, en telle manière que si les devant dits
deux arbitres n'avaient la discorde devant dite terminé ou étaient
en aucune chose discordants dedans la quinzaine de la saint Remi
dessus dite, messire Guerris, le devant dit moyen arbitre, aurait
pouvoir tout seul de la chose accorder ou terminer à sa volonté et
de haut et de bas dedans la Toussaint qui vient prochainement, qui
sera au chef de novembre; et veulent les devant dites parties que
les deux arbitres ni le moyen ne puissent connaître de nulle garde,
ni de saisine, ni de propriété; et veulent que toutes les lettres et
les privilèges de l'une partie et de l'autre soient sauves, et toutes
raisons, et tout usage, et toutes saisines, et toutes droitures; et
demeureront ces choses maintenant dites au point où elles étaient
devant l'heure que l'abbé et le couvent devant dit appelèrent au
roi de France. Et toutes ces choses devant dites promettent les parties
devant dites à tenir et à garder par leur serment, et sous peine de
cent livres tournois, et de la peine devant dite sont plège et caution
pour moi, messire de Vaucouleurs de cent livres, messire de Sailli
de cent livres, messire Aubers d'One de cent livres, le doyen de
Saint-Laurent de Joinville de cent livres, et Jehans de Mailli de cent
livres; et pour l'abbé et le couvent de Saint-Urbain devant dit sont
plège et caution, messire de Sailli de cent livres, le doyen de Saint-
Laurent de Joinville de cent livres, messire Haybers, doyen de la
chrétienneté de Joinville, de cent livres, messire Aubers de Pisson,
chevalier, de cent livres, et Jehans de Mailli de cent livres. Et se
sont mis ces devant dits plèges et cautions en la main des dits
arbitres, pour faire jouir la partie qui tiendrait leur dit, et les
paierait la partie qui le dit ne voudrait tenir. Ce fut fait au temps
de grâce mil deux cents et soixante-six ans, le vendredi devant la

fête de saint Jean-Baptiste. En témoignage de laquelle chose j'ai
scellé ces lettres de mon sceau. Ce fut fait en l'an et au jour devant
dits.

(Archives de la Haute-Marne ; abbaye de Saint-Urbain.)

1266. 19 octobre.

Je Jehans, sire de Joinville et sénéchal de Champagne, fais
savoir à tous ceux qui ces présentes lettres verront et ouïront, que
j'ai vendu à l'abbé et au couvent d'Escurci, de l'ordre de Cîteaux,
de l'évêché de Toul, pour le prix et pour la somme de deux cents
livres de Provenisiens forts, desquels j'ai reçu plein paiement, ma
grange de Baoli, qui siet au ban de Chevilon, le bois, le mès
(maison), le jardin, ainsi que le fossé l'entoure, cent et cinquante
journées de terre arable autour de la grange et ailleurs en la montagne, et telle partie que j'avais au moulin et pouvais et devais
avoir au jour que cette vente fut faite, et trois fauchées de pré au
ban de Chevilon, et l'octroi d'aquester (aquérir) cinq fauchées
de pré au ban de la dessus dite ville. Et ai octroyé au devant dit
abbé et couvent, et à ceux qui demeureront en la dite grange pour
eux, qu'ils puissent prendre merrain pour maisonner, pour toutes
les aisances de la dite grange et des appartenances, par tous les
bois du ban de Chevilon, et pour afouer aussi la dite grange et
les appartenances, excepté les eaux qui sont mien propre. Et je ne
veux pas qu'il leur griet (ils aient cette peine) que s'ils usaient
en une partie des dits bois, et ils laissaient à user en d'autres
parties, ils ne puissent user partout au lieu et temps qu'il leur plaira
pour la dite grange et pour la appartenance. Et leur ai octroyé
les pâturages et les aisances par tout mon pouvoir, pour toutes
manières de bêtes de la dite grange et des appartenances et pour
ceux qui là demeureront. Et leur ai encore octroyé que les agneaux
de la dite grange aillent chaque année, selon la coutume du pays,
par les prés et par les blés jusqu'à ce qu'ils soient apâturés ; et si les
bêtes de la dite grange faisaient dommage au ban de Chevilon,
le devant dit abbé et couvent ou leur commandement rendrait le

dommage quand il serait prouvé sans nulle amende. Et après toutes ces choses j'ai donné et octroyé pour Dieu et en aumône à l'abbé et au couvent dessus dit qu'à nul homme je ne souffrirai que le ruisseau de Chevilon soit détourné de son droit cours, où il est maintenant, par quoi on puisse faire moulin à Sommeville ni au finage, excepté l'abbé et le couvent dessus dit d'Escurei, auxquels j'ai octroyé que parmi mon fossé qui clot mon pré ils puissent détourner le dit ruisseau, s'ils veulent faire moulin à Sommeville où au finage, sauf le droit d'autrui. Et leur ai octroyé que toutes les fois qu'ils auront besoin d'eau à Escurei, ceux qui garderont mes foulons à Moutier-sur-Saut laisseront venir l'eau toutes les fois que les seigneurs d'Escurei le requerront; et un jour tout entier en chaque semaine, s'ils en ont besoin, le meunier du moulin de l'étang leur laissera venir l'eau du dit étang par une apaumaire tout à plein. Et ai vendu et assigné au devant dit abbé et couvent en permanable aumône, pour l'âme de moi et de mes ancêtres, cent arpents en tréfonds et en sourpoil au bois dont querelle a longuement été entre mes devanciers et les devant dits abbé et couvent d'Escurei; et ces cent arpents sont en la partie de ce même bois qui est plus prochain au propre bois d'Escurei, devers la forêt de Moutier-sur-Saut; et le devant dit abbé et couvent useront de ces cent arpents de bois à leur volonté comme de leur propre; ni moi, ni homme de Moutier-sur-Saut ni d'ailleurs n'aurons en ces cent arpents nul usage; et moi et mes hoirs, chacun à son temps, sommes tenus à défendre des cent arpents de bois pour l'église d'Escurei envers tous gens franchement; et la dite église a acquitté l'âme de mon père et la mienne du péché de tant qu'il en affiert à ma partie. Et j'ai consenti et octroyé à la devant dite église l'aumône de demi-muid de froment, au prix de la corboile (mesure), à prendre chaque année au dîmé de Pancey, qui meut de mon arrière-fief, que messire Jehans, chevalier d'Ecurel, leur a faite, comme il est contenu dans la lettre du châtelain de Bar-le-Duc. Et ils ont acquis par mon consentement et par mon octroi la maison qui fut à Arnot, qu'on dit Boursetrouée, qui joint à la maison de Joinville par devers la maison d'Ansel le Prévot. Et leur ai assigné onze sous pour mon frère Geoffroi, seigneur de Vaucouleurs, à prendre chaque année en ma jurée de Moutier-sur-Saut des premiers deniers, lesquels onze deniers le devant dit Geoffroi, sire de Vaucouleurs,

a donné en aumône à l'église d'Escurei, lesquels onze sous je lui
devais chaque année à toujours; et si ma jurée de Moutier-sur-
Saut définisssait, les devant dits seigneurs d'Escurei prendraient
les devant dits onze sous en mes rentes de Moutier-sur-Saut. Et
toutes ces choses dessus dites, qui sont de ma garde, sont faites par
le consentement et par l'octroi d'Alix, ma femme, et par le consentement et l'octroi de Geoffroi et de Jehans, mes fils; et moi et ma
femme et mes deux fils devant nommés avons promis pour nous
et pour nos hoirs, à porter bonne garantie en bonne foi à l'abbé et
au couvent devant dit de toutes ces choses dessus dites, sauf le droit
d'autrui partout. Et pour que toutes ces choses soient fermes et
stables à toujours, perpétuellement, je Jehans, sire de Joinville
et sénéchal de Champagne, et Alix, ma femme, devant nommée,
avons scellé ces présentes lettres de nos sceaux, lesquelles furent
faites en l'an de grâce mil deux cent soixante-six, au mois d'octobre,
le lendemain de la saint Luc, évangéliste.

(Archives de la Meuse; abbaye d'Écurey.)

1269. Mars.

Je Alix, femme au noble baron Jehan, seigneur de Joinville,
sénéchal de Champagne, fille au noble baron Gautier, seigneur de
Rinel, fais savoir à tous ceux qui ces lettres verront et ouïront que
moi, par la foi donnée corporellement en la main de Jacquot de Cor-
celles, clerc juré de la cour de Langres, et envoyé spécialement
pour cette chose de par l'official de Langres, ai promis par ma foi
donnée corporellement que je n'irai par moi ni par autrui, ni mes
hoirs aussi, ni ne souffrirons qu'on aille contre l'échange et les
conventions que moi et messire de Joinville, mon mari devant dit,
avons faites à l'abbé et au couvent de la Creste, de tout ce que nous
avions et pouvions avoir à Circis ou au finage de cette ville, en tout
profit et en tous us, qui meut de mon héritage, avec ce que l'abbé
et le couvent de la Creste avaient à Betoncourt et au finage de cette
ville en tout profit et en tous us. Mais nous tiendrons, moi et mes
hoirs, le dit échange et les conventions, ainsi qu'il est contenu plei-

nément en lettres faites de l'échange et des conventions qui sont
scellées du sceau de mon seigneur, mon mari devant dit, et de mon
sceau, et en lettres qu'ils ont du roi de Navarre du consentement de
l'échange devant dit. Et s'il advenait que moi et mes hoirs allions
contre l'échange et les conventions devant dites, nous nous obligeons à ce que l'official de Langres, quel qu'il soit, ait pouvoir de
nous excommunier et faire dénoncer pour excommuniés en quelque
lieu que nous soyions, et de mettre notre terre en interdit toutes les
fois qu'ils requerront et présenteront au dit official, ou à celui qui
sera au lieu de lui, ces lettres avec celles qu'ils ont de ces choses
scellées du sceau de monseigneur de Joinville, mon mari devant dit,
et du mien aussi. Et veux et octroie, par ma foi devant dite, que
lettres apportées par moi ni mes hoirs ni par d'autres, contraires
aux lettres de l'échange et des conventions devant dites, ne puissent
en rien grever le devant dit abbé et couvent de la Creste, de quelque
sceau qu'elles soient scellées. Je Jehans, sire de Joinville devant dit,
m'accorde et consens à toutes ces choses devant dites, et ai mis mon
sceau en ces lettres, avec le sceau de ma femme devant dite, par sa
volonté et par sa requête. Et je, Alix devant dite, y ai aussi mis mon
sceau, parce que la chose mouvait de mon héritage. Et avons requis
de notre gré, par devant le dit Jacquot, que le sceau de la cour de
Langres soit mis en ces présentes lettres avec nos sceaux. Ce fut fait
en l'an de grâce mil et deux cents et soixante et neuf, au mois de
mars.

(Biblioth. nat., collection de Champagne.)

1270. Juin.

Je Jehans, sire de Joinville, sénéchal de Champagne, fais savoir à
tous ceux qui ces lettres verront et ouïront, que en ma présence
établi Guillaume dit de Hauteville, écuyer, et Adeline, sa femme,
ont reconnu par devant moi qu'ils ont échangé au couvent de Saint-
Urbain six setiers de blé, trois de froment et trois d'avoine, à la
mesure de Joinville, à prendre et à avoir à toujours en son aleu (fief)
de Rovroi, en terrages, en la moitié du four que le dit couvent tenait

et avait en ladite ville de Rovroi, à toujours à tenir et à avoir au dit
Guillaume et Adeline, sa femme; que si le dit terrage ne valait les
six setiers de blé dessus dits, le devant dit couvent prendrait le
défaut en la grange des devant dits Guillaume et Adeline à Rovroi.
Et s'obligent et sont obligés les devant dits Guillaume et Adeline,
sa femme, pour eux et pour leurs hoirs, qu'ils feront séant le
devant dit échange et en porteront loyale garantie au dit couvent
envers tous. Lesquels six setiers de blé le dit Guillaume et Adeline,
sa femme, ont échangé au devant dit couvent par mon consentement
et par mon octroi, en telle manière que le four sera de mon fief, et
les six setiers de blé de ma garde. En témoignage de lequel droit
j'ai scellé ces lettres de mon sceau, qui furent faites en l'an de
grâce mil deux cents et soixante et dix ans, au mois de juin.

(Archives de la Haute-Marne; abbaye de Saint-Urbain.)

1273. Mai.

Je Jehans, sire de Joinville, sénéchal de Champagne, fais savoir
à tous ceux qui ces lettres verront et ouïront que, en ma présence
établi, Aubers de One, chevalier, et madame Alix, sa femme, ont
reconnu par devant moi qu'ils ont vendu, octroyé et acquitté à toujours à religieux homme l'abbé et le couvent de Saint-Urbain, du
diocèse de Châlons, ce qu'ils avaient et pouvaient et devaient avoir
à Pisson et en finage de ce lieu, c'est à savoir, en hommes, en
femmes, en prés, en vignes, en terres, en eau, en lait, en cens,
en coutumes, en tailles, en exactions, en prières, en ban et en justice, et en toutes autres choses, spécialement tout l'héritage Émen-
jart qui fut à la fille de Martin Bécasse du Pisson, en quelque lieu
qu'il soit, à Pisson et en finage de Pisson, par le consentement et
l'octroi de ladite Emenjart et de Thierri, son mari, pour trois cents
livres de Provenisien, desquels deniers ledit Aubers et Alix sa femme
se tiennent payés en monnaie nombrée et délivrée, et renoncent et
ont renoncé à ce qu'ils puissent dire dorénavant que la monnaie
devant dite ne leur ait été comptée, payée et délivrée entièrement.
Desquelles dites choses, comme il est dessus dit vendues, ledit

Aubers et Alix sa femme se sont dévêtus par devant moi, et ledit
abbé de Saint-Urbain, en nom de lui et de son couvent, ont envêtu
et mis en possession corporelle, sans rien retenir à eux ni à leurs
hoirs de possession ni de propriété ni d'autres choses, ni d'autre
droit qu'ils puissent réclamer par quelque raison que ce fût. Et ont
promis ledit Aubers et Alix sa femme des devant dites choses, ainsi
qu'il est dit vendues, de porter loyale garantie à toujours audit abbé
et couvent, et que contre cette dite vente, et contre ce présent ins-
trument, en jugement ni en dehors, n'iront ni ne souffriront autrui
aller, par la foi donnée en ma main corporellement. Et ont reconnu
ledit Aubers et Alix sa femme par devant moi que lesdites choses,
comme il est dessus dit vendues, mouvaient du fief de l'abbé et de
l'église de Saint-Urbain. Et ont renoncé le dit Aubers et Alix sa
femme à pouvoir dire dorénavant qu'ils aient été déçus en ce dit
marché et à cette dite vente outre la moitié du droit prix, et à toute
exception de droit et de fait, et à tous privilèges obtenus ou à
obtenir, et à toutes aides de droit et de fait, quelles qu'elles soient,
qui puissent nuire audit abbé et couvent en ce dit fait, et profiter
et aider audit Aubers et Alix sa femme ou leurs hoirs. Et spécialement ladite dame a promis, par sa foi en ma main corporellement
donnée, que pour cause de douaire ou d'autre raison quelle qu'elle
soit, en ces dites choses vendues ne réclamera rien, ni ne fera ni
ne souffrira que d'autres réclament pour elle. En témoignage de
laquelle chose j'ai mis mon sceau en ces présentes lettres, à la
requête dudit Aubers, chevalier, et Alix sa femme, sauf le droit
d'autrui. Ce fut fait au temps de grâce mil deux cent soixante et
treize ans, au mois de mai.

(Archives de la Haute-Marne; abbaye de Saint-Urbain.)

1278. Mai.

Je Jehans, sire de Joinville et sénéchal de Champagne, fais savoir
à tous ceux qui verront et ouïront ces présentes lettres que pour ce
établi en ma présence, messire Hues de Chatonru, chevalier, et
ma dame Isabeau, sa femme, ont reconnu qu'ils ont reçu en em-

prunt de l'abbé et du couvent de Saint-Urbain treize vingts livres
en deniers comptants provenisiens, bonne monnaie et loyale, comptée et reçue des dits abbé et couvent, dont le dit Hues, chevalier, et
Isabeau, sa femme, se tiennent payés à plein et entièrement. Et
pour les dites treize vingts livres, ledit Hues, chevalier, et Isabeau,
sa femme, ont mis en gage en la main des dessus dits abbé et couvent tout ce qu'ils avaient à Fronville et au finage, en hommes et
en femmes, en prés, en terres, en vignes, en fours, en moulins,
en bois, en eaux, en justices et en toutes autres choses, que le dit
Hues, chevalier, et sa dite femme peuvent et doivent avoir en la
dite ville de Joinville et en son finage, et en toutes autres manières
de revenus et de rentes, et leur maison aussi qui siet à Fronville,
en tout profit et en tous usages. Et le dit abbé et couvent doivent
jouir paisiblement de toutes ces choses dessus dites comme le dit
Hues, chevalier, et Isabeau sa femme faisaient au jour que cette
lettre fut faite, jusques à tant qu'ils aient rendu les dites treize
vingts livres entièrement et fait plein payement à l'abbé et au couvent dessus dit. Desquelles choses dessus dites le dit Hues, chevalier, et Isabeau sa femme ont reconnu et reconnaissent qu'elles
sont du fief de l'abbé et du couvent dessus dits et de l'église de
Saint-Urbain. Après est à savoir que le dit abbé et couvent de
Saint-Urbain doivent maintenir bien et loyalement la maison
dessus dite en tel point qu'elle était au jour que cette lettre fut
faite, à moins que le feu la brûlât, ou elle fût détruite par guerre
ou par autre cas qui vient d'aventure, dont l'abbé et le couvent ne
fussent pas coupables. Et de toutes ces choses sont tenus le dit
Hues, chevalier, et Isabeau sa femme et ses hoirs, à porter bonne
garantie et loyale à l'abbé et au couvent dessus dits envers tous, et
ni eux ni leurs hoirs ne peuvent ni ne doivent prendre ni faire
prendre par eux ou par autrui aux dites choses de Fronville et du
finage, ni rien réclamer ou faire réclamer à autrui, jusqu'à ce qu'il
soit fait plein payement à l'abbé et au couvent dessus dits des dites
treize vingts livres. Et toutes ces conventions dessus écrites ont
promis le dit Hues, chevalier, et Isabeau sa femme, par leur foi
donnée corporellement, à tenir et à garder fermement, et qu'ils
n'iront à l'encontre par eux ou par autrui. Et renoncent en ce fait
à toutes exceptions et à toutes raisons de fait et de droit, et à tous
privilèges octroyés ou à octroyer de chrétienneté et de cour laïque

qui en ce fait leur pourraient aider et valoir, et à l'abbé et au couvent dessus dit nuire. En témoignage de vérité et pour que ce soit chose ferme et stable, j'ai mis mon sceau en ces présentes lettres à la requête des dessus dits Hues et Isabeau sa femme. Ce fut fait en l'an de grâce mil et deux cents et soixante et dix et huit ans, au mois de mai.

(Archives de la Haute-Marne; inventaire de Saint-Urbain.)

1278. Novembre.

Je Jehans, sire de Joinville, sénéchal de Champagne, fais savoir à tous ceux qui ces lettres verront et ouïront, que en ma présence, pour ce en propre personne établi, Ansel, qu'on dit le prévôt bourgeois de Joinville, qui fut fils d'Odoin, a reconnu devant moi de sa propre volonté qu'il doit et est tenu, lui et ses hoirs, à payer, rendre et délivrer au prieur et au couvent de Saint-Urbain, à leur pitancier ou à leur commandement, perpétuellement à toujours, chaque année à la Saint-Remi, au chef d'octobre, en sa grange, qu'on dit la grange d'Odon, qui siet dessus la ville de Sombru, onze setiers de blé, c'est à savoir six setiers de froment et cinq setiers d'avoine, à la mesure du minage de Joinville, lequel blé fut donné et laissé en aumône au dit couvent par le père et la mère dudit Ansel, à prendre perpétuellement à toujours à la dite grange et sur les possessions et appartenances de la dite grange. Et ces dons et legs dessus dits, le dit Ansel approuve, et veut et octroie et promet de tenir perpétuellement à toujours, par sa foi donnée corporellement en ma main, et en a obligé par devant moi la devant dite grange et toutes les possessions et appartenances de la dite grange, et lui et ses hoirs et toutes les personnes qui tiendront la grange, à payer et à délivrer chaque année aux dits prieur et couvent, à leur pitancier ou à leur commandement, perpétuellement et à toujours, la rente de blé dessus dite et au terme dessus dit. Et a encore promis ledit Ansel par sa foi qu'il n'ira pas et ne fera pas aller par lui ni par autrui contre cette présente lettre ni contre les conventions dessus dites; et a renoncé pour ce par devant moi ledit

Ansel à tous droits et à toutes exceptions de droit et de fait qui lui pourraient aider en ce présent fait et aux dits prieur et couvent nuire. Et veut encore et octroie ledit Ansel que si lui ou ses hoirs défaillaient de payer la dessus dite rente entièrement aux termes devant dits, je fasse jouir et délivrer aux dits prieur et couvent, à leur pitancier ou à leur commandement, des biens et des possessions de ladite grange pour vendre et dépenser, jusques à plein payement audit couvent de la rente dessus nommée. En témoignage de laquelle chose et pour que ce soit chose ferme et stable, j'ai fait mettre mon sceau en ces présentes lettres à la requête dudit Ansel, sauf mon droit et sauf l'autrui. Ce fut fait en temps de grâce quand le milliaire courait par mil deux cent soixante et dix et huit, au mois de novembre.

(Archives de la Haute-Marne; abbaye de Saint-Urbain.)

1278. Janvier.

Je Jehans, sire de Joinville, sénéchal de Champagne, fais savoir à tous que Jehan de Ragecort sur Blaise, écuyer, qui fut fils de feu monseigneur Aubert de Ragecort, chevalier, et demoiselle Alix, sa femme, en notre présence pour ce établi, ont reconnu par devant moi qu'ils vendent et ont vendu à religieux homme frère Jacques, par la patience de Dieu abbé de Saint-Urbain, et au couvent de ce même lieu, tout ce qu'ils ont et peuvent et doivent avoir à Fronville et au finage de ladite ville, c'est à savoir en hommes, en femmes, en rentes de blé, en rentes d'oies et de gélines, en cens, en coutumes, en four et en corvées, qu'ils aient en ladite ville de Frouville, mêmement à Watreineville; et vendent encore et ont vendu aux dessus dits abbé et couvent tout ce qu'ils ont et peuvent avoir en ladite ville de Fronville en terres arables, en prés, en bois, et une pièce de vigne qui fut à Chobert, laquelle siet en la côte de Thibey, de la vigne Haviate jusqu'à la vigne Osanne, et deux osches (courtils), lesquels l'un siet à côté de la maison Parisat, l'autre à côté du four; et tout ce qu'ils ont et peuvent avoir en bien et en justice de ladite ville de Fronville, sur les hommes et sur les héritages et sur toutes choses dites, à tenir et à avoir à tenir aux dits abbé et couvent pour le prix de six vingts livres tournois, desquels ledit Jehans et Alix sa femme se sont tenus et tiennent pour bien payés à plein par devant moi en bons deniers comptants; et promettent et ont promis par devant moi ledit Jehans et Alix, sa femme, pour eux et pour leurs hoirs, à toutes exceptions de fait et de dit, et à toutes aides de droit canonique et de droit civil, à toutes franchises, à toutes bourgeoisies, à toutes indulgences impétrées et à impétrer, et à tous privilèges de croix ou d'autres choses qui leur pourraient aider et valoir à aller contre cette dite vente, et aux dits abbé et couvent nuire. Et ont promis, par la foi donnée corporellement en ma main, qu'ils n'iront ni ne feront aller par eux ni par autrui, ni rien ne réclameront ni feront réclamer en cette dite vente, mais le garantiront envers tous et contre tous aux devant dits abbé et couvent de Saint-Urbain. Et toutes ces choses dessus devisées sont de ma garde.

En témoignage de laquelle chose, et pour ce qu'elle soit ferme et stable, à la requête des dits Jehans, écuyer, et Alix, sa femme, j'ai mis mon sceau en ces présentes lettres comme gardien des choses dessus dites, qui furent faites en l'an de grâce mille deux cent soixante et dix et huit ans, au mois de janvier.

(Archives de la Haute-Marne; abbaye de Saint-Urbain.)

1284. Novembre.

Je Jehans, sire de Joinville et sénéchal de Champagne, fais savoir à tous que comme il y a eu désaccord par devant moi à Joinville et à Peisson entre l'abbé et le couvent de Saint-Urbain, d'une part, et Jehannet de Dongieux, d'autre part, des finages de Peisson et de Noncourt, et de plusieurs entrepresures dont l'abbé et le couvent se plaignaient de Jehannet, et ledit Jehannet se replaignait aussi de l'abbé et du couvent, à la parfin, par le conseil de bonnes gens, paix est faite entre eux en telle manière, que les parties se sont octroyé qu'ils s'entendraient à ce que j'accorderais et ordonnerais de l'abonnement des finages des dites villes et de tous leurs autres

désaccords des dits lieux de Peisson et de Noncourt, sous peine de
perdre trois cents livres pour la partie qui mon dit ne voudrait pas
tenir, dont la partie qui mon dit tiendrait aurait la moitié et moi
l'autre. Et de ces choses tenir et garder fermement est plège pour
l'abbé et pour le couvent en ma main, messire Miles du Breuil,
chevalier, de cent et cinquante livres, et Gautier de Roche, de
cent et cinquante livres ; et pour Jeannet du Douzinet, est plège
messire Guillaume de Joinville, sire de Jully, de cent et cinquante
livres, et Guyos, son frère, de cent et cinquante livres. Et doit
tenir ledit plège otages à Joinville à ma requête, pour celui qui
ledit ne voudrait tenir, que je rapporterai jusqu'à ce qu'ils m'aient
fait mon gré du prix de quoi ils sont plèges en ma main. Et je, au
nom de Dieu, rapporte mon dit en telle manière, que le pâturage
de Peisson, qui est du finage de Peisson, dure jusqu'au fossé là où
je fis mettre la borne. Et rapporte encore que les terres qui sont
entre ledit pâturage et la voie qui va de Joinville à Sulley jusques
au ruisseau de la fontaine qui sourd dessous ladite voie, demeurent
en finage de Noncourt, ainsi comme la voie de Hazoi descend à la
voie de Joinville à Sulley. Et rapporte encore que ce qu'il a dessus
ladite voie jusques au ruisseau de la fontaine qui sort à l'orme et
jusques à la voie qui va de Peisson à Angoulaincourt, que tout
demeure au finage de Noncourt, par devers Noncourt, sauf ce que
la justice des vignes qui vont dès les bornes que j'ai mises depuis
l'orme de la fontaine jusques à la voie de Huzoi en amont demeure
en la justice du seigneur de Peisson, parce que Jehannet de Donzieux
n'accorda en ma main la garde et la justice des vignes que jusqu'aux
bornes qui commencent à l'orme de la fontaine. Et dis encore que
ce qui demeure par devers Peisson depuis les bornes que je mis, qui
commencent au chemin d'Angoulaincourt et vont par Moiemont et
par le bois qu'on appelle Luison, et s'étendent jusqu'au commencement du val qu'on appelle Bernartval, que tout demeure du finage
de Peisson ce qui est par devers Peisson. Et dis encore que Jehannet
ne peut rien réclamer au bois qui est par devers Joinville, aussi
comme la voie le sépare du bois de Luison, qui va du champ d'Ansel
jusqu'à Monteruel, et ainsi comme les bornes le divisent à partir de
ladite voie jusqu'à l'entrée de Bernartval. Et dis encore que Johanne
ne peut rien réclamer au bois de Luison ainsi comme les bornes le
divisent par devers Peisson dès le champ Ansel jusqu'au champ de

Moiemont. Et doit demeurer la moitié du pâturage que j'ai borné par devers Noncourt à l'usage des deux villes, et l'autre moitié, qui demeure par devers Peisson, sera aux seigneurs de la ville pour faire leur volonté. A telle manière que quand ceux de Peisson y pâtureront, ceux de Noncourt y pourront aussi pâturer sans débat. Et est à savoir que cet abonnement j'ai fait, sauf mon droit et sauf celui d'autrui. Et tout ce qui est d'autre part les bornes par devers Monteruel et le finage, et par devers Poncey et le finage, demeure à Jehannet de Donzieux. Et dis encore que de toutes les terres, les vignes, les prés et les maisons, et de toutes les choses qui étaient débites, censes et coutumes, à l'abbé et au couvent de Saint-Urbain, qui sont dedans les bornes par devers Noncourt en la ville et au finage de Noncourt, le plaid et la justice en demeure à l'abbé et au couvent, et toute l'autre justice à Jehannet...

En témoignage de la vérité de cette chose, je Jehans, sire de Joinville, sénéchal de Champagne dessus nommé, ai scellé ces lettres de mon sceau à la requête des devant dites parties, et se sont obligées lesdites parties que je leur fasse faire et tenir comme dites, sous la peine dessus devisée. Ce fut fait en l'an de grâce mil deux cent quatre-vingts et quatorze ans, au mois de novembre.

(Archives de la Haute-Marne; abbaye de Saint-Urbain.)

1286. Juillet.

A tous ceux qui ces présentes lettres verront et ouïront, je Jehans, chevalier, sire de Joinville et de Rinel, et sénéchal de Champagne, et je Alix, femme dudit monseigneur Jehan, salut en Notre-Seigneur. Nous faisons savoir à tous que comme plusieurs désaccords sont entre nous d'une part, et homme religieux l'abbé et le couvent de Saint-Jean de Laon d'autre part; lesquels désaccords étaient tels : c'est à savoir que les dits religieux disaient que chaque homme et chaque femme de Bouni, chef de maison, leur devaient quatre deniers chaque année pour leur capitation; et nous disions au contraire que onques ils n'avaient payé et ne devaient point payer la dite capitation; et disaient encore les dits religieux que nos sergents avaient pris en la maison de Rizecourt chatés (capitaux) et meubles à la valeur de cent livres et plus ; et nous disions le contraire ; et disaient encore les dits religieux que les habitants, en la maison de Rizecourt, avaient pris à leur volonté des bois qu'on appelle bois de Sainte-Marie ; et nous et ceux de Bouni disions, au contraire, que quand les dits habitants y avaient été pris en usant ès bois devant dits contre la volonté des hommes de Bouni, nous et notre devancier en avions levé plusieurs amendes ; à la parfin, par conseil de bonnes gens, des désaccords dessus dits, nous nous sommes accordés en la manière qui suit : c'est à savoir du désaccord premier nommé des chievaiges (capitation), en telle manière que les dits religieux ne peuvent et ne doivent dorénavant avoir nul chievaige, ni nulle justice, ni autre chose, sur les hommes et les femmes demeurant à Bouni, sauf aux dits religieux la justice de la roie qui vient d'eux et les corvées qu'on doit à la maison de Rizecourt : c'est à savoir trois fois les charrues et une fois les faucilles l'an, et sauf encore aux dits religieux les terrages et les rentes que ceux de Bouni doivent à eux. Après, nous sommes accordés que nous et notre gent demeurerons en paix des cent livres et des dommages que les dits religieux nous demandaient et de tous autres biens qu'ils nous pouvaient demander et à nos sergents, et sommes accordés parmi ces choses que nous, pour les chievaiges et les autres choses devant dites, leur rendrons chaque année trente sous tournois, à l'octave de Pâques, lesquels trente sous nous leur avons assigné à prendre à notre péage de Mandles, et à nos autres rentes qu'on nous doit en la dite ville, si le péage ne suffisait. Après, du désaccord de l'usage des bois, nous nous sommes accordés en telle manière que les habitants en la dite maison de Rizecourt useront des bois qu'on appelle les bois Saint-Marie : c'est à savoir au bois de Ruières, qui siet entre Rizecourt d'une part, et le bois de Torrailles d'autre part ; au bois qu'on appelle les cotes Sainte-Marie, à côté des bois du comte de Bar jusques à Cheverival ; au bois de la Sichière, qui tient au bois du comte de Bar et dure jusques auprès du val d'Ormençon ; au bois de Falainmenart et de Girouvés, qui tient d'une part au bois de Mandles, et dure jusques au chemin levet, et d'autre commence à la communaille, et dure jusques aux prés ; au bois de Maurainsart, au bois de Guirainsart, au bois de Warenchien, qui sient entre les terres de Bouni, et durent jusqu'au côté

Mourète; au bois de Chanées, qui siet entre Houdelaincourt et Bouni, là où ceux de Bouni useront pour leur chauffage, pour clore, pour brûler, pour toutes aisances, comme ceux de Bouni feront à champ et à ville. Et sommes encore accordés que quand il manquera du merrain en la dite maison de Rizecourt ou ès appartenances, ou pour édifier, ou pour retenir, ou pour charruage, ou pour semblable chose, les habitants en la dite maison, ou les dits religieux ou leurs messages le diront au majeur de Sainte-Marie, et dès lors ils en pourront prendre sans crainte de méfaire aux bois devant dits. Et est encore accordé, par rapport au bois de Ruières, que les habitants en la maison de Rizecourt useront au dit bois de prendre verges, fagots, feuilles pour leur four et pour brûler en ladite maison, clôture pour clore terres, prés et possessions appartenant à la dite maison de Rizecourt, et de prendre toutes autres choses qu'on peut prendre en tel lieu, excepté le pommier et le poirier. Et cet usage ils l'auront à perpétuité, soit que ceux de Bouni en usent ou non. Et de tous ces bois dessus nommés les dits habitants ni les dits religieux ne peuvent vendre, ni donner, ni mener qu'à Rizecourt et ès appartenances. Après, comme ces religieux dirent que nous leur empêchions leur droiture et leur seigneurie de Mandles et du terroir de la justice sur la roie de la terre, nous avons accordé en telle manière : c'est à savoir que le maire de Mandles, qui sera de par l'église, connaîtra de meubles, de capitaux et de toutes obligations personnelles et réelles, de sang, de plaie et de toutes autres enfraitures. Et le dit maire de Mandles, quand il sera fait de nouveau, doit faire serment au seigneur de Rizecourt ou à son commandement de garder loyalement les droitures à nous et à nos hoirs, et à nos successeurs, qui tiendront l'avouerie de Mandles, et les droitures aussi des dits religieux; et doit compter le dit maire bien et loyalement, par devant les dits religieux, ou par devant le prieur, ou par devant son représentant, des amendes qui appartiendront à eux et à nous. Et s'il advenait que pour aucun forfait ou pour autre raison quelle qu'elle soit, une amende fût levée, en cette amende nous aurions les trois parties, et les dits religieux la quarte, sauves aux dits religieux les amendes qui seront levées pour raison de la roie de la terre qui mouvait d'eux. Et sommes encore accordés que le péage que nous avons coutume de prendre hors de la ville de Mandles, nous le prendrons en ladite ville ou au ban d'icelle, d'aujourd'hui en avant, sauf que je ne fasse préjudice aux dits religieux en leur autre droiture de la dite ville. Et sommes encore accordés que le maire de Mandles connaîtra à Limerville de la roie de la terre qui meut de Sainte-Marie. Et pour toutes ces choses fermement tenir et garder, nous obligeons et nous avons obligé nous, nos hoirs et nos biens, et promettons et avons promis aux dits religieux toutes les choses dessus dites à garantir envers toutes gens. Et renonçons et avons renoncé à toute exception, à tous privilèges donnés et à donner de par le roi ou de par l'apostoile (le pape), et à toutes aides de droit et de fait qui à nous pourraient aider, et aux dits religieux nuire. En témoignage desquelles choses, je, Jehan et Alix, ma femme, avons ces présentes lettres scellé de nos propres sceaux. Et je, Jehans, ai donné autorité à Alix, ma femme, à consentir à toutes ces choses ci-dessus écrites. Et je, Alix, femme dudit mon seigneur, mon baron, ai fait les choses dessus dites, et ces présentes lettres scellé de mon propre sceau, qui furent faites en l'an de grâce mil deux cent quatre-vingts et dix, au mois de juillet.

(Archives de la Meuse ; prieuré de Richecourt.)

1292. Avril.

Je Jehans, sire de Joinville et sénéchal de Champagne, fais savoir à tous ceux qui verront et ouïront ces présentes lettres que frère Gilbert, maître de Beauvoir aux Allemands, de l'hôpital de Notre-Dame de Jérusalem, m'apporta une lettre à Joinville scellée du sceau de mon père (que Dieu absolve!), et me pria que je lui fisse renouveler en mon sceau. Et parce que je vis que le sceau de mon père n'était pas tout entier, je fis venir plusieurs autres lettres devant moi scellées du sceau de mon père, et vis devant mon conseil les unes contre les autres. Et pour ce que mon conseil regarda que le sceau était bien encore tel qu'on le devait recevoir en toutes cours, je leur ai scellé la teneur de leur lettre, laquelle teneur est telle :

Ego Symon, dominus Joinville, notum facio universis præsentem cartam inspecturis, quod ego laudo et concedo eleemosinam quam

Hugo, dominus Fiche (La Fauche) dedit Deo et fratribus domus
hospitalis Sanctæ Mariæ Teutonicorum in Jerusalem, quæ est de
feodo meo, in perpetuum possidendam. Dedit etiam dictus Hugo,
prædictis fratribus tres carracatas terræ que initium capiet versus
Basolium procedendo inter viam quæ dicitur Mausentier et Parfondeval, usque dum tres carracatæ jam dictæ compleantur. Et infra
terminos illos Mausentier et Parfondeval poterunt facere soaiz ad
sustentamentum suarum tam parvarum quam grandium bestia-
rum, et etiam quantum illi domui necesse fuerit. Præterea dedit
prædictis fratribus usuarium per totum nemus suum quod dicitur
Doesme pro omnibus domui prætaxatæ necessariis, tali vero conditione quod fratres illi quicquam ex nemore illo non poterunt dare
neque vendere, et infra præfixos terminos poterunt lapides trahere
et sumere, et facere chanz ad domos construendas infra sæpe præ-
dictos terminos. Dedit etiam et concessit eis pasturam per totum
Doesmam, ita quod si dampnum a bestiis suis alicui inferretur,
fratres illi tenentur dampnum restituere absque emenda. Et præterea dedit eisdem fratribus ad sufficientiam herbergii et virgutorum
infra prænominatos terminos triginta jugera terræ. Et hæc omnia
dedit et concessit sæpe dictis fratribus in perpetuum possidenda, et
hoc tali conditione quod omnia ista que dedit eisdem fratribus in
eleemosinam, ipsi nullatenus dare vel vendere vel excambiare poterunt, nec quicquam ex eis, nec etiam sub dominio alicujus, nisi
sub dominio Dei et domini de Ficha et heredum suorum ponere
poterunt. Et in cujus rei testimonium præsentum cartam sigilli
mei munimine roborari. Actum anno Domini MCCXXIIII, mense
octobri. Datum apud Fichan.

En témoignage de laquelle chose j'ai scellé de mon sceau ces
lettres, qui furent faites et données à Joinville l'an de grâce mil deux
cent quatre-vingts et douze, au mois d'avril.

(Archives de l'Aube, fonds de Beauvoir.)

1294. Octobre.

Je Jehans, sire de Joinville et sénéchal de Champagne, fais savoir à tous ceux qui ces lettres verront et ouïront qu'en l'an de Notre-Seigneur courant, par mil deux cent quatre-vingts et quatorze, au mois d'octobre, vis, regardai et lus une lettre scellée de mon grand sceau et de mon contre-sceau, non violée, ni en aucune partie malmenée, de laquelle la teneur est en cette manière : Je Jehan, sire de Joinville et sénéchal de Champagne, fais savoir à tous ceux qui verront ces lettres que je confirme et octroye à toujours telle fondation et tels dons comme messire Hues, de bonne mémoire, sire de la Fauche, lequel git à Robercort, fit et donna à Remonval et aux frères de ce même lieu, lesquels sont de l'ordre du Val des Choux. Et approuve aussi, et confirme et octroie des dons que messire Hues de la Fauche, qui fut mort en Égypte quand le roi de France fut outre-mer, fit aux dits frères de Remonval, lequel Hues fut fils au devant dit Huon, qui fonda le lieu, à tenir à toujours. Et donne et octroie pour le remède de mon âme et de mes ancêtres aux dits frères, en aumône perpétuelle, demi-muid de vin, à la mesure de Joinville, à prendre chaque année, à toujours, aux vendanges, en mon cellier, à Joinville, pour chanter les messes là ; et ils sont tenus à chanter chaque année une messe du Saint-Esprit, pour moi et pour les miens, tant que je vivrai ; et après mon décès, ils sont tenus à faire mon anniversaire chaque année, à toujours. Et pour que cette chose soit ferme et stable, j'ai scellé ces lettres de mon sceau. Ce fut fait en l'an de grâce mil deux cent cinquante et six, au mois de janvier.

Et je, Jehans dessus dit, ai scellé cette transcription de mon sceau l'an dessus dit, mil deux cent quatre-vingts et quatorze, au mois d'octobre. Et commande à tous mes sergents qu'ils les paient aussitôt sans délai.

Ce fut écrit de ma main.

(Archives de l'Allier.)

1295. 12 avril.

Je Jehans, sire de Joinville, sénéchal de Champagne, fais savoir à tous ceux qui verront et ouïront ces présentes lettres, que comme désaccord fut entre moi, seigneur de Joinville, d'une part, et l'abbé et le couvent d'Escurey, qui est de ma garde, d'autre part, sur ce que je, sire de Joinville, accusais le dit abbé et le couvent sur plusieurs griefs qu'ils m'avaient faits, et comme je disais, et sur plusieurs amendes que je leur demandais pour des délits de bois et d'autres choses, et sur ce que je voulais et les avais avertis qu'ils abatissent les loges qu'ils avaient faites en leur maison de Joinville, par devers la rivière et par devers la maison de Brancion, qui fut, et fissent fortification en leur maison devant dite de Joinville, pour raison de la guerre apparent au pays; et sur ce que le dit abbé et couvent me poursuivaient en mon hôtel, et requéraient que je fisse ôter et abattre deux piliers de pierre, lesquels Jacques de Florence, demeurant à Joinville, avait fait faire par mon octroi et ma volonté devant la dite maison des dits abbé et couvent, à Joinville, entre le chemin de la porte, devant leur maison, et la dite maison; lesquels piliers ils disaient que ni moi ne pouvaient et ne devaient faire en ce lieu, ni autre chose qui leur fût ou pût être en grevance ou en empêchement de la dite maison ou des aisances. Je, par le conseil de Dieu et de bonnes gens, me suis apaisé au dit abbé et couvent en telle manière que toutes enquisans et toutes greuses (plaintes) que je pouvais greusier ou requerre envers le dit abbé et couvent, ou eux envers moi, jusqu'au jour que ces lettres furent faites, quittées et anéanties d'une part et d'autre, sauf les héritages desquels il ne sera parlé dans ces lettres, je leur ai octroyé et leur octroie que le dit abbé et couvent tiennent et aient paisiblement et entièrement leur maison de Joinville en toutes les aisances et les bons usages qu'ils ont eus et tenus pour la dite maison et les appartenances. Et leur ai promis que je ferai ôter les piliers dessus dits qui étaient devant la dite maison; ni moi ni mes hoirs ne pouvons et ne devons en aucun temps, par aucune enquison ou de guerre ou d'autre chose, faire ou souffrir à faire encombrement ni empêchement, ni autre chose quelle qu'elle soit devant la dite maison, en nul lieu qui à la dite maison puisse grever ni aux aisances; mais leur restera franc et désencombré, à leur aisance, le lieu, tout aussi comme la charrière le porte, droit parmi l'entrée de la porte asouc le pont par devant leur maison, jusques autour de leur maison, toute la charrière, par devant la maison Raulet, qu'on dit la Cabre; et tout autour, par dessus et par derrière, leur demeureront leurs issues et leurs usines de toutes parties, ainsi comme ils les ont eues et tenues jusqu'à ce jour, sans empêchement et sans encombrement de moi et de mes hoirs ni d'autrui. Et est encore à savoir que moi, ni mes hoirs après moi, ne pouvons ni ne devons contraindre les dits abbé et couvent ni leurs successeurs, pour aucune raison, ou par occasion de guerre ou d'autre chose quelle qu'elle soit, à boucher l'issue de leur cellier par devers l'eau, ni à abattre leurs dites loges ou les amoindrir, ni à faire fortification en leur maison dessus dite pour la ville enforcer, ni en la place qui est entre la rivière et la dite maison, dès la porte asouc le pont, jusques à la tournelle qu'on dit en chatemite. Ni moi ni mes hoirs ne pourrons édifier fortification ni autre chose en la dite place, par devers l'eau, si comme elle est ci-dessus devisée; mais elle restera au dit abbé et couvent franche et délivrée à toujours à faire toutes aisances et tous édifices en la dite place qu'ils voudront, sans empêcher le cours de la rivière plus qu'il l'était quand ces lettres furent faites, et sans plus empirer la force de la fortification de la ville. Et en toutes ces choses dessus dites et chacune d'elles, je veux que ni usages du pays, ni statuts du roi ni d'autrui, ni nulle autre chose leur puisse grever en aucun temps contre ce qui est contenu en cette lettre. Et pour que ces choses devant dites soient fermes et stables à toujours per- pétuellement, et que ni moi ni mes hoirs puissions aller à l'encontre, j'ai scellé les présentes lettres de mon sceau, qui furent faites en l'an de grâce mil deux cent quatre-vingts et quinze, le mardi après les octaves de Pâques.

(Archives de la Meuse; abbaye d'Écurey.)

1298. Septembre.

Nous, Gautier de Joinville, sire de Vaucouleurs, et nous, Isabeau de Cereis, dame de Vaucouleurs, sa femme, faisons savoir à tous présents et à venir que par l'accord de notre seigneur et père mon seigneur Geoffroi de Joinville, premier seigneur de Vaucouleurs, et par la requête de toute notre gent de Vaucouleurs, et pour le profit de l'utilité et de l'encroissance de la ville et du château de Vaucouleurs, avons quitté et quittons, affranchi et affranchissons notre gent de Vaucouleurs à tous jours, et leurs hoirs, et tous ceux qui viendront demeurer en la ville de Vaucouleurs, de toutes tailles, de toutes prises et de toutes servitudes, hormis nos hommes de corps hors la ville de Vaucouleurs. Ni nous ni nos hoirs ne pouvons retenir en la ville de Vaucouleurs ni juifs ni prêteurs à monte (valeur). Et pour cette franchise sont tenus les gens de Vaucouleurs à rendre chaque année à nous et à nos hoirs, chacun d'eux pour chacune livre vaillant de son héritage, deux tournois petits, et chaque conduit (droit de transport) chaque année deux sous de tournois petits ; c'est à savoir douze deniers le jour de la Saint-Remi en chef d'octobre, et douze deniers le lendemain de Pâques, de la monnaie dessus dite. Et les prud'hommes de la ville de Vaucouleurs éliront quatre prud'hommes à la Saint-Remi pour être échevins jurés et un clerc juré, et paieront le clerc juré, et le changeront chaque année ainsi comme l'un des échevins jurés ; lesquels prud'-hommes et le clerc devant dit jureront qu'ils garderont notre droiture et la droiture de la ville de Vaucouleurs en bonne foi, et ceux qui seront élus ne pourront contredire, et s'ils ne les avaient élus dedans la quinzaine de la Saint-Remi, tous ou en partie, nous et nos hoirs ou notre représentant y pourrions mettre ceux qui manqueraient, et si nous ou notre représentant ou les prud'hommes de la ville voyions que les quatre échevins jurés ou le clerc, ou aucun d'eux fussent profitable à demeurer au mestier (service), ils les y remettraient et renouvelleraient leur serment ; et ces quatre, ou deux au moins si tous n'y peuvent être, seront avec notre représentant à tenir le plaid ; et si tous ou partie étaient en doute d'aucun jugement, ils le requerraient aux gentilshommes et aux prud'-

hommes de la ville de Vaucouleurs, et s'ils ne le pouvaient là trouver, ils l'enverraient querre à Joinville, et s'ils ne le pouvaient là
trouver, ils l'enverraient enquerre à Vitry. Et le jour de la Saint-
Martin, nous ou notre représentant et notre prévôt, et le clerc juré
et les quatre échevins demanderont à chacun de ceux de la franchise
de la ville de Vaucouleurs la valeur de leur héritage, et ils seront
tenus à venir devant eux à leur requête et dire vrai, et s'ils étaient
en doute du prix de l'héritage, ils seraient touchiés (fixés à tant)
par les sept dessus dits. Et rendront de chacune livre de l'héritage
si comme dessus est dit, et seront tenus à payer dedans la quinzaine
après que le prix sera fait, et s'ils ne payaient pas dedans la quinzaine, notre représentant et les échevins jurés vendraient tant des
biens meubles et immeubles aux champs et à la ville, à deniers
comptants, que nous en serions payés dedans les huit jours après.
Et s'il advenait que l'on vendît héritage, celui auquel l'héritage
aurait été, ni ses hoirs qui au pays seraient, n'y pourraient revenir
s'ils ne le rachetaient dans les huit jours après qu'il serait vendu ;
et ceux qui seraient hors du pays y pourraient revenir dedans les
quarante jours après qu'ils seraient revenus, et s'ils ne l'avaient
racheté dedans les quarante jours, ils n'y pourraient pas revenir, et
nous serions tenus à garantir à celui qui l'aurait acheté en la manière
dessus dite ; et s'ils ne pouvaient trouver à qui vendre, l'héritage
serait nôtre par le prix des échevins jurés devant dits. — Et ceux
qui seront en notre lieu, et notre prévôt, et le clerc juré, seront tenus
à faire serment de sauver notre droiture et la droiture de la ville,
chaque année, de bonne foi. — Et les hommes de Vaucouleurs, et
ceux de la franchise, et ceux de la terre peuvent acheter les uns aux
autres comme devant, sauf nos coutumes et nos droitures. — Et
si nous voulions amender notre ville ou notre forteresse, ou faire
aucune aisance en la ville ou en finage, et il y eût aucun héritage,
nous l'aurions par achat ou par échange au dit des sept dessus dits,
et est à savoir que si les sept dessus dits se discordaient en ce prix
ou en autre prix de la franchise ou d'autre chose, la plus grande
partie en serait crue.

Et est à savoir qu'ils nous doivent notre raisonnable aide pour
marier nos filles et pour aller outre-mer, en telle manière qu'ils
paieront à l'aide chaque conduit quatre sols de la monnaie dessus
dite, et pour chaque livre vaillant de l'héritage quatre deniers de la

monnaie devant dite. — Ni nul de ceux de la franchise que nous ou notre représentant voudrions faire prévôt ou doyen, ou cellerier, ou fouretier, si comme nous faisions avant, ne peut refuser de l'être, à la requête de nous ou de notre représentant, de telle sorte que le prévôt, le doyen et le cellerier seront quittes de ce qu'ils doivent pour la franchise tant qu'ils seront à notre service. — Les gens de la franchise doivent user en nos usines, et si nous en faisions ou acquérions quelqu'une à Vaucouleurs ou en finage, ils y useront aussi. — Et si nous avions besoin de charroi de la ville, nous l'aurions pour raisonnable prix, et ce prix serait fait par les dessus dits en la manière dessus dite, et seraient les deniers payés de la levée de la première franchise ansigant. — Et chaque homme qui aura vingt livres de meubles aura une arbalète et cinquante quarreaux; et auront armes et seront armés suffisamment tous ceux de la franchise, si comme il est dit dessus, dedans la Saint-Martin, et montreront leurs armes à nous et à notre représentant quand ils en seront requis de la Saint-Martin en avant; et ceux qui n'auront armes comme dessus il est dit, seront tenus de cinq petits sous tournois d'amende, et auront leurs armes dedans quarante jours après, et toutes les fois qu'ils y manqueront, ils seront tenus à l'amende comme ci-dessus est dit. Et celui qui prendra armure en gage paiera douze deniers et perdra sa dette. — Et si nous ou nos hoirs voulions faire travailler aux murs de la ville de Vaucouleurs pour la fortification, ils nous fourniraient une charrette à deux chevaux et le charreton à leurs frais, tant qu'il nous plaira pour l'œuvre devant dite, et nous ne pourrions les mettre à une autre œuvre. — Et si aucun homme de la franchise était pris ou arrêté, ou les siennes choses pour nous, nous le délivrerions, et si nous y manquions, les prud'-hommes de la ville le délivreraient des deniers de la franchise, et s'il était pris pour le méfait de l'un de ceux de la franchise, nous l'aiderions à délivrer en bonne foi comme seigneur, à leurs frais, et celui pour le méfait duquel il serait pris serait tenu à rendre ses dépenses à l'égard du prévôt et des échevins jurés. — Et pouvons mener ou faire mener ceux de Vaucouleurs en host ou en chevauchée quatre jours à leurs frais, et si nous les voulions plus tenir, nous leur donnerions six tournois petits par jour à chacun de ceux qui auraient haubert et cheval, et à chacun des armés à pied deux tournois petits par jour, et seraient partout tenus à servir à nous et à nos hoirs tant comme il nous plairait, et nous leur promettons en bonne foi que nous ne les mènerons ni ne les ferons mener en host ni en chevauchée par fausse occasion, et si nous étions hors du pays, notre représentant pourrait les mener en la manière dessus dite pour défendre nos terres et nos fiefs et les terres et les fiefs de monseigneur de Joinville, et ceux qui auraient essoinc (excuse) loyale quand l'host et la chevauchée seraient convoqués ou le cri fait, en seraient quittes et ne paieraient point d'amende. — Si aucun de la franchise a deux coussins et deux draps tant seulement pour son lit, on ne les peut prendre pour dette ni pour plège, ni ce qu'il vêt chaque jour. — Et si nous venions en la ville, le doyen pourrait prendre des coussins pour nous et pour nos hôtes, et les rendre sitôt que nos hôtes s'en seraient allés. — Les menus pêcheurs de Vaucouleurs pêcheront à la menuse à pied, à la truvle et au jonchiés, ainsi comme ils ont fait avant. — Et est accordé par nous et par nos gentilshommes et par ceux de la franchise qu'on refera les vignes derrière le château qui ont existé autrefois, comme le pourpris des vignes le donne, dedans trois ans à venir, et si elles n'étaient avignies dedans le terme, le défaut nous ou notre représentant, s'il nous plaisait, mettrions en notre propriété, et si aucune bête y était prise à méfait ou tant que le ban y est, elle devrait douze tournois petits d'amende. — Et si aucun de la franchise était tenu à nous ou à autrui pour dette, on ne pourrait mettre la main à lui tant qu'on trouverait tant vaillant de la sienne chose en meubles et en héritage comme la somme monterait. — Et est à savoir que tous ceux de la franchise tiennent et tiendront tout leur héritage qu'ils ont et auront en nos terres et en terres de nos hoirs, seigneurs de Vaucouleurs, qui ne meut d'autrui chacun conduit une géline chaque année. — Et est à savoir que nous aurons un sceau et contre-sceau d'octroi pour ceux qui vendront héritage ou pour ceux qui l'achèteront, et prendrons douze deniers de l'acheteur et douze deniers du vendeur, et de celui qui obligera l'héritage on engagera en quelque manière que ce soit douze deniers, et de celui qui le prendra douze deniers. Et de ces sceaux garderont notre représentant l'un, et les échevins ou l'un d'eux qu'ils éliront, l'autre. — Et si nous ou notre représentant avons besoin d'aller à jour ou à parlement, nous pourrons mener ceux qui nous plairont de la franchise à notre raisonnable despens jusques à quatre, et ils ne le pourront refuser. — Et si nous voulons envoyer message à cheval ou à pied, nous y pourrons envoyer message suffisant en bonne foi quel qu'il nous en plairait de la franchise de la ville, à notre raisonnable despens par l'égard des échevins jurés. Si le prévôt ou notre représentant les veut mener tous ou partie pour faire aucune pannie, ils seront à leurs frais s'ils reviennent le soir à leur maison, et s'ils ne reviennent le soir, ils seront dès lors à notre coût tant que nous les tiendrons dehors. — Et est accordé par nous et par notre gent et par nos gentilshommes qu'on ne donnera point de pain à nul manouvrier, et que nul ne prendra en un jour plus de vingt faucilleurs excepté nous, et celui qui donnera du pain paiera cinq sous d'amende de la monnaie dessus dite, et pour chaque faucilleur qu'il prendra en delà de vingt, douze deniers d'amende. Et si aucun homme de la franchise et de la terre de Vaucouleurs était plège par un autre de ladite ville de Vaucouleurs ou de la terre, et il en perdait les gages, ceux pour qui les gages seraient perdus ne seraient tenus à rendre que le double. Ceux de la franchise de la ville de Vaucouleurs n'auront réclamation ni ressort tant qu'ils seront sous nous, qu'à nous et à notre représentant, si ce n'est par défaut de droit ou par faux jugement.

Et nous tiendrons le château et la ville de Vaucouleurs à tel droit et à tel us comme on en a usé, sauve la franchise dessus dite. — Et ceux de la franchise de Vaucouleurs tiennent et tiendront leurs meuble et leurs héritages, quelque part qu'ils soient demeurant, en payant à nous deux deniers de la livre de l'héritage, comme il a été dit, et des héritages qu'ils tiendront sous nous et sous nos hoirs en quelque lieu que ce soit où nous avons et aurons ban et justice, ils ne peuvent avoir ressort et réclamation qu'à nous et à nos hoirs, excepté aux seigneurs de Joinville auxquels ils iraient et pourraient aller comme souverains pour défaut de droit ou pour mauvais jugement. Et est à savoir que toujours se tient et se tiendra cette charte en sa vertu, non obstant usage contraire que nous ou nos hoirs puissions dire ni montrer contre ceux de la franchise de Vaucouleurs, ni que eux ou leurs hoirs pussent dire ni montrer contre nous et nos hoirs. — Toutes ces conventions dessus dites nous avons juré et jurons de tenir et garder en bonne foi, sauves nos rentes et nos autres droitures qui ici ne sont pas nommées avec celles qui ici sont nommées. Et Isabeau de Cereis, notre compagne avant dite, et nos hoirs qui tiendront la châtellenie de Vaucouleurs, sont tenus à faire le serment, et voulons que quiconque tienne Vaucouleurs par bail ou par douaire, ou en autre manière, soit tenu à faire le serment et à garder à la requête des bourgeois de la franchise. — Et voulons et octroyons que si nous ou nos hoirs défaillons à tenir et à garder ces conventions dessus dites, en tout ou en partie, que messire de Joinville, quel qu'il soit, lui et ses hoirs le fussent tenir et garder à nous et à nos hoirs, et leur octroyons qu'ils puissent partout prendre de la notre chose si nous ou nos hoirs enfreignons ces avant dites conventions, jusques à tant que ce qui en serait enfreint fût amendé. Et pour que ce soit chose ferme et stable à toujours, nous, Gautier de Joinville, sire de Vaucouleurs, et Isabeau de Cereis, dame de Vaucouleurs, sa femme, avons mis nos sceaux en cette présente charte.

Et pour plus grande sûreté, pour ces conventions dessus dites mieux tenir, je Jehans, sire de Joinville et sénéchal de Champagne, par l'accord de mon cher frère Geoffroi de Joinville, premier seigneur de Vaucouleurs, et par la prière et par la requête de mon aimé neveu Gautier de Joinville, seigneur de Vaucouleurs, et d'Isabeau de Cereis sa femme, et par la requête et la volonté de la communauté de la ville de Vaucouleurs, lesquels m'ont prié et requis que je fasse tenir fermement ces choses si quelqu'un d'eux allait contre, ai mis mon sceau en cette présente charte, sauves toutes mes droitures comme sire souverain du fief, et ai promis de faire tenir en bonne foi ces conventions dessus dites, et veux que qui oncques soit sire de Joinville soit tenu à faire tenir ces conventions comme elles sont dessus écrites. — Cette charte fut faite l'an de grâce que le milliaire de l'incarnation de Notre-Seigneur courait par mil deux cent quatre-vingt-dix et huit ans, au mois de septembre.

(Archives nationales.)

1302. Mai.

Je Jehans, sire de Joinville et sénéchal de Champagne, fais connaître à tous ceux qui verront et ouïront ces présentes lettres, que comme j'eus fait un pressoir en la ville d'Onne, tout banal de tous

mes hommes d'Onne, et l'eus déjà tenu banal par le terme de trois
ans; et l'abbé et le couvent d'Escurey me greussessent et dissent que
j'avais fait le dit pressoir en leur préjudice et en amoindrissement
des pressoirs qu'ils avaient eus et tenus en la dite ville d'Onne du
temps de mon père et du mien, et dissent que nul n'avait onques eu
pressoir en la ville d'Onne, excepté eux, ceux qui leur avaient été
donnés et aumônés anciennement. Je, pour le remède de mon âme
et de mes ancêtres, ai donné et donne au dit abbé et couvent d'Escurey le dit pressoir que j'avais fait faire à Onne, et toute la place, dès
la maison Bignot jusqu'à la maison de Bertrand le Forestier, et tout
le droit que j'avais ou devais ou pouvais avoir sur le dit pressoir et
la dite place, et veut et octroie que le dit abbé et couvent d'Escurey
tiennent et aient ledit pressoir tout banal à toujours, sans aucune
réclamation ou empêchement de moi et de mes hoirs. Et connais
par ces présentes lettres que dès ce jour en avant moi ni mes hoirs
ne pouvons ni ne devons faire ni souffrir qu'on fasse pressoir en la
ville d'Onne, ni en finage pour nous, pour raison de haute justice,
ni pour autre raison ou droit que nous ayions ou puissions acquérir
en la dite ville et en finage; et oblige moi et mes hoirs, qui seront
seigneurs d'Onne après moi, à contraindre tous nos hommes que
nous avons ou aurons en la dite ville d'Onne à toujours, à aller presser tous les fruits de leurs vignes au pressoir dessus dit, si l'abbé et
le couvent le veulent maintenir au lieu où il est, ou à tels pressoirs
que le dit abbé et couvent auraient et maintiendraient en la dite
ville; et l'abbé et son représentant les doit faire presser à tel prix
et à telle raison, comme il est accoutumé au dit pressoir bonnement
et en bonne foi. Et je, et mes hoirs après moi, devons défendre
chaque année par nos sergents, en l'église d'Onne, à la requête de
l'abbé d'Escurey ou de son représentant, que nul de mes hommes
d'Onne ne fasse presser chose qu'il ait à autre pressoir que au pressoir de l'abbé et du couvent d'Escurey, sous peine de perdre cinq
sous et le vin pressé. Et si le représentant de l'abbé et du couvent
trouvait aucun de mes hommes d'Onne menant ou portant fruits
à presser à d'autres pressoirs, ou ramenant ou rapportant vin pressé
à d'autre pressoir que au leur, ils pourraient prendre le vin comme
le leur propre; et si on le leur ôtait de force, moi ou mes hoirs, et
notre sergent seraient tenus à faire rendre le vin qui leur serait ôté;
et moi ou mes hoirs en aurions l'amende du méfaisant. Et veux et

octroie que ledit abbé et couvent d'Escurey puissent faire un pressoir en la place dessus dite, s'il leur plaît, avec celui que je leur ai donné, et toutes autres aisances qu'ils voudront faire, ou maison, ou autre chose, pour faire leur profit. Et veux encore que si le dit abbé et couvent voulaient en aucun temps ôter le dit pressoir d'où il est, et maintenir pressoirs au lieu où ils les ont eus et maintenus anciennement, qu'ils le puissent faire, et que les pressoirs qu'ils maintiendront et auront à Onne soient banals en la manière, en la forme et en l'usage et franchise qu'il est dessus contenu du pressoir que je leur ai donné. Et moi et mes hoirs, qui seront seigneurs d'Onne après moi, sommes et seront tenus à contraindre tous nos hommes d'Onne qui banalement aillent presser au pressoir que le dit abbé et couvent auront ou ont en la dite ville, et à garder de force contre les méfaisants de presser autre part, ainsi comme il est dessus écrit. Et avec ces choses dessus dites je leur ai octroyé à tenir à toujours quatre setiers de blé, moitié froment, moitié avoine, à la mesure de Joinville : c'est à savoir deux setiers que Aubers Mahon leur donna en ses terrages ou dîmes de Gondrecourt la Ville, dont ils sont en possession jusques à cette présente année, si comme ils disent, et deux setiers de blé qu'ils peuvent avoir et tenir en ma grange de Moutier-sur-Saut, que Audete de Joinville leur aumôna, si je le voulais souffrir; et doivent être ces deux setiers de tel blé comme la lettre que la dite Audete, qui fut femme de Brancion, avait scellé de mon sceau le devise. Et si les hoirs du dit Aubers Mahon ou les hoirs de la dite Audete voulaient faire aucun échange au dit abbé et couvent, ce qui en serait échangé reviendrait en mon servage tel comme il était devant; et le dit abbé et couvent tiendraient tout amorti ce qui leur serait donné échange de la valeur. Et en toutes ces choses dessus dites retiens-je la garde, et mon banc, et ma justice haute et basse, pour moi et pour mes hoirs. En témoignage de la vérité des choses dessus dites, et pour ce qu'elles soient fermes et stables à toujours, j'ai scellé ces présentes lettres de mon sceau, sauf mon droit et celui d'autrui, qui furent faites en l'an mil trois cents et deux ans, au mois de mai.

(Archives de la Meuse; abbaye d'Ecurey.)

1302. 28 juillet.

Je Jehans, sire de Joinville, sénéchal de Champagne, fais à savoir à tous que comme désaccord fut entre moi d'une part, et religieuses personnes l'abbé et le couvent de Saint-Mansuy de Toul d'autre part, de ce qu'ils prenaient et avaient pris par long temps douze setiers de blé en arages de Germay en ma partie, outre la Sumnie, de laquelle la grand'charte de la compagnie fait mention et de moult autres articles, je, par le conseil de bonnes gens, me suis apaisé aux dits religieux en la manière qui s'ensuit : c'est à savoir que les dits religieux auront et tiendront paisiblement les dits douze setiers de blé en notre dite partie des arages de Germay, ainsi comme ils les ont eus et tenus paisiblement, tant comme madame Aude, dame de Brotière, vivra ; et après le décès de la dite dame Aude, c'est à savoir quand son douaire sera revenu à notre compagnie, les dits douze setiers de blé, qu'ils prenaient en ma dite partie des dits arages, reviendront à notre dite compagnie ; ni je ne puis ni ne dois rien demander aux dits religieux des arrérages, ni les dits religieux à moi. Et ai octroyé et octroie aux dits religieux, pour cause de restitution, qu'ils puissent acquérir en ma terre, en mes fiefs et en mes arrière-fiefs jusques à la somme de soixante soudées de terre, en prés, en terres, en vignes, en rentes et autres choses quelles qu'elles soient, là où ils les pourront mieux acquérir. Et de ce que je leur donne plein pouvoir et pleine autorité, et leur amortis et leur confirme tout comme si elles étaient déjà acquises. Et octroie encore et ai octroyé aux dits religieux par concession faite entre vifs, sans jamais à rappeler que pour eux et pour leurs maisnies (famille) louées et autres, quelles qu'elles soient, demeurant et servant en leur maison de Germay, qu'on dit la Chièze, ils puissent moudre dès la Saint-Luc, toutes les fois qu'il leur plaira, au moulin de l'étang de Germay, et quand il leur plaira au moulin de Sumne, en la manière qu'il est contenu en la grand'charte de la compagnie. Et comme les dits religieux ont acquis du prévôt de Ribaucourt une grange et tous ses appendices, séant en la ville de Bares, près de la fontaine, et tenue par long temps, laquelle était de mon fief, j'ai amorti aux dits religieux la dite grange, et les en ai remis en possession et en saisine,

22

et veux qu'ils la tiennent paisiblement à toujours, sans débat de moi ni d'autrui. Et toutes ces choses dessus dites, ainsi comme elles sont dessus devisées, j'ai promis de garder pour moi et pour mes hoirs, et en oblige mes hoirs à garder et à faire garder, sans venir jamais encontre. En témoignage de vérité, et pour que ce soit chose ferme et stable à toujours, j'ai scellé ces présentes lettres de mon grand sceau, lesquelles furent faites et données l'an de grâce mil trois cents et deux, le samedi après la saint Jacques et la saint Christophe, au mois de juillet.

(Biblioth. nat., collection de Lorraine.)

1303. Décembre.

Je Jehans, sire de Joinville, sénéchal de Champagne, fais savoir à tous que comme désaccord fut mis entre la prieure et le couvent de l'église du Val d'One d'une part, et Philippe de One, écuyer, et Heluy, sa femme, d'autre part, sur ce que la dite prieure et le couvent dessus dit requéraient avoir trente et deux setiers de blé ; c'est à savoir : quatre setiers de froment et douze setiers de seigle, et seize setiers d'avoine à la mesure de Joinville, à prendre chaque année, à toujours, en la partie que messire Gui de One, chevalier, qui fut père au dit Philippe, avait au dîmé de One, et sur ce que les dites dames requéraient avoir la partie que le dit messire Gui avait au terrage de One qui appartenait à monseigneur Aubert de One qui fut, lesquelles choses dessus dites il empêchait aux dites dames ; accordé fut par devant moi, seigneur de Joinville dessus dit, entre les parties dessus dites, en telle manière que le dit Philippe et Heluy, sa femme, mirent par devant moi les dites dames en paisible saisine et possession des choses dessus dites, et reconnurent que les dites dames y avaient droit comme en leur propre héritage de l'église, et quittèrent par devant moi le dit Philippe et Heluy, sa femme, aux dites dames, tout le droit et toute l'action qu'ils avaient, pouvaient et devaient avoir à ces choses dessus dites, tant en propriété comme en saisine. Ces conventions dessus dites ont promis le dit Philippe et Heluy, sa femme, pour eux et pour leurs hoirs, sans aller de rien

encontre, par leur foi donnée corporellement en ma main, et sous
l'obligation de tous leurs biens, meubles et immeubles, présents et
à venir, où qu'ils soient et puissent être trouvés, spécialement de
tout le fief qu'ils tiennent de moi, sauf ce que le dit Philippe
et Heluy, sa femme, retiennent pour eux et pour leurs hoirs ès
choses dessus dites leur justice grande et petite. Et m'ont requis
le dit Philippe et Heluy, sa femme, que s'ils allaient en sus contre
les choses dessus dites en tout ou en partie, que moi ou mes hoirs
leur fassions tenir, comme seigneur souverain. Et je, comme sire
souverain, confirme et octroie les choses dessus dites pour moi et
pour mes hoirs. En témoignage de vérité, et pour que ces choses
soient fermes et stables, je, à la requête du dit Philippe et de sa
femme, ai scellé ces lettres de mon sceau, sauf mon droit et celui
d'autrui. Ce fut fait en l'an de grâce mil trois cents et trois, au mois
de décembre.

(Archives nationales.)

1306. 28 avril.

Je Jehans, sire de Joinville et sénéchal de Champagne, fais savoir
à tous que comme désaccord fut entre moi, seigneur de Joinville dessus
dit, d'une part, et l'abbé et le couvent d'Escurey, de l'ordre de Cîteaux,
d'autre part, sur plusieurs griefs dont une partie se dolait de l'autre,
spécialement sur ce que je, sire de Joinville dessus dit, me tenais à
grever les dits abbé et couvent de ce qu'ils avaient acheté porcs et
mis en passon (à paître) en la forêt de Moutier avec les porcs de leur
élevage en temps de passonnage, laquelle chose je disais qu'ils ne pouvaient ni devaient faire, et disais qu'il ne devaient mettre en la dite
passon que les porcs de l'élevage de l'abbaye, et le dit abbé et couvent maintenaient au contraire; et sur ce que le dit abbé et couvent
me poursuivaient de long temps d'une partie d'un moulin séant
dessous la ville de Chevillon, que je leur avais vendu, lequel ils
disaient qu'il était déchu et anéanti, parce que, depuis la dite vente,
j'avais fait un moulin à Chevillon, et y faisait aller mes hommes
qui, auparavant, allaient moudre à ce moulin, quand je le leur

vendis, et me requéraient que je leur garantisse le dit moulin en la valeur que je leur avais vendue ; et disaient encor le dit abbé et couvent qu'à tort je leur avais ôté et mis en mon domaine deux pièces de vigne séant en finage de Chevillon, que madame Amongars de Chevillon leur avait aumônées ; à la parfin, par le conseil de Dieu et de bonnes gens, paix et accord est fait entre nous des désaccords dessus dits en telle manière comme il est ci-après contenu : que je, sire de Joinville dessus nommé, veux et octroie que le dit abbé et couvent, et leurs successeurs, mettent par leur commandement, par toute la forêt de Moutier-sur-Saut, paisiblement et franchement, chaque année, à toujours, en la paisson de la dite forêt cent porcs, dès la saint Rémi, en avant, à leur volonté, et tels comme il leur plaira, soit de leur élevage, soit d'achat, desquels cent porcs ils pourront faire leur volonté et tous leurs profits, et plus n'en pourront mettre en la dite paisson de la dite forêt que cent porcs. Et est encore à savoir que pour raison et pour cause de pur échange et des récompensations des dites vignes et de la partie du moulin dessus dit, lesquelles le dit abbé et couvent m'ont quittées, et pour cause d'un moulin qu'ils tenaient par héritage en nom de leur église séant en la ville de Chevillon, près de la maison qui fut à Clarin, lequel moulin et tout le droit qu'y avaient le dit abbé et couvent ils m'ont quitté et baillé à tenir à toujours moi et mes hoirs en héritage, j'ai promis et promets pour moi et pour mes hoirs de rendre et payer, et faire payer aux dits abbé et couvent ou à leur commandement, chaque année, à toujours, en mes terrages de Gourson et du finage, dix setiers de blé, moitié froment, moitié avoine, à la mesure de Joinville, lesquels moi et mes hoirs leur devons faire délivrer chaque année, à Gourson, en la grange où les terrages seront mis dedans la Chandeleur au plus tard. Et ai encore assigné, baillé et délivré au dit abbé et couvent tout ce bois qui était du finage de Moutier-sur-Saut, joignant au propre bois de la dite église qu'on dit Gousemars, ainsi comme il s'étend jusques aux bornes que j'y ai fait mettre par devers la plaine, à tenir à toujours des dits abbé et couvent, et de la dite église en héritage, franchement et quittement, en telle possession et en tel droit comme ils tiennent et ont tenu leur dit propre bois de Gousemars, sans rien retenir et sans tous usages ou servages avoir en dit bois de moi ou de mes hoirs, ou de mes hommes, fors que la vaine pâture à mes hommes, et fors la garde à moi et à mes hoirs, ainsi comme moi et mes hommes l'avons en bois de Gousemars. Et les dix setiers de blé dessus nommés, et le dit bois, lesquels j'ai baillé au dit abbé et couvent, et à leur église, pour cause et en nom du dit échange, j'ai promis et obligé moi et mes hoirs à déliver et à garantir à toujours au dit abbé et couvent, et à leur église, franchement et quittement, ainsi comme il est dessus contenu, envers tous et contre tous qui empêchement ou force leur feraient ou pourraient faire en choses dessus dites, pour quelque cause ou en quelque manière que ce fût. Et pour que ce soit chose ferme et stable à toujours, sans jamais aller encontre de moi ou de mes hoirs, je Jehans, sire de Joinville dessus nommé, ai scellé ces présentes lettres de mon sceau, en témoignage de vérité des choses dessus dites, qui furent faites en l'an de grâce mil trois cents et six, le jour de la fête de saint Georges.

(Archives de la Meuse; abbaye d'Écurey.)

1315. 8 juin.

A bon seigneur Louis, par la grâce de Dieu roi de France et de Navarre, Jehans, sire de Joinville, son sénéchal de Champagne, salut, et son service appareillé.

Cher sire, il est bien vrai, ainsi comme vous me l'avez mandé, qu'on disait que vous étiez apaisé aux Flamands; et par ce, sire, que nous pensions que ce fût vrai, nous n'avions point fait d'appareil pour aller à votre commandement. Et de ce, sire, que vous m'avez mandé que vous serez à Arras pour vous adresser des torts que les Flamands vous font, il me semble, sire, que vous faites bien, et Dieu vous en soit en aide. Et de ce que vous m'avez mandé que je et ma gent fussions à Ochie à la moyenneté du mois de juin, sire, savoir vous fais que ce ne peut être bonnement; car vos lettres me vinrent le second dimanche de juin, et vinrent huit jours devant la recette de vos lettres. Et le plus tôt que je pourrai, ma gent seront appareillé pour aller où il vous plaira.

Sire, ne vous déplaise de ce que je, au premier parler, ne vous ai appelé que *bon seigneur ;* car autrement ne l'ai-je fait à mes seigneurs les autres rois qui ont été devant vous, que Dieu absolve ! Notre sire, soit garde de vous !

Donné le second dimanche du mois de juin, que votre lettre me fut apportée, l'an mil trois cents et quinze. — (Au dos, pour adresse : *A mon bien-aimé seigneur le roi de France et de Navarre.*)

(Archives nationales.)

1262. Janvier.

Nous frère Jacques, par la justice de Dieu, abbé de la Creste, et tout le couvent de ce même lieu, et moi Jehans, sire de Joinville, sénéchal de Champagne, faisons savoir à tous ceux qui verront et ouïront ces lettres que nous sommes ainsi accordés entre nous, que je Jehans devant dit ai vendu à l'abbé et au couvent de la Creste devant dits, à tenir à toujours perpétuellement, tout ce que j'avais et pouvais avoir en la ville de Céreis et en finage, en tout profit et en tous us, pour deux cents livres de Provenisiens forts, desquels je me tiens payé en telle manière que messire Miles de Saint-Amant et l'abbé d'Escurey, ou deux autres si nous ne pouvions avoir ceux-là, priseraient la chose devant dite, et si elle valait plus, ils me payeraient à leur dit le plus qu'elle vaudrait dedans les quarante jours que je leur aurai requis ; et si elle valait moins, je leur rendrais ce qu'ils auraient dit qu'elle valait moins dedans les quarante jours qu'ils m'auraient requis après que le prix serait fait. Et ce que ledit abbé et le couvent tenaient anciennement à Céreis et au finage, je leur octroie pour ledit que les deux prud'hommes diront. Et ai promis que je ne souffrirai à mon pouvoir que nul entrât en mes fiefs à Ciréis, et s'ils venaient en ma main en quelque manière, je leur ai promis que je leur laisserai avoir par le dit de deux prud'hommes, dont je nommerai l'un, et l'abbé et le couvent devant dits l'autre. Et de toutes ces choses leur ai promis et dois porter bonne garantie loyale envers tous. Et nous, frère Jacques, abbé devant dit, et tout le couvent de la Creste, avons vendu au devant dit Jehan, seigneur de Joinville, tout ce que nous avions et pouvions avoir à Betoncourt et en finage, à tout profit et à tout us, à tenir permanablement à lui et à ses hoirs, seigneurs de Rinel, par le dit aussi de deux prud'hommes premiers nommés, en telle manière qu'après que les deux prud'hommes auront prisé la chose de Bétoncourt, le sire de Joinville nous rendra ledit prix dedans les quarante jours que nous le requerrons. Et tout le prix de ces choses devant nommées doit être terminé devant Pâques par ces deux prud'hommes devant nommés, ou par deux autres, si on ne pouvait avoir ceux-là, dont nous nommerons l'un, et le sire de Joinville l'autre, ainsi qu'il est devant devisé. Et de ces conventions à tenir lui devons-nous bailler les lettres de l'abbé d'Escurey en témoignage avec les nôtres. Et je Jehans, sire de Joinville, leur en dois bailler les lettres du roi de Navarre et les lettres de la dame de Maisson, de toujours tenir ces choses perpétuellement par sa foi donnée corporellement. Et pour que ce soit chose ferme et stable à toujours, nous avons scellé ces lettres de notre sceau, par le consentement et l'octroi de tout le couvent de la Creste. Et je Jehans, sire de Joinville, j'ai mis mon sceau, pour que ces choses soient fermes choses et stables à toujours. Faites à Moutier-sur-Saut, en l'an de l'incarnation de Notre-Seigneur mil et deux cents et soixante et deux ans, au mois de janvier.

(Bibliothèque nationale ; collection de Champagne.)

Charte octroyée en 1258 aux habitants de Joinville.

In nomine Patris et Filii et Spiritus sancti. Amen.

Nous, maire et échevins et toute la commune de Joinville, faisons connaître à tous ceux qui sont et à venir sont, qui ces présentes lettres verront et ouïront, que messire Jehans, sire de Joinville et sénéchal de Champagne, nous a quittés et affranchis, par cette condition qui est contenue en cette présente charte, de toutes cottes et de toutes tailles ; et tous ceux qui voudront venir à Joinville et qui se voudront mettre en notre jurée, fors (excepté) les hommes de corps et de dehors la ville, si ce n'était qu'ils vinssent à Joinville par mariage, les hommes qu'il ne pourrait ou voudrait retenir, nous ne les pourrions retenir en notre jurée; et si nous retenions en la ville aucun homme à qui il voulût donner congé, il le conduirait jusqu'à un des châteaux voisins, celui qu'il voudrait, en bonne foi, à l'aide de la ville. Si cet homme n'était arrêté de mauvais cas, nul ne peut le retenir en la ville, et les aubains (étrangers) qui sont venus à eschief (cens) et qui voudront venir à eschief, se justicieront par le mayeur et les échevins; et le sire de Joinville aura les eschiefs et les amendes; et les hoirs qui demeureront à Joinville ou se marieront en la ville seront en notre jurée quand ils seront en âge; et si quelqu'un se départait de Joinville pour aller sous un autre seigneur, il aurait perdu tout ce qu'il aurait à Joinville et en la châtellerie, et tout ce qui pourrait lui échoir de par sa mère et de par ses frères.

Et par cette franchise nous sommes tenus par serment à rendre chaque année à monseigneur de Joinville ou à sés hoirs chacun de nous six deniers par chacune livre de notre meuble, et douze deniers pour chaque livre de tous nos héritages, excepté des armures pour nos corps et d'aisement d'hôtel pour nos corps; et est à savoir que les vaisseaux où l'on met le vin et tout l'aisement d'or et d'argent sera prisé tous les ans avec les autres meubles. — Et nous élirons six prud'hommes entre nous chaque année quinze jours avant la Tous Saints, pour être échevins, et les présenterons devant monseigneur de Joinville ou devant son représentant quand ils seront élus, et lui ou son représentant éliront un de ces échevins pour faire maire, et si messire de Joinville ou son représentant n'avait élu un maire de ces échevins dedans la quinzaine après la Tous Saints, les échevins éliraient l'un d'eux pour être maire, et il serait établi pour l'année, et si nous laissions passer la quinzaine après la Tous Saints sans élire les échevins, le sire de Joinville ou son représentant les élirait et mettrait en métier, et ils jureront par serment qu'ils garderont la droiture au seigneur et à ceux de la ville, et gouverneront en bonne foi; et s'il plaisait au seigneur de Joinville et à la ville que le maire et les échevins ou quelqu'un d'eux fût profitable au métier (service), ils demeureraient l'autre année et renouvelleraient leur serment. La plainte de la ville viendra en la main du maire, et le maire ne pourra faire jugement sans trois échevins, et la justice de ceux de la jurée et des échevins sera en la main du maire et des échevins, excepté pour ceux qui auraient à perdre ou vie ou membres, et au jugement de ceux qui seraient inculpés de tel fait se mettra le sire de Joinville, ou fera mettre ses chevaliers avec le maire et les échevins. — Les amendes seront au seigneur de Joinville et à ses hoirs, et le maire et les échevins compteront à lui et à ses commandements, huit jours après la requête, bien et loyalement, et s'il ne réclamait rien au maire et aux échevins dans les huit jours qu'ils auraient compté à lui, ils seraient quittes à partir de ce moment du compte qu'ils lui auraient fait, et le maire et les échevins enverront chaque année la jurée par devant le représentant du seigneur de Joinville, et sera payée la jurée par serment, et seront payés les deniers de la jurée à Joinville le jour de la saint André. Et nous avons repris de lui nos héritages, dont nous ne devions nulles coutumes pour coutumes vendues, en cette manière : De l'arpent du jardin ou du meize, une géline ; des terres de la vallée de Joinville et de Rus, du finage de Tonance et de Vecqueville, la troisième gerbe en la moisson de chaque maison qui était franche devant la jurée, une géline, et les choses qui étaient franches avant la jurée seront éclaircies ès dites lettres que nous aurons du seigneur de Joinville... Nous pourrons vendre et acheter les uns aux autres nos héritages, sauf nos coutumes et les droitures du seigneur de Joinville, et les lods et les ventes, qui sont tels : du vendeur douze deniers, et de l'acheteur douze deniers. Les coutumes qui sont mises nouvelles sur les héritages seront payées le dimanche après Pâques. — Et si le sire de Joinville voulait amender la ville ou sa forteresse de Joinville, ou faire aucune aisance en la ville ou à son préat, et s'il y eût aucun héritage duquel il voulût rendre raisonnable échange au dit du maire et des échevins, il le pourrait faire. Nous devons user des usines du seigneur ainsi comme nous avons usé avant la jurée, c'est à savoir, des fours, des moulins, des foulons, des pressoirs, et autres usines s'il en faisait : ni le maire, ni les échevins, ni le prévôt de la ville, ni les sergents qui sont de l'hôtel de Joinville, ne pourront retenir usine tant qu'ils seront en service. — L'habitant de Joinville qui voudra servir au besoin le seigneur à cheval et haubert et par son corps, ne payera point de jurée de la valeur du cheval et du haubert, et lui et les autres hommes seront armés suffisamment et montreront leurs armures deux fois l'an. Celui qui prendra armures en gage payera douze deniers d'amende et perdra son prêt. Tous les chevaux de Joinville

et les charrettes sont francs de toute prise du seigneur de Joinville,
sauf qu'ils aillent travailler pour la forteresse du château ou de la
ville. Nous lui devrons livrer une charrette à double cheval un jour
la semaine, toutes les fois qu'il fera travailler en la forteresse, et les
devrons livrer du commun de la ville. Et si nous avions à mener
des pierres en hiver, et si elles n'étaient mises en œuvre en l'été,
après nous n'en charrierions pas tant qu'elles ne seraient pas mises
en œuvre ; et tant qu'on travaillerait à la forteresse de la ville et
du château, on charrierait comme il est devisé ; ni le sire de Joinville ni ses représentants ne peuvent demander corvées de char-
riage en la ville, sauf ce dont il a besoin en chevaux et charrettes.
Il sera requis au maire qu'il les fasse avoir à louer, et il les fera
avoir là où on les trouvera en la ville, en gens de notre justice ; et
sera payé le loyer des deniers de la jurée, ou des amendes, ou des
autres rentes du seigneur. — Le maire et les échevins, par leur
serment, chargeront le riche comme le pauvre, à l'avenant de ce
que chacun devait. Chacun, pour une livre vaillant de la jurée,
tiendra en son hôtel une arbalète et quarante quarreaux, et s'il ne
les avait dedans les quarante jours que le sire ou ses représentants
l'en auraient requis, ceux qui seraient à défaut payeraient deux
sous d'amende, et seraient tenus à avoir, après les quarante jours,
l'arbalète et les quarreaux... Et si le maire et les échevins faisaient
aucune mise par la ville cette année qu'ils tiendraient la seigneurie,
dont il convenait à faire taille en la ville, le maire et les échevins
en compteraient par devant le seigneur de Joinville ou par devant
son représentant, et conviendraient qu'ils en délivrassent la ville
de cette année. Le sire ou ses représentants en feraient délivrer le
vieux maire et les vieux échevins ou nouveaux qui viendraient ; et
nous ne pourrions faire taille ni établissements nouveaux, sinon
par le seigneur de Joinville ; et si aucun de la jurée était pris et
arrêté pour la dette du seigneur de Joinville ou par la plégerie, le
sire l'en délivrerait, et s'il était pris pour autre chose, il l'aiderait
à délivrer en bonne foi ; et si aucun de la jurée se plaignait au seigneur de Joinville ou à son représentant, ou à autre justice, de
chose qui appartînt à la justice laïque, sans que le maire et les
échevins lui eussent défailli de droit, il payerait cinq sous d'amende,
et lesdits cinq sous seraient au maire et aux échevins. Et si aucun
jugement était fait par la bouche du maire et des échevins, il ne

pourrait être rappelé par le seigneur de Joinville ni par son représentant, si ce n'est dans les quarante jours que celui à qui on aurait fors jugé (mal jugé) se serait plaint au seigneur, et le sire de Joinville pourrait rappeler le faux jugement aussi dans les quarante jours que le jugement serait dit et rendu, s'il était rappelé dedans les quarante jours et si on le trouvait faux. A l'égard de l'accord du seigneur, selon l'usage du pays, nous en serions tenus au seigneur de Joinville à soixante sous d'amende, et de rendre le dommage à celui que nous aurions fors jugé. Et nous ferons droit sans délai en bonne foi. Ceux de Joinville auront leur pêcherie en Marne dès la fraite dessous Gaulmont jusqu'à la valente Saint-Roul; le ban de Donjeux et le ban de Joinville qui dure depuis le pommier à Belle Clair jusqu'au moulin dessous Sainte-Anne. Ceux de Joinville pourront amener en la ville toutes femmes par mariage qui n'auront pas de réclame de seigneur : nous ne pourrons marier nos filles sinon aux hommes du seigneur de Joinville, de sa propre terre de Joinville ou de la jurée ; ni nous ne pouvons nos fils faire clercs sinon par le seigneur de Joinville. Le sire de Joinville ou son représentant peut nous mener ou faire mener en ost et en chevauchée quatre jours au nôtre (à nos frais), et s'il voulait nous retenir plus longtemps, il donnerait six deniers par jour à chacun de ceux qui auraient cheval et haubert, et aux armés à pied deux deniers. Le sire de Joinville n'aura pas de morte main en la ville, mais reviendra au plus prochain hoir de ceux de la jurée, ou aux échevins, ou à leurs hoirs demeurant sous le seigneur de Joinville, ou à ses hommes taillables qui demeurent dessous lui, en quelque lieu qu'il soit. L'amende du bois sera à quarante sous, et useront ceux de la ville des communes pâtures entre Marne, ainsi comme ils ont usé. — Le sire de Joinville ne pourra vendre vin en la ville à ban, ni faire vendre. Nous ne pourrons amener vin en la ville sans avoir payé l'arpent au seigneur de Joinville ou à son commandement, c'est à savoir, des vignes de la châtellenie, si ce n'est pour notre boire et pour vendre en gros, ainsi comme nous avons usé. Ceux de la jurée ni les estagies (qui demeurent) en la ville ne doivent ni péage, ni muing, ni vente, ni touvin à Joinville ni en la châtellenie; et si aucun de la jurée était tenu au seigneur pour dette ou pour sa jurée, ou à autrui, on ne pourrait mettre main sur lui tant qu'on trouverait de sa chose en meuble ou en héritage autant que la somme

monterait; et si aucun de nous manquait de payer sa jurée au jour
devant nommé, le maire et les échevins prendraient tous ses biens
meubles et héritages, et les vendraient pour faire le payement au
seigneur de ce qu'il lui devrait de sa jurée, dans les octaves de
saint André, et s'ils ne trouvaient à les vendre, ils les délivreraient
au seigneur de Joinville, ou à son représentant, dedans les octaves
devant dites pour faire son payement en deniers comptants... Et si
on trouvait jugement des forfins (crimes) de la ville à la cour des
seigneurs de Joinville, il serait requis aux usages de Vitry, et tant
qu'on trouverait jugement en la cour, il ne serait requis autre part;
et si aucun plaidait contre quelqu'un de la jurée, il ne répondrait
que devant le maire et les échevins, tant que le maire et les échevins voudront faire droit. Si la chose ne mouvait d'autre seigneur
en fief ou en hommage, ou en autre ban, ou en la prévôté, le
maire et les échevins doivent bailler au prévôt de Joinville compagnie et consorts suffisants de la ville pour aller aux marchés.
Le maire et les échevins de Joinville, par cas qui advienne, ne
répondront du ban, ni de la justice, ni du charroi, ni des chevau-
chées, si ce n'est au droit du château de Joinville, et nous n'avons
réclame ni ressort qu'au droit du seigneur de Joinville. Le sire de
Joinville ne peut bailler à la ville par son serment et assurement
la lettre du roi de France, ni la lettre du roi de Navarre, ni la lettre
du comte de Bar, ni la lettre du comte de Brienne. Toutes conventions qui ci sont écrites jureront de tenir et garder les seigneurs
de Joinville qui après le seigneur de Joinville qui est présentement
viendront. Ceux de la ville doivent prendre le serment et la lettre
du seigneur sans donzier (résistance) toutes les fois qu'il leur
semoura (convoquera) à Joinville... Toutes ces choses nous octroyons pour nous et pour nos hoirs, par notre serment, à tenir
fermement, en bonne foi, sauves toutes les droitures du seigneur
de Joinville qu'ici ne sont pas nommées avec celles qui sont nommées, et sauf le droit d'autrui; et si aucun de nous ou nos hoirs
allions contre cette jurée, nous voulons et octroyons que nous et
nos hoirs soyons excommuniés par l'évêque de Châlons, à la requête
du seigneur de Joinville; et pour que ce soit chose ferme et stable,
nous avons fait ces lettres sceller des sceaux de notre commune,
et avons prié et requis hommes religieux Henri, abbé de Moutier-
ender, Jacques, abbé de la Creste, et Henry, abbé de Doullencourt,

qu'ils missent leurs sceaux en cette présente lettre en témoignage
de cette convention, et nous, Henri de Moutiérender, Jacques,
abbé de la Creste, et Henri, abbé de Doullencourt, avons mis nos
sceaux en ces lettres à la prière et à la requête du maire et des
échevins de la commune de Joinville, avec le sceau de la commune,
en témoignage de ces choses. Ce fut fait en l'an de grâce mil deux
cent cinquante-huit.

(Archives de Joinville.)

FIN

TABLE